金陵全書

丙編·檔案類

江南水泥廠檔案

掠奪賠償（上）

南京市檔案館 編

南京出版傳媒集團
南京出版社

圖書在版編目（CIP）數據

江南水泥廠檔案. 掠奪賠償. 上 / 南京市檔案館編.
-- 南京 : 南京出版社, 2019.12
（金陵全書）
ISBN 978-7-5533-2418-0

Ⅰ. ①江… Ⅱ. ①南… Ⅲ. ①水泥－工廠史－史料－南京 Ⅳ. ①F426.71

中國版本圖書館CIP數據核字（2018）第201497號

書　　名　【金陵全書】（丙編・檔案類）
　　　　　江南水泥廠檔案・掠奪賠償（上）
編 著 者　南京市檔案館
出版發行　南京出版傳媒集團
　　　　　南 京 出 版 社
社址：南京市太平門街53號　　郵編：210016
網址：http://www.njcbs.cn　　電子信箱：njcbs1988@163.com
聯系電話：025-83283893、83283864（營銷）　025-83112257（編務）

出 版 人　項曉寧
出 品 人　盧海鳴
責任編輯　凌　霄
裝幀設計　楊曉崗
責任印制　楊福彬

製　　版　南京新華豐製版有限公司
印　　刷　南京凱德印刷有限公司
開　　本　889毫米×1194毫米　1/16
印　　張　27.25
版　　次　2019年12月第1版
印　　次　2019年12月第1次印刷
書　　號　ISBN 978-7-5533-2418-0
定　　價　1000.00元

南京出版社
圖書專營店

目録

壹　購機安裝

貳　財務管理

壹

購機安裝

江南水泥股份有限公司常務董事會爲接收史密芝公司紙袋提單、丹國燒窑師約可于八月底抵滬等事致江南水泥股份有限公司棲霞工廠（江南水泥廠）的信函（一九三七年七月三十一日至八月六日）

檔號：1041-1-9

津江　壹　全

棲霞工廠

敬啓者接史密芝公司本月廿九日來電稱丹國燒窰師約可於八月底抵滬等語除已電復知照外茲將來電及去電抄底一份附寄備考請查照再麥加利今送來史密芝紙袋提單等件除將原件寄請敝新滬處代爲洽提運廠外茲將該函函底一份附去請　接洽辦理爲荷此致

棲霞工廠

常務董事會啓

附來電及復電抄底各一份

又抄函一件

六　七　廿一

江南水泥股份有限公司

津江　二　仝

敬啟者現值時局非常多事之秋各處交通均有遲滯之感所有我棲霞工廠建築
安裝未完工程仍應在可能範圍設法迅速進行茲爲預先通知乙組代表派員前
來調查比額關係應請
尊處按照目下實際情形將左列日期切實估計即行
電示．甲、起始試機之日期
　　乙、正式出灰之日期此致
棲霞工廠
常務董事會啟

六　八　二

江南水泥股份有限公司

津江 三 全

敬啟者茲附寄與啟新上海辦事處函底一份為託代提三井鐵桶皮二百噸運廠事如貨車可通務望
貴處盡力設法將該貨運廠為要再據中國銀行開來索取該項鐵皮價日金伍萬肆千壹百肆拾肆元利息日
金七十一元二角又手續費日金壹百三十五元三角六分共計日金伍萬肆千叁百伍拾元伍角陸分按月前
所結行市九八五算計合國幣伍萬叁千伍百叁拾伍元叁角該款已由 敝處照為付訖請 查照轉帳附寄三
井發票一紙備
貴處存查此致
棲霞工廠

常務董事會啟

附函底一份
三井鐵皮二百噸發票一紙

六 八 六

江南水泥股份有限公司

江南水泥股份有限公司常務董事會與棲霞工廠（江南水泥廠）上海辦事處爲支付籌委會酬勞、金融預算等往來信函

（一九三七年七月三十一日至十二月十二日）

檔　號：1041-1-13

津江字第四號
敬啓者：頃據近江製袋廠經理孫
秉生君聲稱，該廠已交蔴袋四萬
條，為時已久，備付貨款，應請
貴處將收料單寄下，以便核付。又
據孫君聲稱，該廠續運蔴袋四萬
條業已到滬，因無車皮，暫存棧房，刻擬
由該廠負責自覓民船運廠交貨，
惟不知由江口入河口進廠途中民船有無

困難，呈明鈞廳予以幫忙，懇請
電示，以便轉復孫君洽照辦理。此致
棲霞工廠
二六、八、十

津江字第五号

敬啓者

一、禮和洋行交來據係德廠用之水泥桶袋提單遞樣畫二份並送一紙簽將該送到廠並原畫二份一併寄上請查收備用

二、啟新漢口分處胡經理代向葉伊廣誠石膏公司接洽續訂二千噸定貨合同二份（應三月寄已交寄）查照後訂

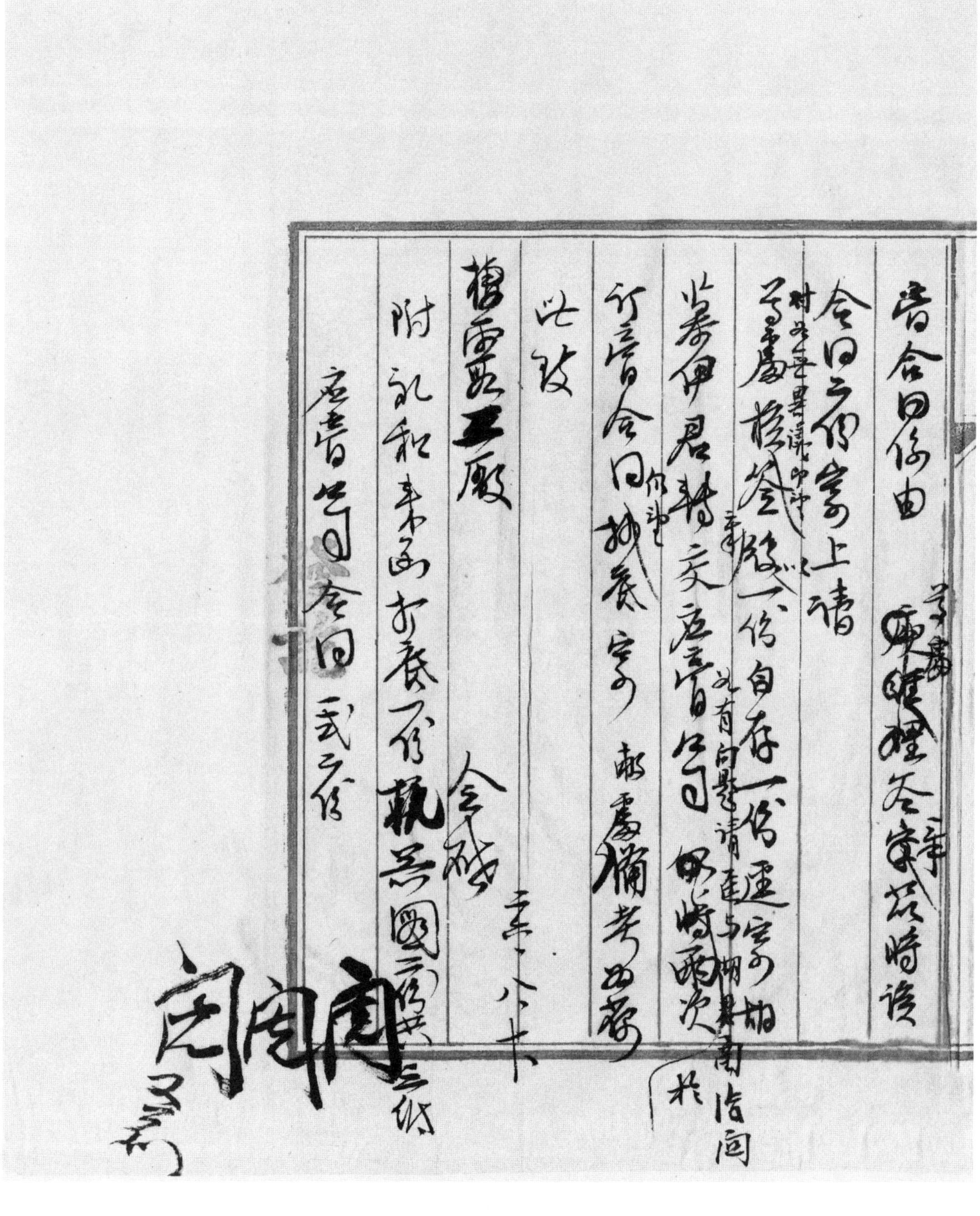

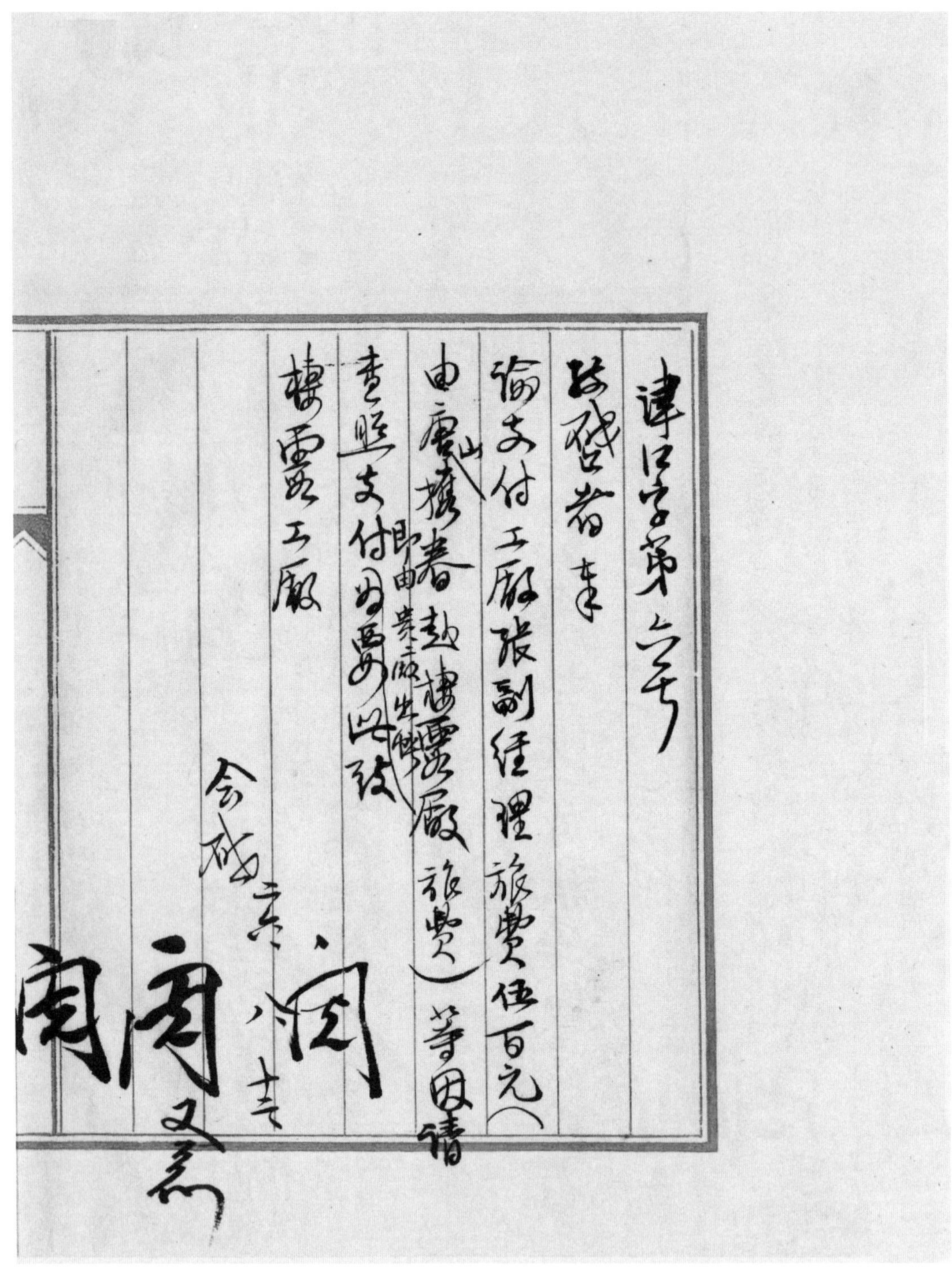
津□字第　號
逕啟者
奉諭支付工廠張副經理旅費伍百元（由處山操春趙棲霞廠旅費）等因，請
查照支付為要（即由棲霞廠出帳）此致
棲霞工廠
會計處　六、八
閏

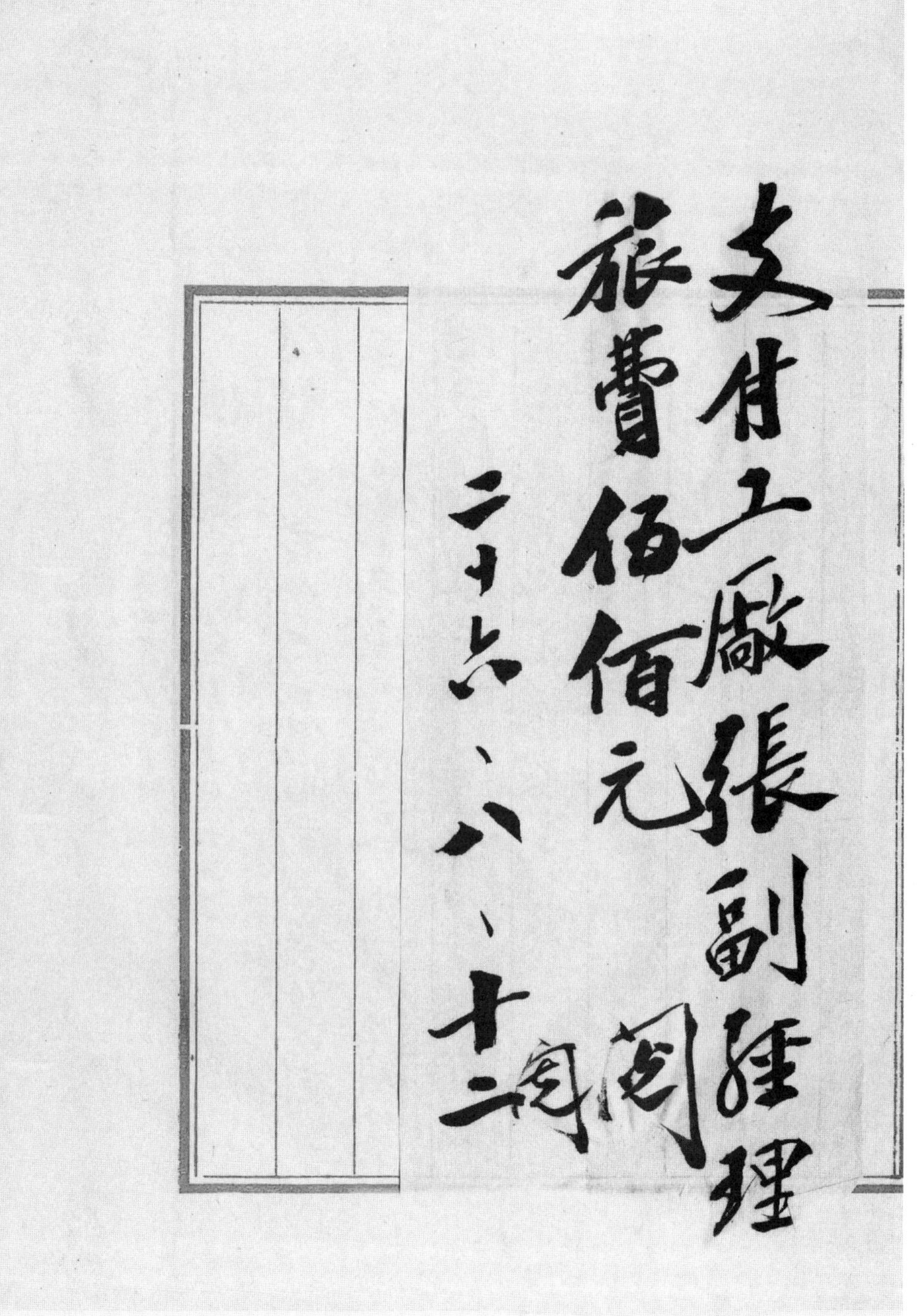

支付工廠張副經理
旅費伍佰元　閱
二十六、八、十二　閱

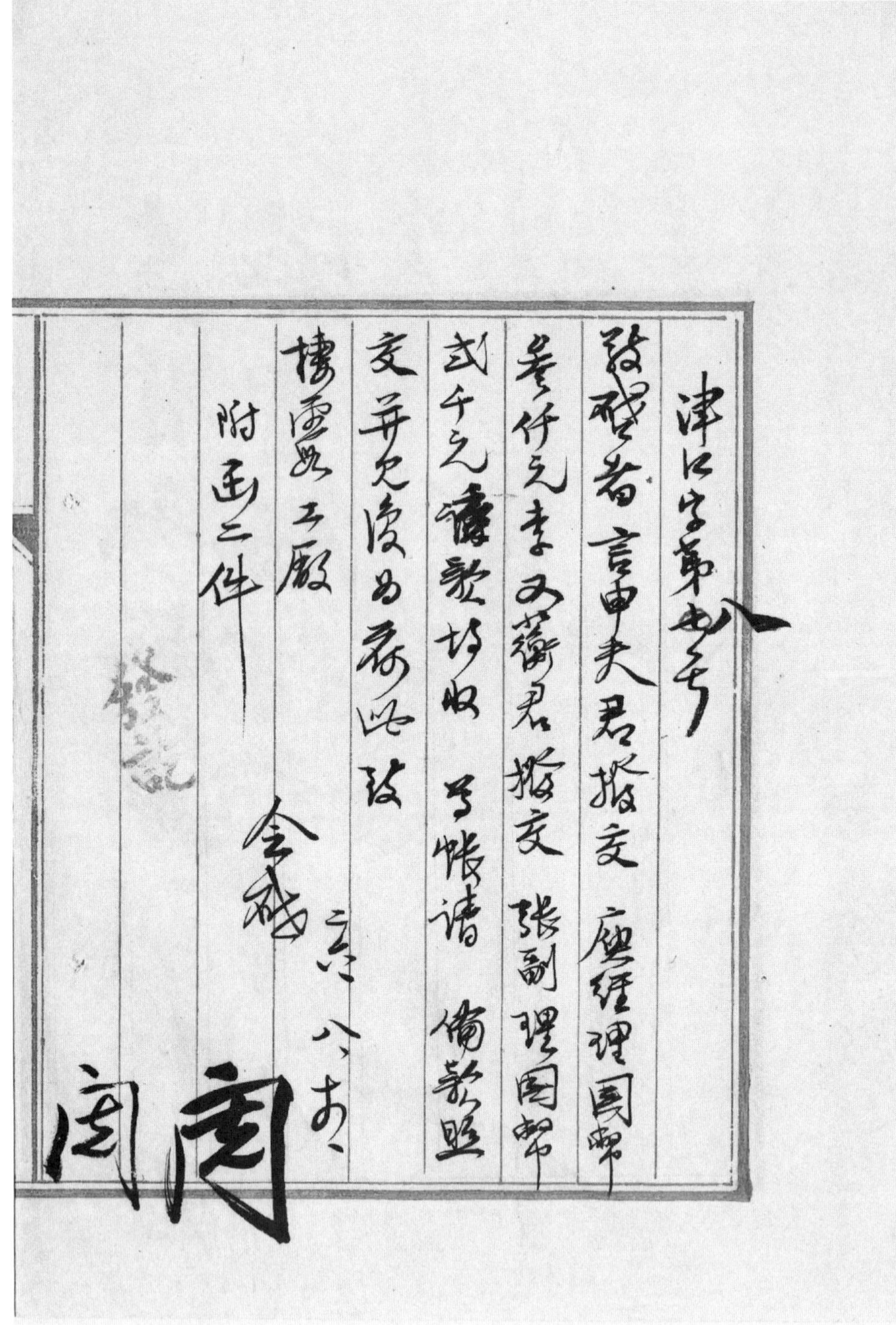
津字第四八号

發戰者 言由夫君撥交 應經理國幣

叁仟元 李文蔚君撥交 張副理國幣

貳千元 請款均收 另帳請 備款照

交 并先復另存照 致

據處 工廠

附函二件

金 戰

六、八、十

周

周

建新我兄先生大鑒：敬啟者，昨江南董事會議決籌備委員会於本月半結束，所有籌備委員始終襄勞，宜致酬報，計王、庚兩委員各致酬送國幣叁仟元，袁、李、陳、孫四委員各致酬送式仟元，其餘委員各酬送壹仟元。主席並將該款式仟元由又蘅兄撥上，請察收見復，以便存卷，並希守秘勿宣為禱。此頌

台綏

弟[illegible]謹啟

三六、八、十四

宗淮
松波 仁兄先生大鑒 敬啟者 昨日 江南董事
會議決 籌備委員會於本月半結束所
有籌備委員經始襄勞宜致酬敬計
王庚兩委員各酬送國幣叁仟元其餘各
致送一二千元在案茲將該款撥上祈
詧收分發以便存卷並希 守秘為盼
如禱 此頌
台綏
弟言健毅拜啟 三六 八 十四

江南水泥公司建廠工程處用牋

字第　號第　頁

申夫吾兄大鑒：敬啓者，奉

廿八月十四日大示并附來發給籌備委員酬勞收據二紙，均敬收悉。該款已由京店代付，蘇州收據二紙寄

上，即祈 收轉存檔爲荷。按弟等蒙

常務董事不棄，得參與籌備委員之列，雖略盡心血，亦職所應當，此次復荷

常董會發給籌備酬勞，實不勝感愧之至，尚祈轉達下懷，濺謝之微忱。專此

敬頌

大安

弟 陳宣進 張建新 仝上

九月四日

此收據二紙

地址 京滬綫棲霞山車站攝山渡

津總字第二五七

津江字第九號

敬啓者：頃將近日摘寄各電分記於後：

（一）十六日滬處昨加急電：芝塞斯機價二成未付，請商禮和公司在寧庫房存油出讓。諒荷各洽矣。

（二）十六日接總電：滬戰爆發時為益形吃緊，廠方如何進行，請詳示方針。查經電復：電業工程及試機，請在可能範圍照舊進行。

（三）十六日又拍來一電曰：禮和稱裝排條機輪因滬市戰事已起，日已

（四）十八日拍來一電曰：金融奇緊，擠兌困難，除必要少數工資外，餘均暫停支付。已緣津滬各銀行現款均限制取款，金融奇緊，嗣後新廠急需置已決定，對於應付料價暫時停付，對於往來定如存款要防銀行辦理，並自九月份起減半發薪。以上為

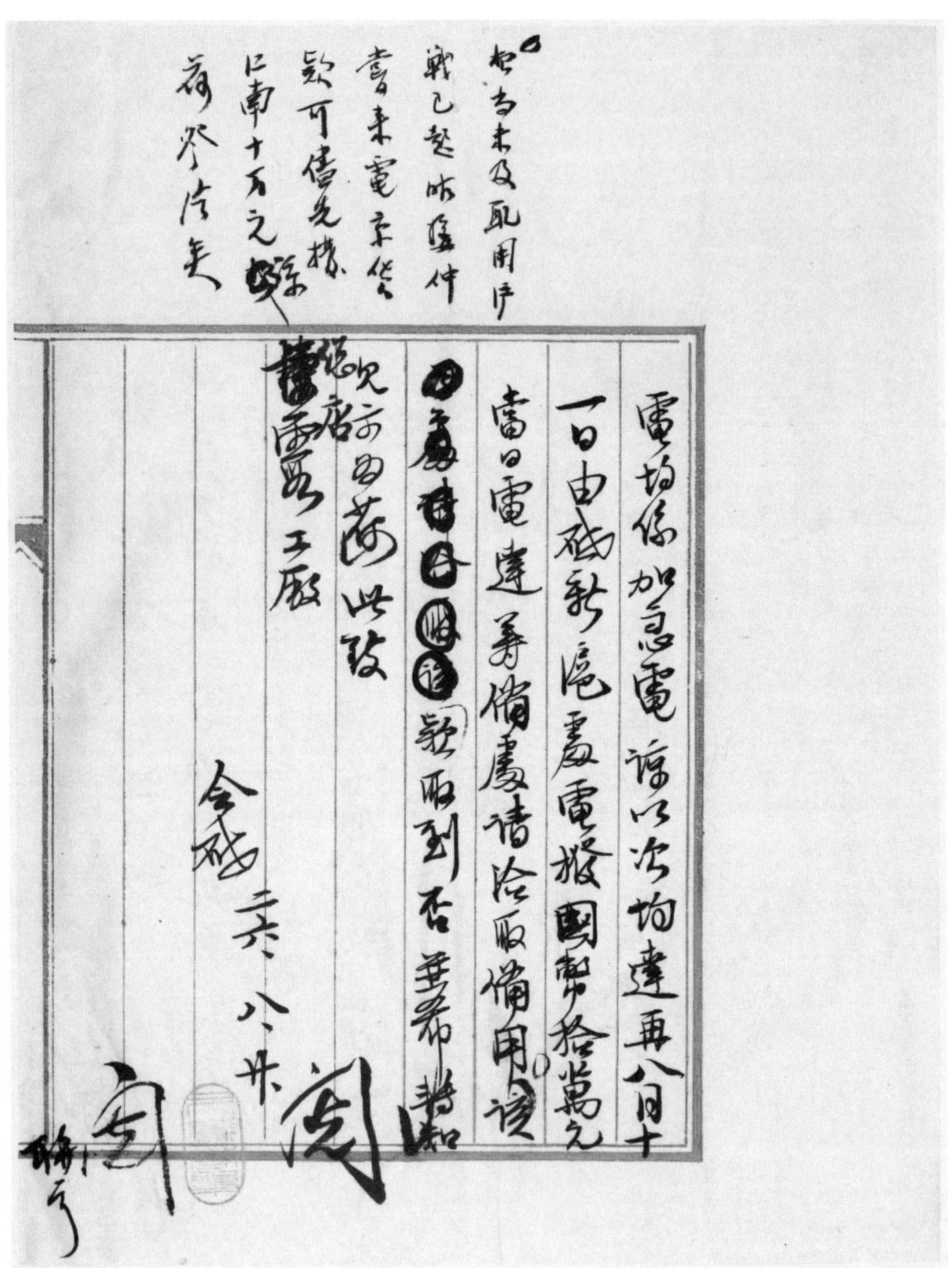

電均係加急電，請以次均達。再八月十一日由廠新庵處電撥國幣拾萬元，當日電達，業備處請給啟備用，該款收到否，並希轉知。

此致
江南水泥公司

今廠　二六　八廿

津工字第拾號

逕啓者今接史密之電稱燒窯
所現停新加坡請示是否奉華
抑返歐洲當經復該滬公司電請丈
候我南京總店電洽並拍上加急
電請酌量情形決定逕急電
滬該公司諒荷台洽合再函達
再嗣後無論寄發函電均將函底
電底繕於照會日函寄以備校查此致

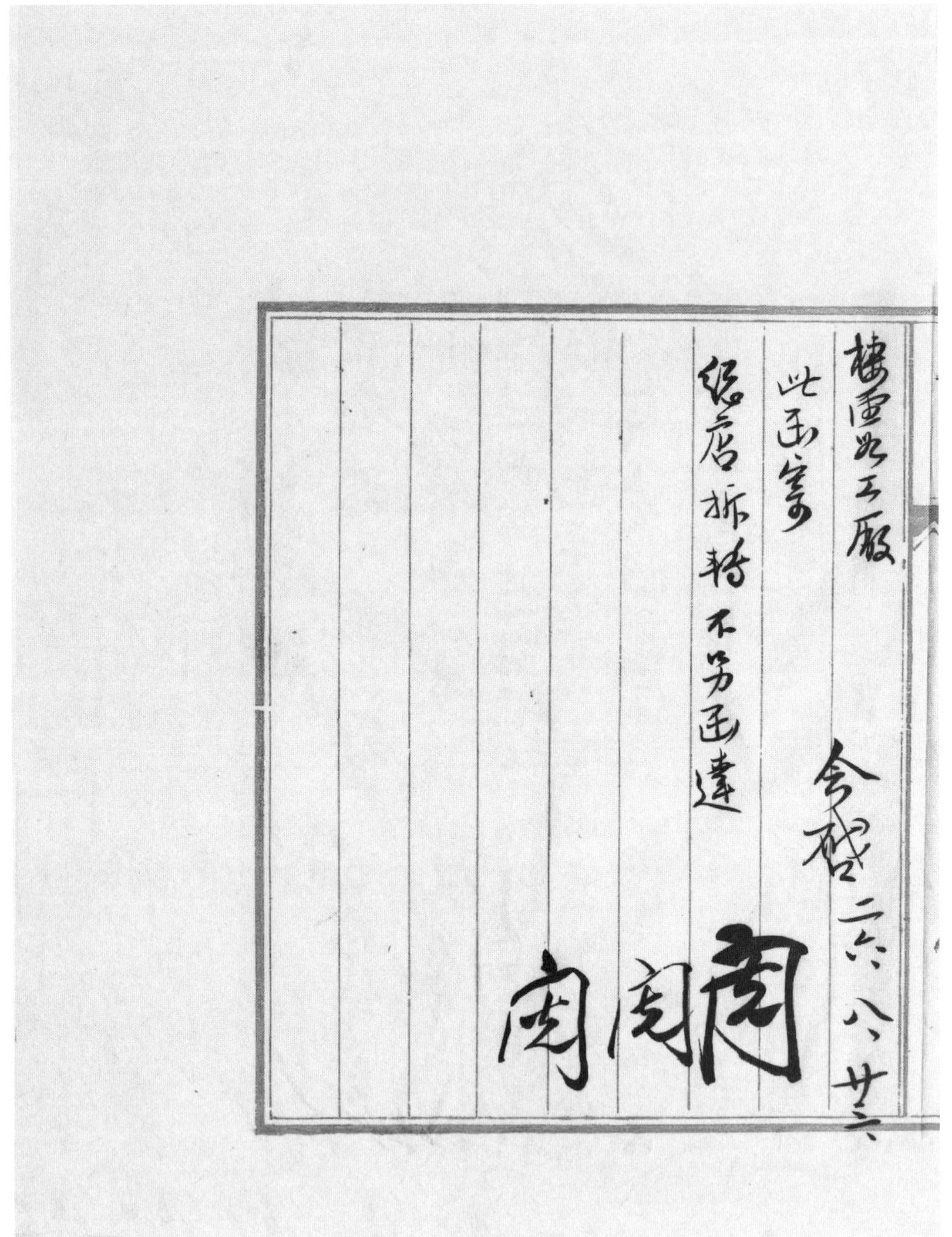

捷函致工廠
此函寄
總店拆轉 不另函達
今啓 二六 八 廿三
閱 閱 閱

二十一日敝字之函应编第八号祈查照更正为荷

津江字第十號

逕啟者 頃據此間安利洋行華函字

所提運（Grab Crane）機器未批

貨價（擬去本日到期）英金三百鎊

該款照合同規定應於安裝完成一

年後或貨到工廠十五個月以內在

津付給 未知該機試用後情形是否

滿意 盼即示復 以便核付貨款是

荷 此致

（附改工廠）

頃接滬向安利洋行（據云本日到滬）來函云安設提運（GRAB CRANE）抓泥機並未批貨作英金叁仟鎊該款已令自起定息於安裝完成之一年後或使用工廠十五個月以內在滬付給未知該機試用後情形是否滿意所以至緩以便接付貨款是荷

再八月廿六日接趙新理電由主任技師廿三日急劉李二匠來樓
事由經玉唐商洽酌得多玉（律唐電報不通）
云該二人已於八月十四日由秦皇島搭輪冊平原擬到滬
轉京該輪因經過滬港恐短期內未能到樓
業於廿日電告又冊圖燒窯師停新加坡
候信定行止事達八月卅日該公司西来接到
等後又来電催問由經電請等語為酌定速急電復
滬該公司據均希詧洽矣另八月廿六日接十七日
等電冊旗事准佳在申与經生預商公允辦理廠
內安工作如常庚葆臣電文中已公允已之司公畧是否有悞
請查示為荷

發收記

閱　閱

李

津江字第十一號

敬、感奇橋尊江字第一至第三號

暨附件均收悉

一、承示已電德芝塞斯請丹國境寓

師來廠一節，即已查照

二、承示試機出灰日期一時尚難確定

乃已查照

三、承示返江洋袋囊交民船運廠

第一批貨款可先付五成，已查該項貨款

在八月廿日经数次付给五成计国币七千
前又来函以中秋在即旨饬再付五千元经核付叁千五百元以上
元请　查照转帐为荷
所欠款均已照付为妙
四、附来购石膏合同底一份已呈阅备存
五、关于化学技术员严藩孙等五人在
试用期间月支膳费六元（膳食起例）规定数目
不同可否自九月份起一律增为十元一
事也（核准）
事董准自九月份起一律增为十元新
查照为荷

六、廠醫翁厰醫生辭職 業經請以來
令慈醫生接充 擬給月薪六十元 為
已准
奉董核准 祈 查照
七、英處請以謝慰農代理運輸科
科長事已准
奉董核准 祈 查照
八、本日拍上加急電文曰 ∟ 懇速飭京
處有保款諒速往再給廠十三萬

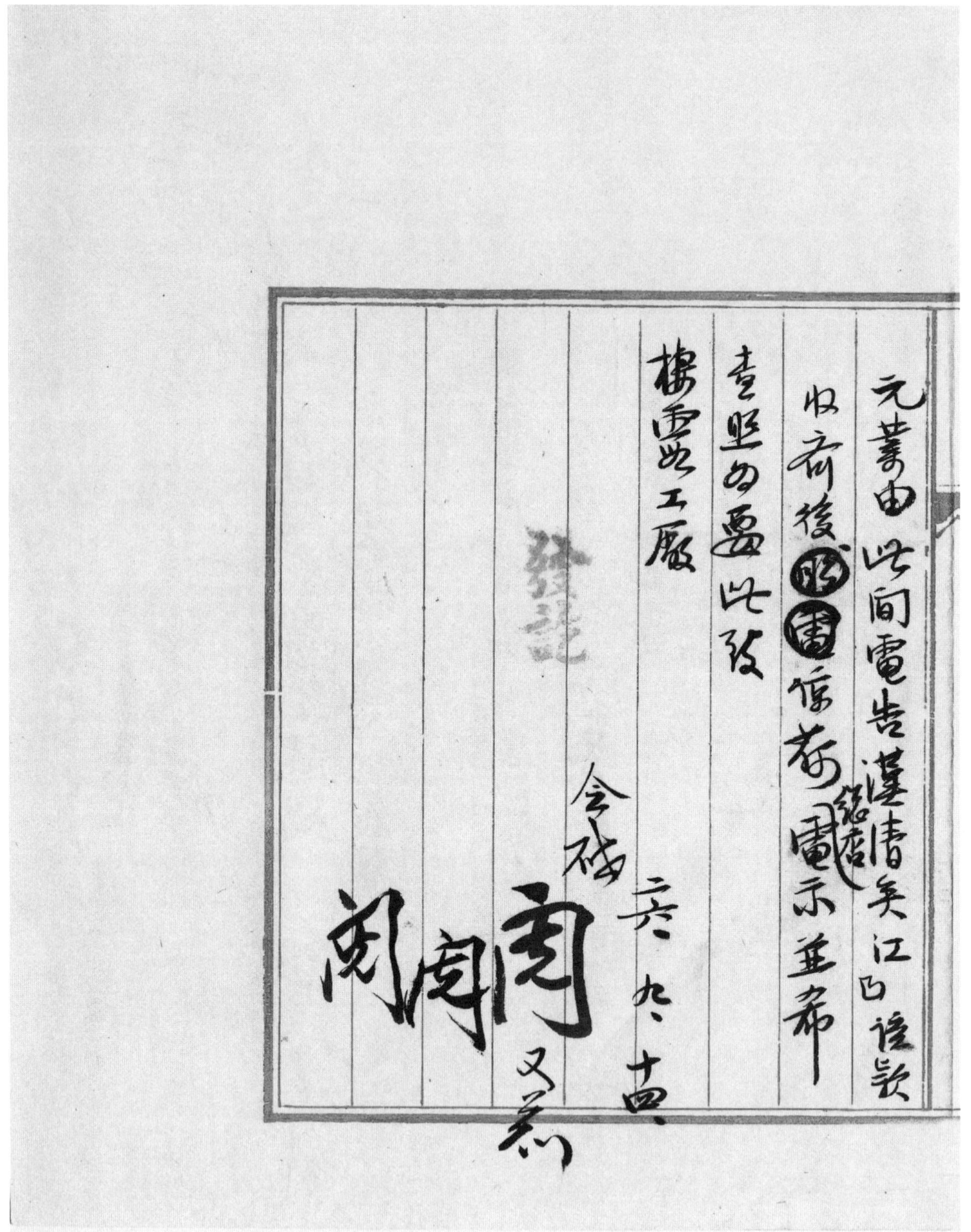

元叢由此間電告漢清矣江已詮款

收齊後賜電俾紹唐電示並希

查照為盼此致

棲霞山工廠

令俠　六、九、十四

閱　閱　周　又蓀

津江字第十四號

敬啓者：接展江字第五號來函暨附件敬悉。

一、附來趙副理致安利洋行函底一份，已備存。

二、承示製造水泥擬照供水設備及圖廠河橋棧兩座均已竣工，並拾催燒窯師免其均悉。此事安置全森君已於前日到津，刻正洽商，候商定如何再達。

又十二日號處電稱電力可望供用足敷用來，擬約於一星期後決定一節，已敬悉。茲並今後一電之底附呈。

三、承示淮南煤礦不照合同規定增價已（擬行）向之接洽，暨雇船甚難，已擬每日雇民船三千隻用小輪拖往，接洽並派謝慰農君駐蕪辦理運煤事宜，各節均悉。閱

四、本諭我棲霞工廠暨總廠同人在此非常時期備受艱苦均能照常服務，庚經理趙張兩副理並能不避艱險調度進行，言念況瘁尤著賢勞應（等因請[illegible]照[illegible]）宜傳諭慰勞以示嘉勉尚之竟此段

棲霞水泥工廠

附電底一紙

令發 六、十、廿

周

寧江 六 仝

啟者日前趙副經理同陳電機師與供電方面一再磋商始允暫時擬向他方借電供給敝廠弍仟餘克羅華特但須于一週後方可決定乃即于十一日電「敝天津電力可望借用足開半機但須一星期後決定請向金森交涉安裝燒窰師來廠庚真」諒已 台洽與金森君在津接洽矣敝將 棲霞工廠本年十月份至十二月份經常開支列表奉呈 請

察核為荷此致

常務董事會

棲霞工廠謹啟

附預算表一紙

中華民國廿六年拾月廿五日收到

擬[illegible][illegible]

津沪字第十五号

逕啟者 本月廿三日接廿一日去電開曰 昨電悉 電力約二星期後可供開車，機石土煤車油已敷二月之用 剛曰等語 本日又接十五日號寧江字第六號函承 示 磋商借電供給我廠二千餘啓羅華特情形 附來本年[illegible]月份至十二月份經常開支列表一紙均悉 閱查該表內所列薪工及醫衛一

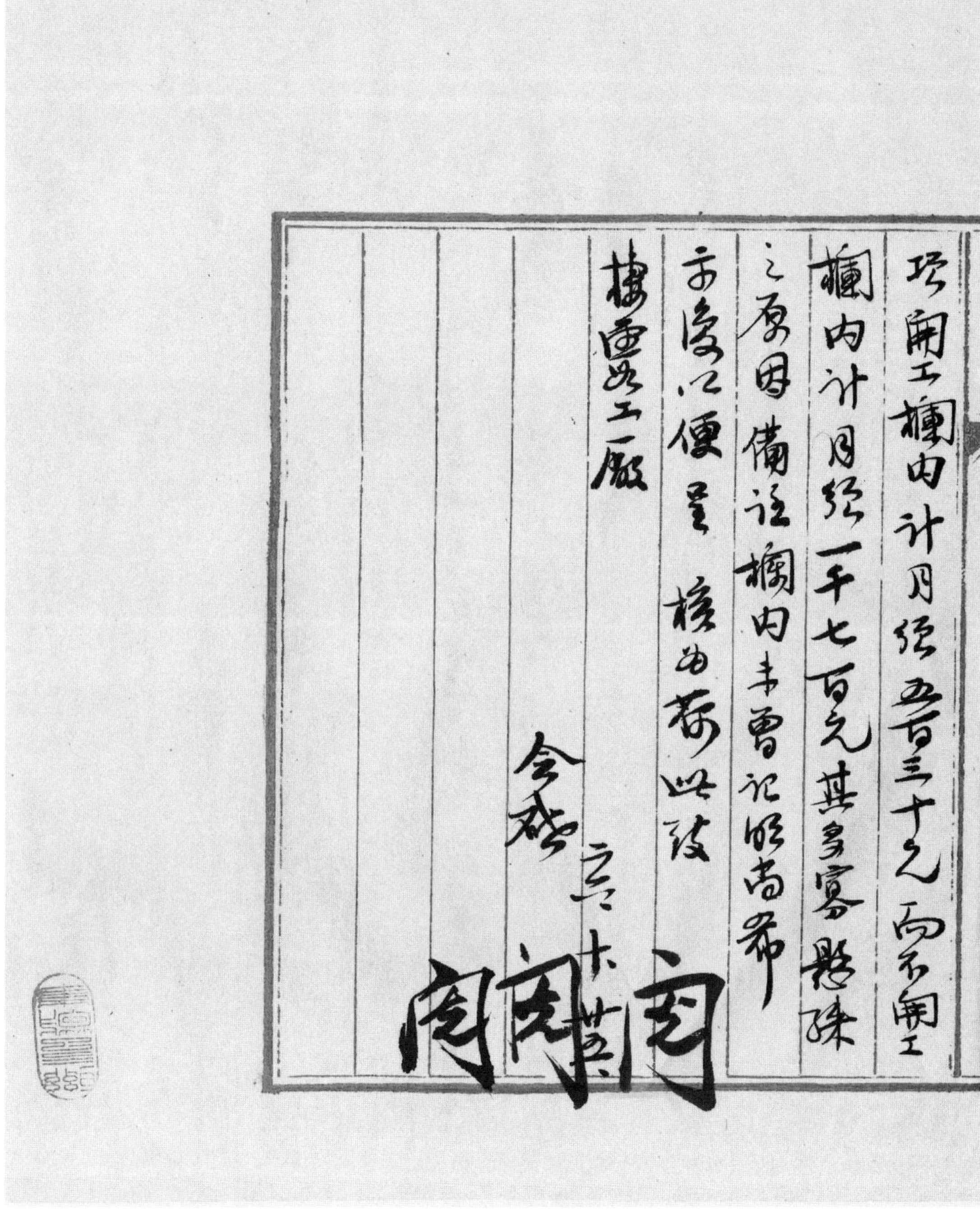

停開工欄內計月給五百三十元　而不開工欄內計月給一千七百元　其多寡懸殊之原因　備註欄內未曾記明　尚希示復以便呈　核為荷　此致

棲霞山工廠

會啓　六、十、廿五

閱　閱　閱

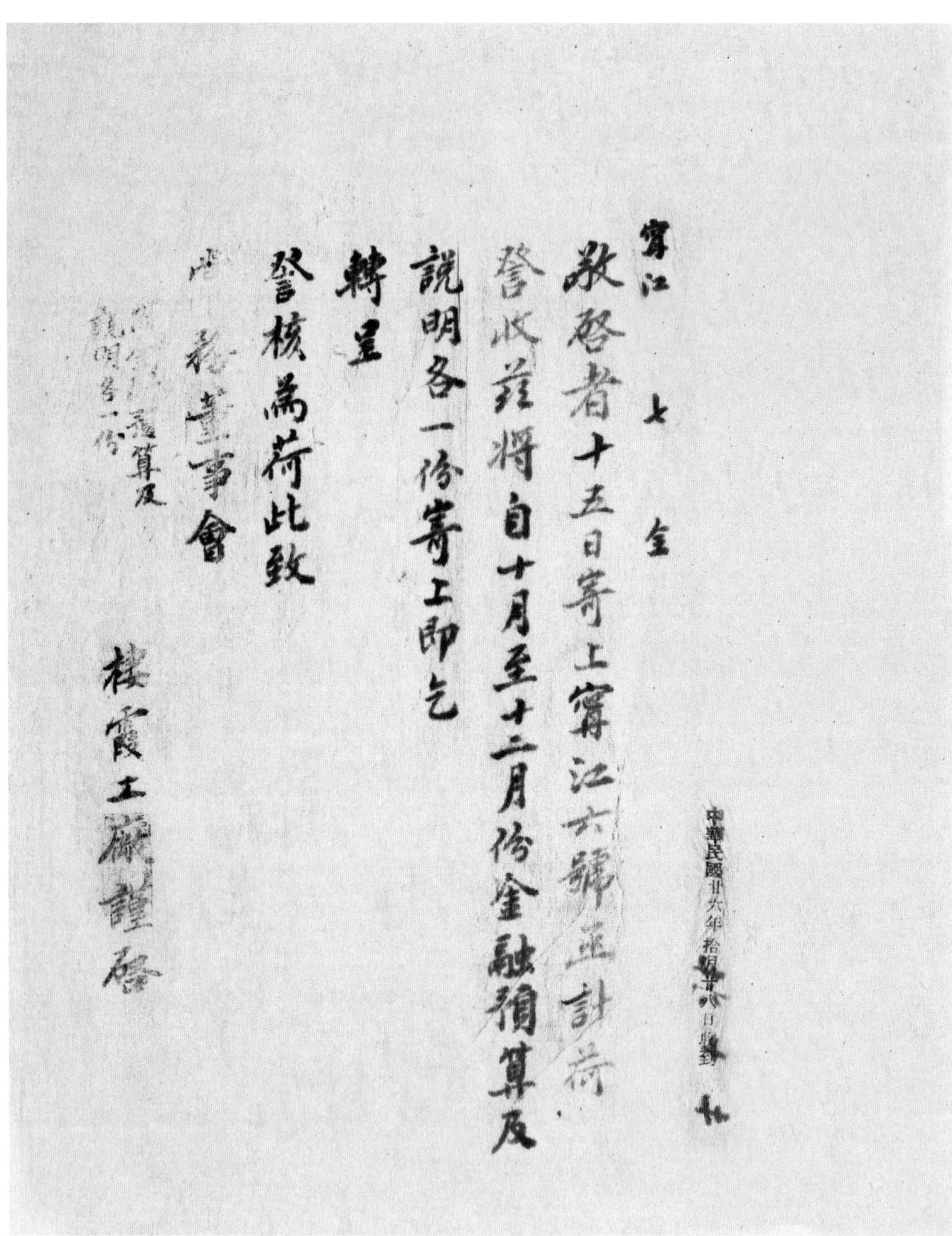

中華民國廿六年拾月廿八日收到

寧江　七　全

敬啟者十五日寄上寧江六號並計荷

詧收茲將自十月至十二月份金融預算及

說明各一份寄上即乞

轉呈

詧核為荷此致

貴董事會

附寧江預算及說明各一份

棲霞工廠謹啟

津江字第十六号

敬啓者：接寧江字第七号

大函，附金融預算及說明各一份，業經照

閲。查工廠經常預算說明文內對於（辛工暨衍預算）

五万三千元及一千七百元兩宗數款已有詳

細之解釋，惟金融預算表內料款

欄內（華）所列黃砂每噸連運費起力約五元

[illegible]請查明應設法減縮，緣此數遙

當超大意，說明[illegible]情形，[illegible]有個備

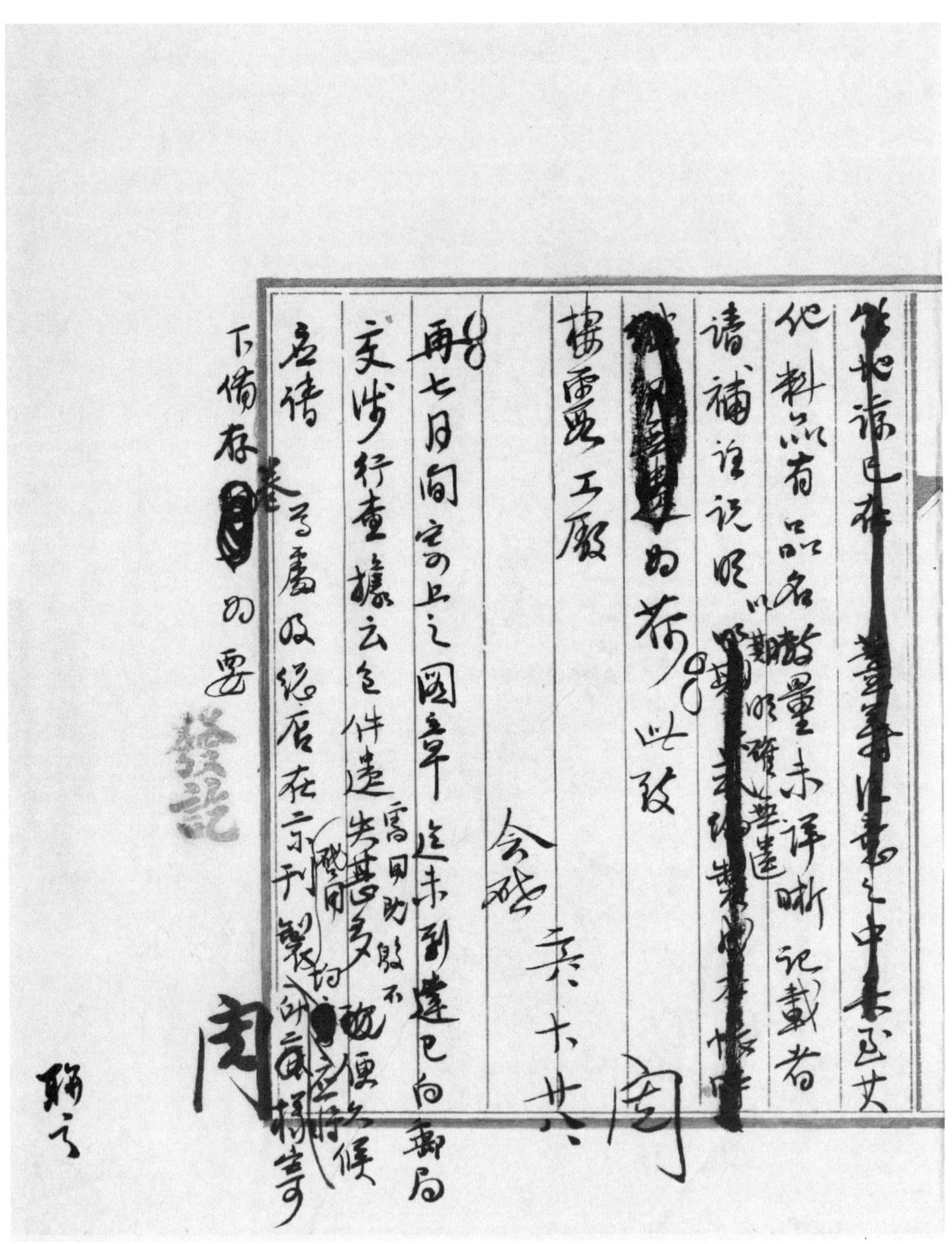

化料品有品名數量未詳晰記載者

請補詳說明

為荷 此致

工廠

會稿

再七月間寄上之圖章迄未到達已向郵局

交涉行查據云包件遺失甚多

下備存

津江字第十七号

逕啟者前接九月廿三日寧總字第三号

函第三條示以近江蘇袋到後發現

破裂及受潮並其中有兩三塊袋料

拼縫一袋之情形當經敝總字第六号

函復詢該函係十月六日寧發尚未得覆

查後茲以近江借付貸款務請

速將該袋能用者若干不能用者若

干袋造冊其因破損受潮暨拼縫之袋

棲霞山工廠

已發

津江字第十九号

致礦翁：五日接四日來電敬悉。東兩電率悉。巴斯德文晨到廠，有用來機電力刪已。今又接八日上電敬悉。二款近況，極欲望旬餘開工，何如？祈電示。刪已。承諭均悉。當經指授一電云：悉。所電意欲望無益，在情形許可試機工作，酌量推進，否則須候巴君安全，并留要員保廠機。請望安酌。江已。諒荷

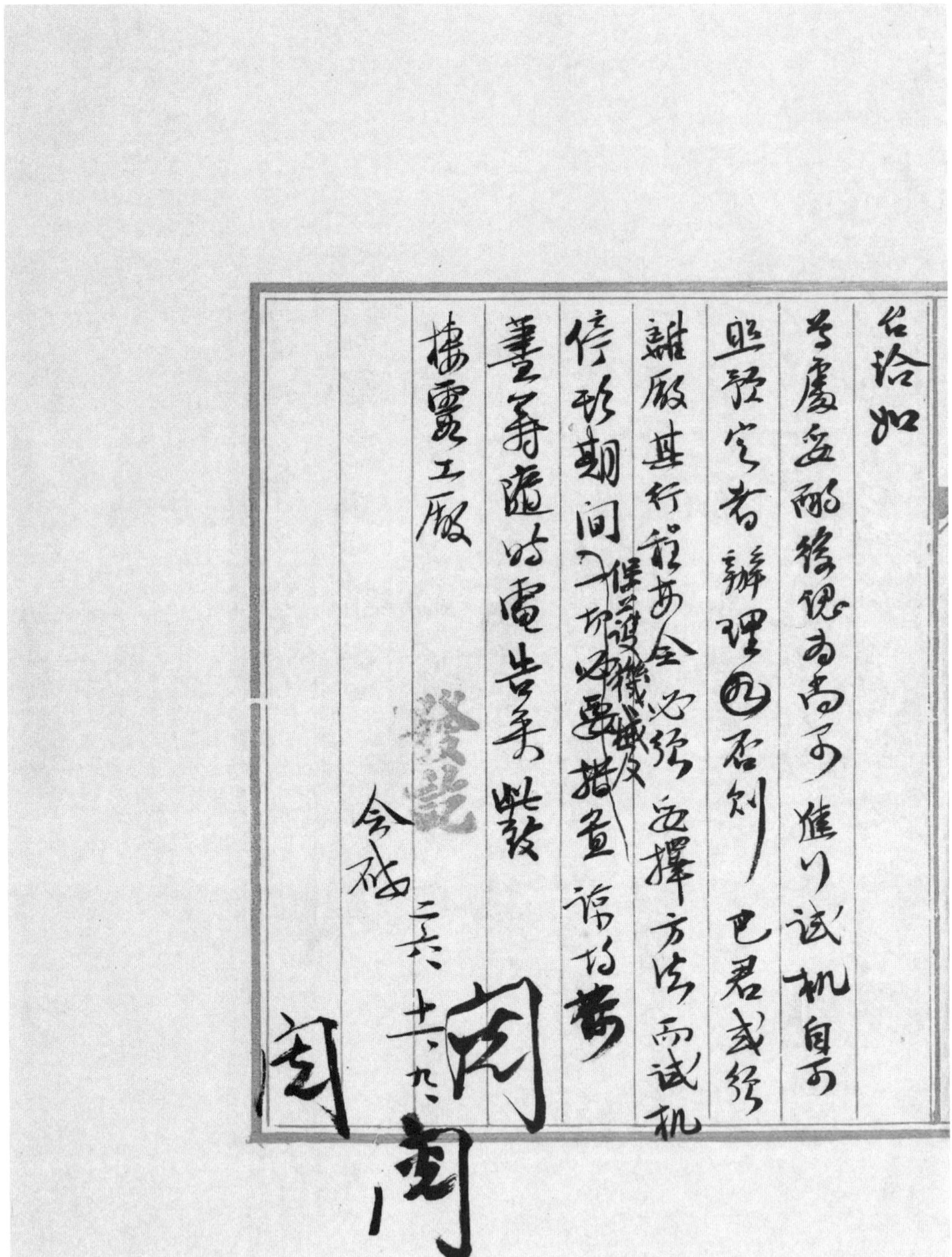

台洽如
貴處無酌修現尚可進行試机自可
照預定者辦理，否則巴君或須
離廠甚行較安全，必須無擇方法而試机
停頓期間一切必要保護機械及措置請均黃
妥籌，隨時電告爲盼。懋鼓
棲霞工廠
會砥　二六　十　九

柳風仁兄大鑒：自得六日來電，此間佩慰良殷。茲寄上電底一份，請與昆鉞先生同閱。此電恐未能拍到也。一步情形明示一二為感。摩[illegible]、華農、張居諸兄同時寄詳函，計日來當俱可達。遲達，手此，頌

台綏

弟言申夫拜啓

二六、十二、十六

江南水泥廠爲工程及試機事項在可能範圍内正常進行致江南水泥股份有限公司董事會的請示電文及復電

（一九三七年八月十六日）

檔號：1041-1-9

來報紙
RECEIVING FORM

交通部電報局
TELEGRAPH OFFICE
MINISTRY OF COMMUNICATIONS

13308

由 FROM NK13	流水號數 RUNNING 50	報類 CLASS	發報局名 OFFICE FROM NANKING 南京	來報號數 TELEGRAM No.
時刻 TIME 1837	原來號數 ORIGINAL No. 7690	字數 WORDS 26/25	日期 DATE 14　時刻 TIME 9.58	派送員 BY
值機員 BY P	備註 Service Instructions: CSD			

急　天津

D 3068

TIENTSIN

3337 沪 2069 戰 3615 爆 4099 發 2514 時 1444 局 4135 益 1748 形
4868 緊 1728 張 1681 廠 0057 事 1172 如 0149 何 6651 進 5887 行
6153 請 6116 詳 4355 示 2455 方 6859 針 0474 剛

中華民國26年8月14日上午九時卅分到

周　周　周

注意：如有查詢事項請帶此紙
Note: Any enquiry respecting this telegram; please produce this form

請閱背面
See Back

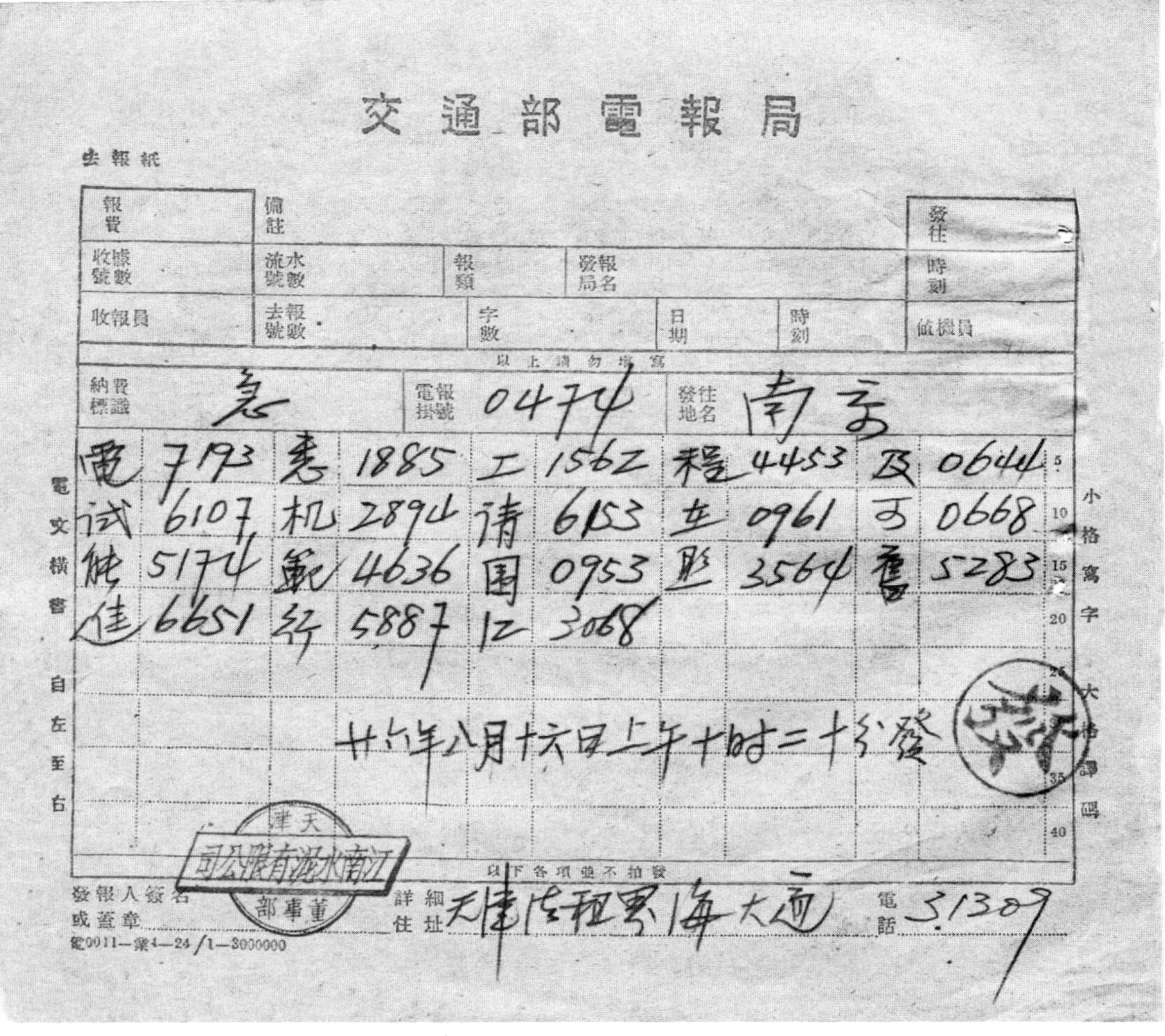

交通部電報局

去報紙

報費	備註			發往
收據號數	流水號數	報類	發報局名	時刻
收報員	去報號數	字數	日期 時刻	値機員

以上請勿塡寫

納費標識 急　電報掛號 0474　發往地名 南京

電	7193	悉	1885	工	1562	程	4453	及	0644
试	6107	机	2894	请	6153	在	0961	可	0668
能	5174	範	4636	围	0953	形	3564	書	5283
佳	6651	行	5887	江	3068				

廿六年八月十六日上午十时二十分發

電文橫書 自左至右

小格寫字 大格譯碼

以下各項並不拍發

發報人簽名或蓋章 天津 江南水泥有限公司 董事部

詳細住址 天津法租界海大道　電話 31309

電0011—業4—24/1—3000000

急

剛南兄：禮和稱裝掛綫機輪因戰未能卸，已赴日。江

廿六、八、十六

周　周

（發）

江南水泥股份有限公司爲芝密斯公司機價二成未付請商公司在窖磨房頂油丹旗致江南水泥廠的電報

（一九三七年八月十六日）

檔　號：1041-1-9

交通部電報局

去報紙

報費	流水號數	報類	發報局名	發往
收據號數	去報號數	字數	日期	時刻	時刻
收報員	備註			值機員

以上請勿填寫

納費標識	加急	電報掛號	0474	發往地名	南京

電文橫書自左至右

芝	5347	密	1378	斯	2448	机	2894	價	0305
二	0059	成	2053	未	2609	付	0102	請	6153
商	0794	談	6115	公	0361	司	0674	在	0961
窑	4523	磨	4333	房	2095	頂	7307	油	3111
丹	0030	旗	2461	江	3068				

發

16/8/26 下午5時

電0011-業4-26/4-5,400,000

發報人簽名或蓋章　江南水泥公司　詳細住址　電話

小格寫字　大格譯碼

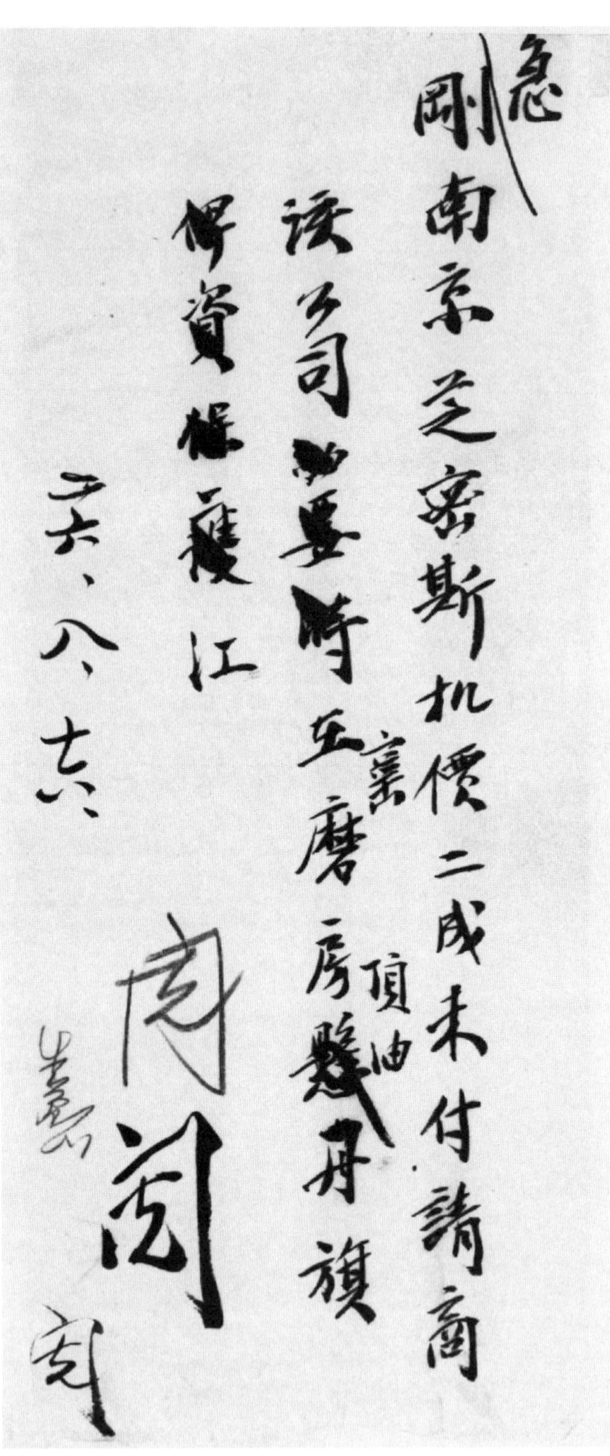
急
剛南京芝密斯机價二成未付請商
該公司將要時在窯磨房頂油懸掛丹旗
俾資保護 江
二六、八、十六

江南水泥股份有限公司爲除必要少數工資外均暫停支付致江南水泥廠的電報
（一九三七年八月十八日）

檔　號：1041-1-9

交通部電報局

去報紙

報費	備註			發往
收據號數	流水號數	報類	發報局名	時刻
收報員	去報號數	字數	日期	時刻	值機員

以上請勿填寫

納費標識	急	電報掛號	0474	發往地名	南京

電文横書自左至右

金	6855	融	5816	奇	1142	緊	4868	接	2234
濟	3444	困	0938	难	7181	除	7110	必	1801
要	6008	少	1421	數	2422	工	1562	資	6327
外	1120	餘	7411	均	0971	暫	2548	停	0255
支	2388	付	0102	江	3068				

廿六年八月十八日上午

以下各項並不拍發

發報人簽名或蓋章：江南水泥公司　詳細住址：天津法界海大道115號　電話：31309

電0011—業1—24/1—3000000

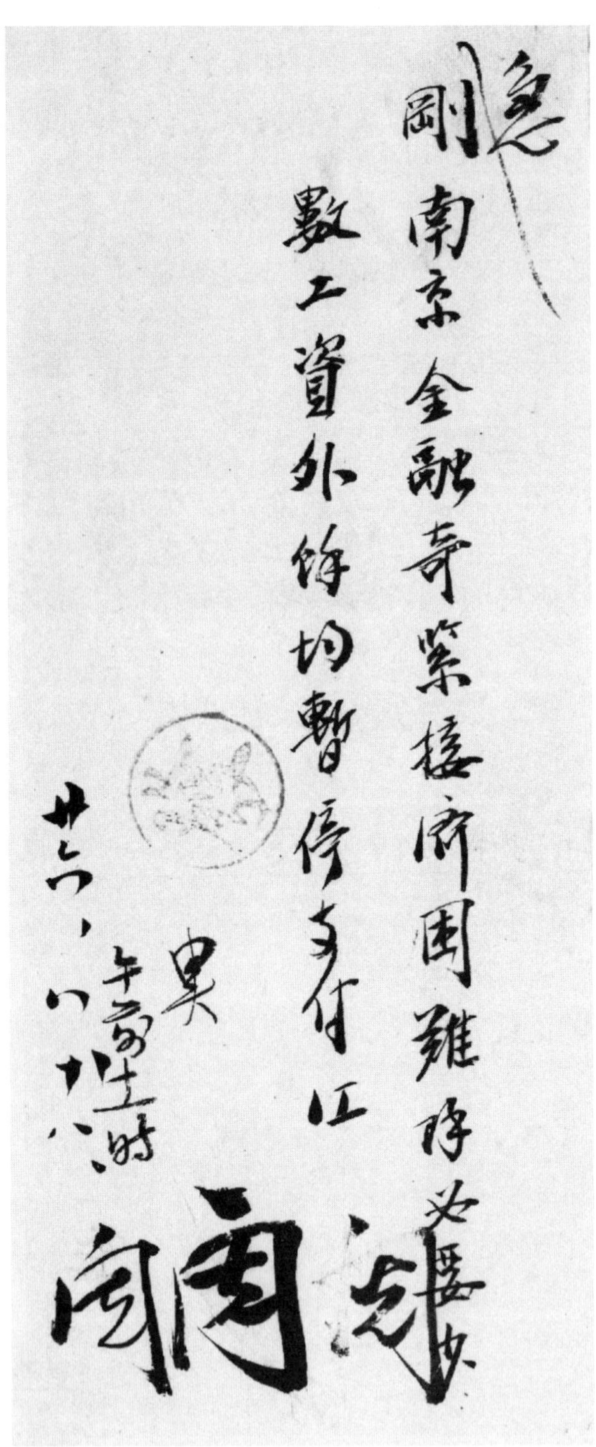

急

剛

南京金融奇緊，擬除廠用雜時必要款數，工資外餘均暫停支付。江

吳

廿六、八、廿八　午后十二时

江南同

江南水泥股份有限公司爲芝密斯公司燒窑師是否來華抑返歐致江南水泥廠的電報

（一九三七年八月二十三日）

檔　號：1041-1-9

交通部電報局

去報紙

報費	流水號數	報類	發報局名	發往
收據號數	去報號數	字數	日期	時刻	時刻
收報員	備註			値機員

以上請勿塡寫

納費標識	加急	電報掛號	.0494	發往地名	南京

芝 5347	密 1378	斯 2448	電 7193	燒 3599
窑 4523	師 1597	現 3807	停 0255	新 2450
加 0502	坡 0980	請 6153	示 4355	是 2508
否 0694	來 0131	華 5478	抑 2117	返 6604
歐 2962	請 6153	酌 6991	量 6852	情 1906
形 1748	決 3082	定 1353	逕 6635	示 1838
電 7193	滬 3337	該 6115	公 0361	司 0674
江 3068				

電文橫書自左至右

小格寫字　大格譯碼

23/8/26/

發報人簽名或蓋章　華

詳細住址

電話

急

剛南京芝麻斯電燒窰师現停新加坡請日京是否来華抑逕歐請酌量情形決定逕急電滬該公司江

廿六、八、廿三

周

江南水泥廠爲芝密斯公司燒窑師來華等事致江南水泥股份有限公司常務董事會函（一九三七年八月二十六日）

檔號：1041-1-9

江南水泥公司建廠工程處用牋

寧泌字第一號第一頁

逕啟者，奉津江第一至五號大函暨附件敬悉。

一、關於丹國燒窯師來華一節，已電滬強生請其由星起行前來，史密芝售紙袋函底已收到。

二、廠中工作照常進行，惟滬戰發生，試機及出灰日期一時尚難確定。

三、承示代付三井洋行鉄桶皮貨價日金五四三五〇．五六元，合國幣五三五三五．三〇元，附帳票一紙，俟王良生君回廠（請假送眷回籍

中華民國　年　月　日

地址　京滬綫棲霞山車站攝山漩

江南水泥公司建廠工程處用牋

寧江字第 一 號第 二 頁

當請其查照轉帳

四、現鎮江以下水運阻塞，近江滬袋未能交民船運廠，第二批貨款可先付五成，俟點收清楚，當即奉告

五、禮和洋行掛線路提運機圖二份，函一紙，已查收備用

六、承 寄購石羔合同二份，經核對除英噸改為公噸外，尚無差異，業已簽章，一份自存，一份逕寄胡募伊君轉交蘇抄底寄請

詧存。此致

常務董事會

江南水泥廠謹啟

中華民國廿六年八月廿六日

中華民國廿六年九月拾日收到

閱

地址 京滬綫棲霞山車站

江南水泥股份有限公司爲芝密斯公司決定燒窑師是否來華再致江南水泥廠的電報
（一九三七年八月三十日）

檔　號：1041–1–9

交通部電報局

去報紙

報費	流水號數	報類	發報局名		發往
收據號數	去報號數	字數	日期	時刻	時刻
收報員	備註				值機員

以上請勿填寫

納費標識　加急　電報掛號　0974　發往地名　南京

電文橫書　自左至右　小格寫字　大格譯碼

燒	3599	窑	4523	師	1599	來	0191	華	5478
或	2059	返	6604	歐	2962	請	6153	酌	6991
定	1353	運	6635	急	1838	電	7193	復	1788
沪	3339	該	6115	公	0361	司	0694	刘	0491
李	2621	事	0059	侯	0203	唐	0981	復	1788
再	0395	告	0709	江	3068				

30/8/26

電0011-業4-26/4-5,400,000

上開電報請即拍發，關於該電一切事項，願照國內電報營業通則辦理。

發報人簽名或蓋章＿＿＿＿　詳細住址＿＿＿＿　電話＿＿＿＿

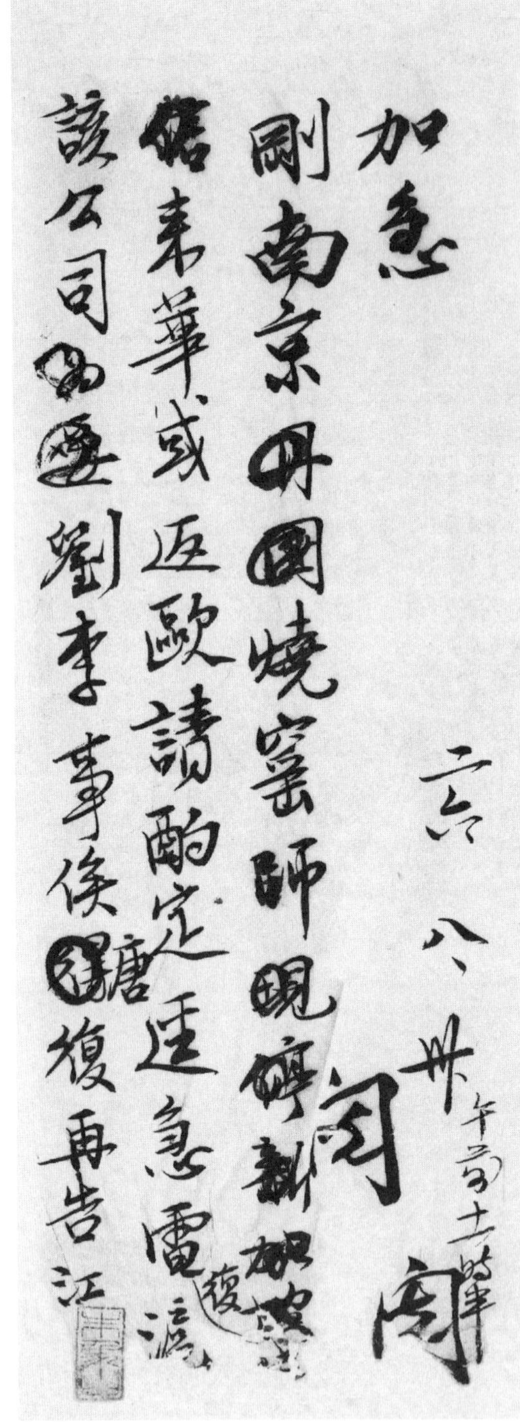

二六 八 卅 午前十一時半

司閣

加急

剛南京丹圖燒窯師現辭謝擬復[illegible]

[illegible]信來華或返歐請酌定逕急電滬

該公司[illegible]劉李事後[illegible]唐復再告 江

江南水泥股份有限公司爲調查購機安裝困難祇得稍緩進行致江南水泥廠的電報

（一九三七年十月七日）

檔　號：1041-1-9

交通部電報局

去報紙

報費	流水號數	報類	發報局名	發往
收據號數	去報號數	字數	日期	時刻	時刻
收報員	備註			值機員

以上請勿填寫

納費標識　　電報掛號 0474　　發往地名 南京

電文横書　自左至右

電	7193	惠	1885	交	0074	通	6639	梗	2739
阻	7091	調	6148	查	2686	購	6356	機	2894
安	1344	裝	5944	在	0961	在	0961	困	0938
難	7181	只	0662	得	1779	稍	4455	緩	4883
再	0375	進	6651	行	5887	祈	4362	鑒	1238
復	1788	前	0467	途	6634	江	3068		

廿六年十月七日上午

發

電 0611-柴 4-26/4-5,400,000

上開電報請即拍發，關於該電一切事項，願照國內電報營業通則辦理。

發報人簽名或蓋章 江南公司　詳細住址 天津法租界海大道　電話 31309

江南水泥股份有限公司總店爲陳報經費開支等各事致常務董事會信函（附預算表）（一九三七年十月十五日）

檔　號：1041-1-9

江南水泥股份有限公司總店用箋

寧總字第四號　第一頁

敬啟者，茲將應行陳報各事列左：

一、十月九日由敝新南京辦事處撥到拾四萬元，當存入中國銀行。以當時京電阻滯，始於昨日電告「江天津佳敉十四萬剛」定荷

詧收。

二、韋津總四號函，謂以付安利洋行Rohn君旅費六百二十四元六角五分，又安利運送機繪圖費英金三十鎊，合法幣四百九十八元七角，已遵照轉帳。

三、廠內機件及原料均已整備就緒，待安裝燒窰師來廠及借得電力後，即可試車出灰。現廠基及廠房等一切必須之整理工作，正在照常進行中。祈

轉陳。

四、韋津總三號函囑寄八月份決算、九月份預算。敝處前因交通不便，所有自六月份起會計明細帳，遲未付郵，旋於九月廿一日寄上敝處及工程處裝場六月份報冊各一冊，廿三日寄上建廠工程處材料月報表廿四張，十月四日寄上七月

中華民國二十　年　月　日

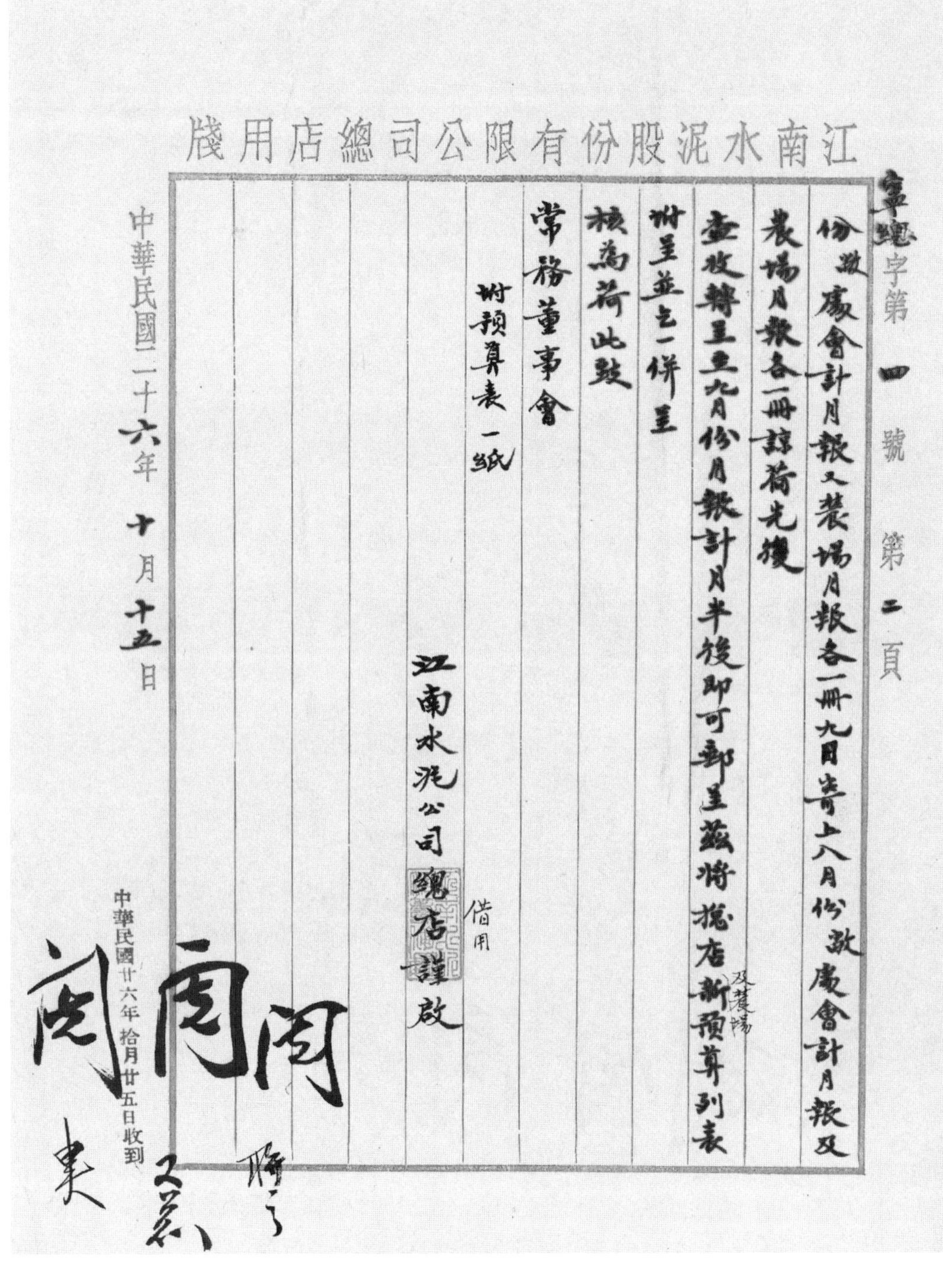

江南水泥股份有限公司總店用箋

寧總字第四號　第二頁

份敝廠會計月報又裝場月報各一冊九月寄上八月份敝廠會計月報及裝場月報各一冊諒荷先獲查收轉呈並九月份月報計月半後即可郵呈茲將總店及裝場新預算列表附呈並乞一併呈核為荷此致

常務董事會

附預算表一紙

江南水泥公司總店謹啟

借用

中華民國二十六年十月十五日

中華民國廿六年拾月廿五日收到

南京總店經常開支預算（廿六年十月至十二月）

科目	出貨時期	暫不出貨時期	備註
薪水	$545.00	545.00	文書主任及駐滬購料員薪水未列入
津貼	175.00	175.00	
膳費	60.00	60.00	
辛工	68.00	50.00	
文具	20.00	10.00	
印刷	20.00	10.00	
郵電	40.00	30.00	
捐税（印花）	5.00	5.00	
酬應	100.00	20.00	
旅費	150.00	40.00	
車力	30.00	10.00	
房租	110.00	90.00	
電話費	40.00	20.00	
消耗	20.00	5.00	
雜支	100.00	40.00	
公益	100.00	80.00	
汽車費	240.00	150.00	
特別支出預備費	150.00	—	遇有糾紛時作訴訟費之用
共計	$1,973.00	$134[illegible]	備用 本月份預算當依照暫不出貨時期範圍內緊縮支付

中華民國廿六年拾月廿五日收到

閱 閱 閱

農場經費預算

經常費	法幣
薪膳	40.00
辛工	44.00
臨時工	20.00
文具 郵電 雜支 旅費 消耗	5.00
傢具 農具	3.00
園藝 蔬菜 雜穀 森林 苗圃 糧產 肥料 水產	5.00
預備費	5.00
每月總計	122.00

周

江南水泥股份有限公司常務董事會爲回復安利洋行款項等事致總店信函（一九三七年十一月十五日）

檔號：1041-1-9

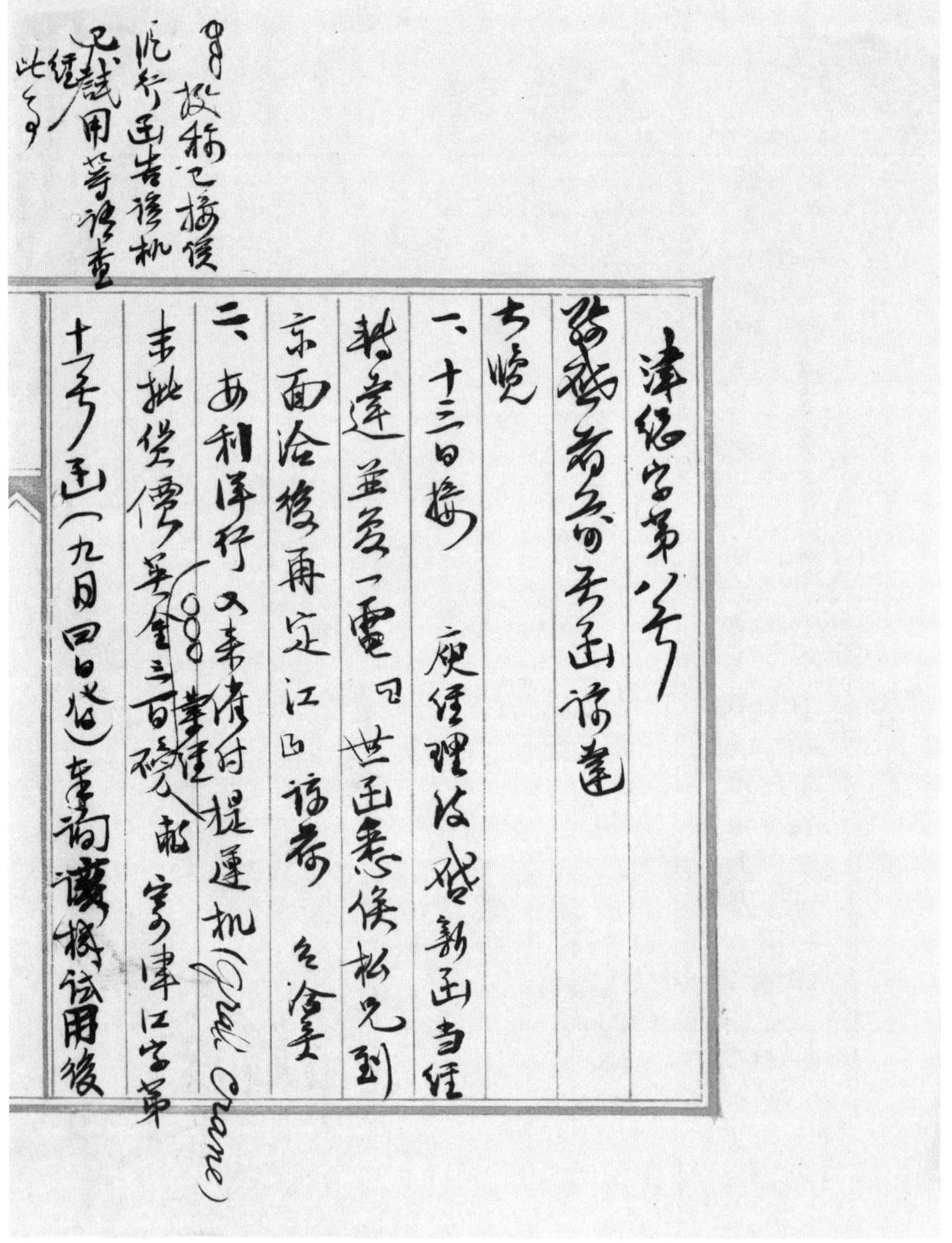

九日尚未接復電，俟試用滿意與否電達，再付匹現款，試用滿意

情形是否滿意，盼即示知，追南京事務所

催廠迅電發為要

三、茲將轉帳各款列後：

甲、劉鄂臣君十月份薪水國幣三十六元正

乙、金輪公司摘式捲尺個價款伍百伍拾元正

丙、永和排線號機器貨到時付價款五成計英金四〇六三鎊十五先令零

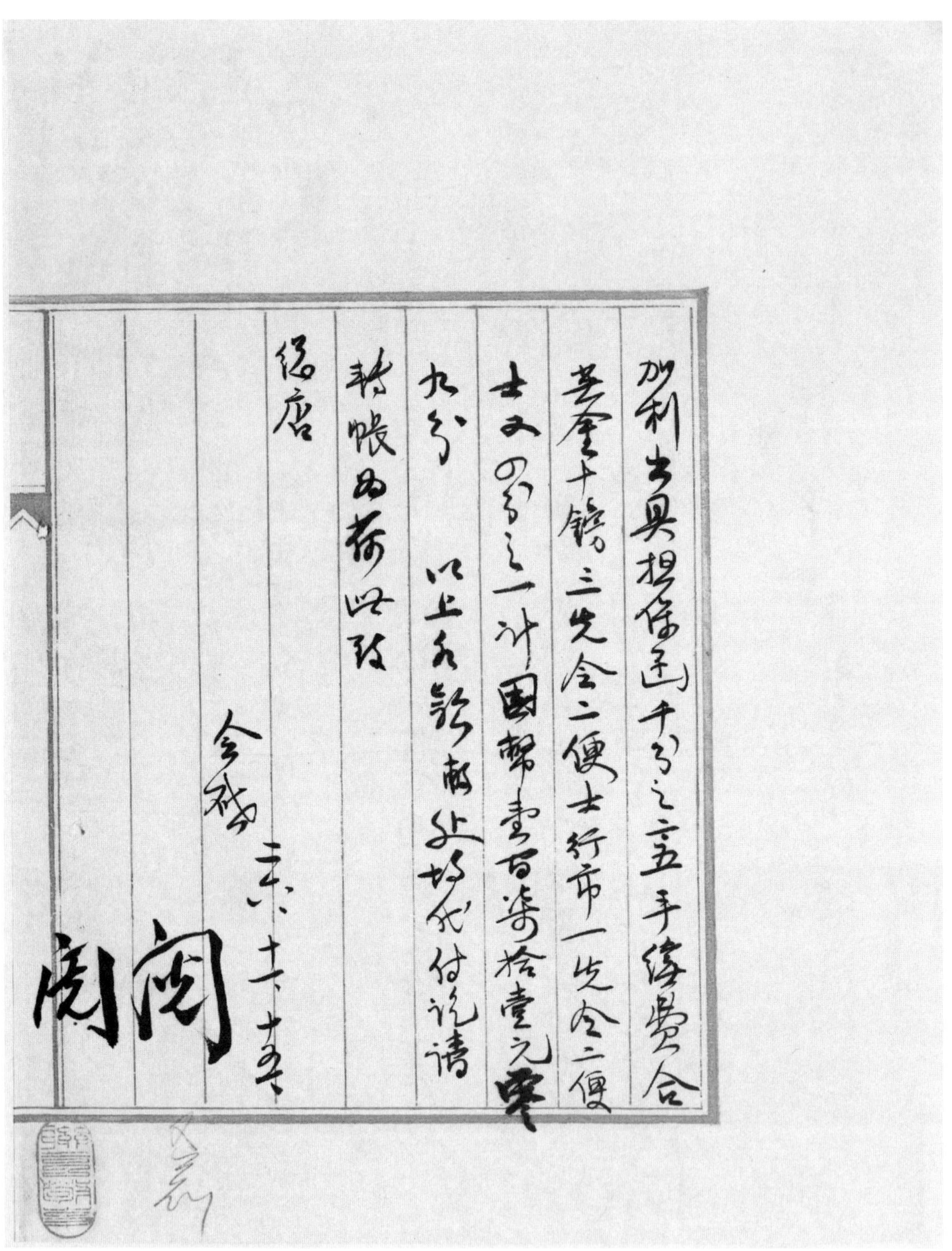

加利由具担保函千分之五手续费合
英金十镑三先令二便士行市一先令二便
士又四分之一计国币壹百柒拾壹元零
九分　以上各款敝处均已付讫请
转帐为荷此致
總店

江南水泥股份有限公司常務董事會與棲霞工廠（江南水泥廠）上海辦事處爲慰勞庚經理、存滬資産處理等往來信函（一九三八年一月五日至十二月二十九日）

檔　號：1041-1-13

津江字第元號

敬啟者：上年 郵寄津江字函發函第十九號止，接寧江字來函第十二號止，茲列后：

一、上年十二月卅一日接 去電開：“悉，滬倫據滬係机四廠查近狀，庚已同日接十一日十四日

執事等自滬口寄函十二紙，均呈閱

常董 財務

潘袁王

執事處理之節暨艱阻中奔馳情
形深維慰勞之意今幸平安抵申諒
可得告到廠一切狀況計蒙
隨時函示所有此次留廠員工在
先經理指導之下盡心職守允堪嘉尚
並望傳述
本董慰勞之意俾祈
查照為荷
二、迭據電話上海辦事處函告所有代為

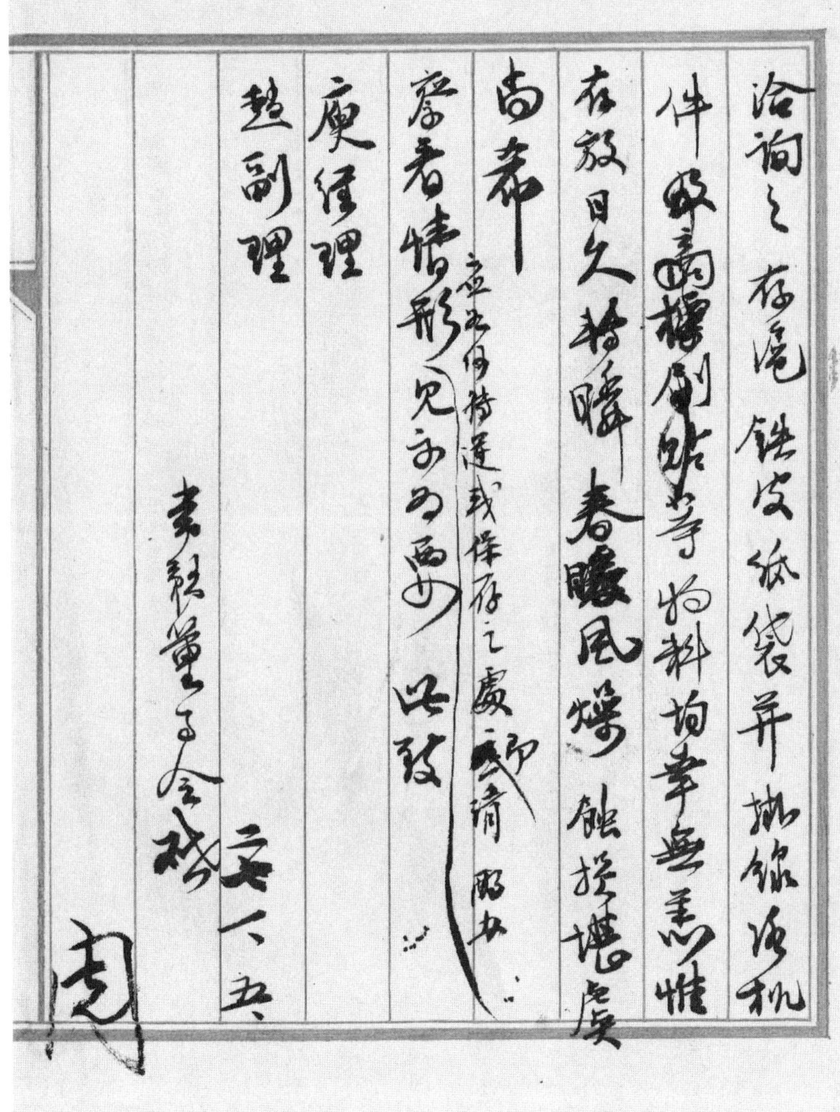
洽詢之存廠鐵皮紙袋并抽線洋機
件暨橡膠皮帶等物料均幸無恙惟
存放日久轉瞬春暖風燥能否堪虞
尚希
察看情形並示何件遷移或保存之處即請酌奪以致
康經理
趙副理
董事會啟 六、十五
周

潭江　　二　　上

敬啟者本月五日寄元號函計達　大覽茲接一日自滬寄到之函已呈　閱

一、承示自願留廠之胡徐劉劉王五君已於十九日抵徐州又最後留廠徐夏曹郭四君似仍在六合僱農廠沈濟華君未去各節已悉

二、承示乃定維持遷離同人生活辦法按薪金四分之一發生活費仍暫以三個月為期（三四五月份）撥目證實各該同人到達安全地點後即取消留廠特優待遇及冒險獎勵辦法以便與其他同人一律待遇等情奉　批照辦訖　查照

三、承示存漢中國銀行指導為圖移交胡森伊君代保管設法滙津事該款懸撥還啟新已電漢渠於上年十二月廿八日接胡君電告收到指導為圖矣乃承　示無錫交行壹為圖滙條及印鑑等存於孫柏軒君處又上海中孚銀行叁為圖及執導等憑身由漢帶滬為餘圖撥存交通銀行等情均呈　閱

四、承示總店及工廠之帳册圖表文件及說明書等等共裝七箱存漢口胡經理處一節已查照

五、各地職工名單及來往電報彙記已由王松波君交到呈　閱備存矣

江南水泥股份有限公司

寧江 二

六、顧柳鳳君唐萬已由本公司的撥款津貼並轉告顧君安心此致

陳經理

趙副理

常務董事會啟

七 一 十一

印發二份

津江字第三號

敬悉者：迭接寧江字第九號函、第十號函并附件均收悉。

一、承示三井及小野田水泥廠已派辭二名往棲霞廠參觀，我方派陳同祜君偕往，會同龍[靈]廠匠目偉同參觀，并陪君回述各情，詢呈閱。

二、劉紹卿君已由我公司[我公司支函]函達龍新莊，回唐廠，該員具報一月份，正希查照。

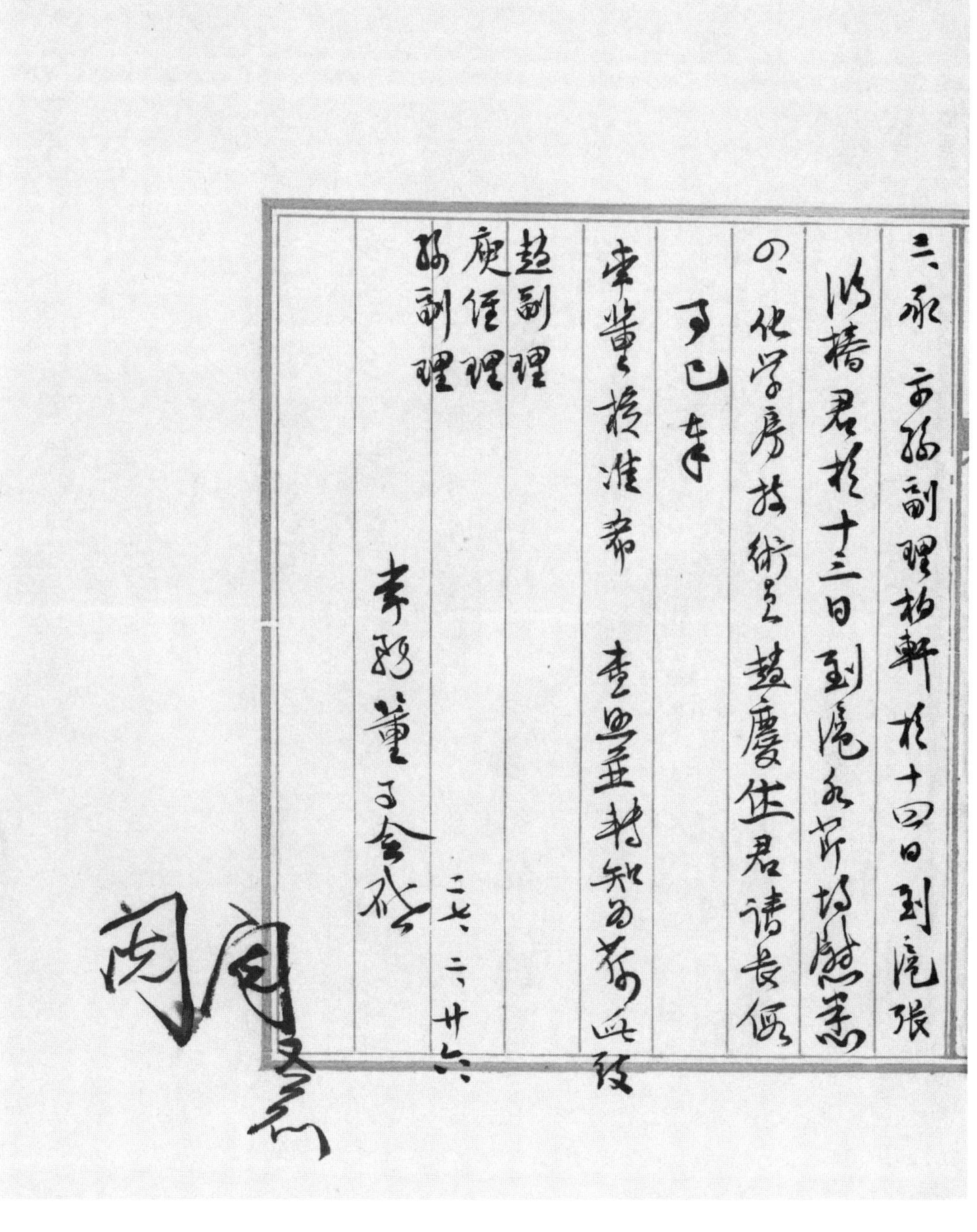

三、承 示孫副理柏軒於十四日到滬，張鴻禧君於十三日到滬承許協懋均，化學房技術員趙慶佐君請長假事已準

常董核准，希 查照並轉知為荷，此致

趙副理

庾經理

孫副理

常務董事會啟

二七、二、廿六

閱

津江字第四號

致總公司 據寧江字第五三號第八號

來函暨附件均悉

一、承示據昆君等來函摘記六點均呈

閱

二、閱於前達在上海接洽代銷出品事本月

十二日奉宣秘書寄陵趙副經理陳經理總經理一函請

已寄到

三、承示駐廠辛君函已呈閱茲附去

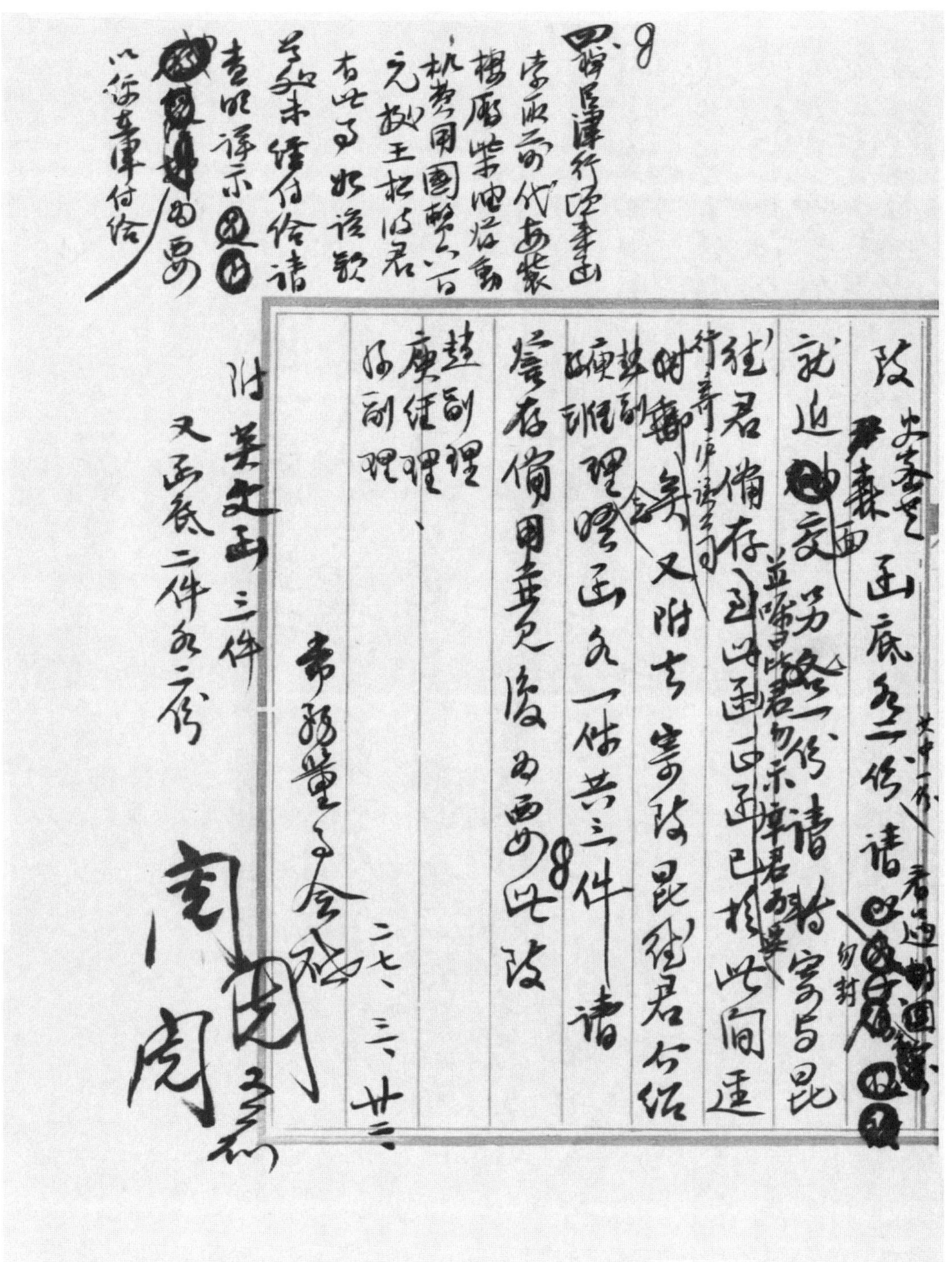

附英文函三件
又函底二件各二份

二七、三、廿二

津江字第五號

敬啓者接寧江字第九函第十二號
大函並三月廿七日寄報告書一份均收悉
一、承示與史密芝公司商洽調回辛君另（送公司）（與丹使館商定）
派牛爾生君赴廠月薪華幣一千元暨牛
君途未領下通行證未果成行各節均呈
閱，於該公司調換牛爾生住廠一事，似應由該公司正式函告，以期手續上方合，并請接洽
同業 批牛爾生何時到廠何時起薪等因
請 簽洽（明照）
二、承示轉臣安裝機動機費用國幣六百

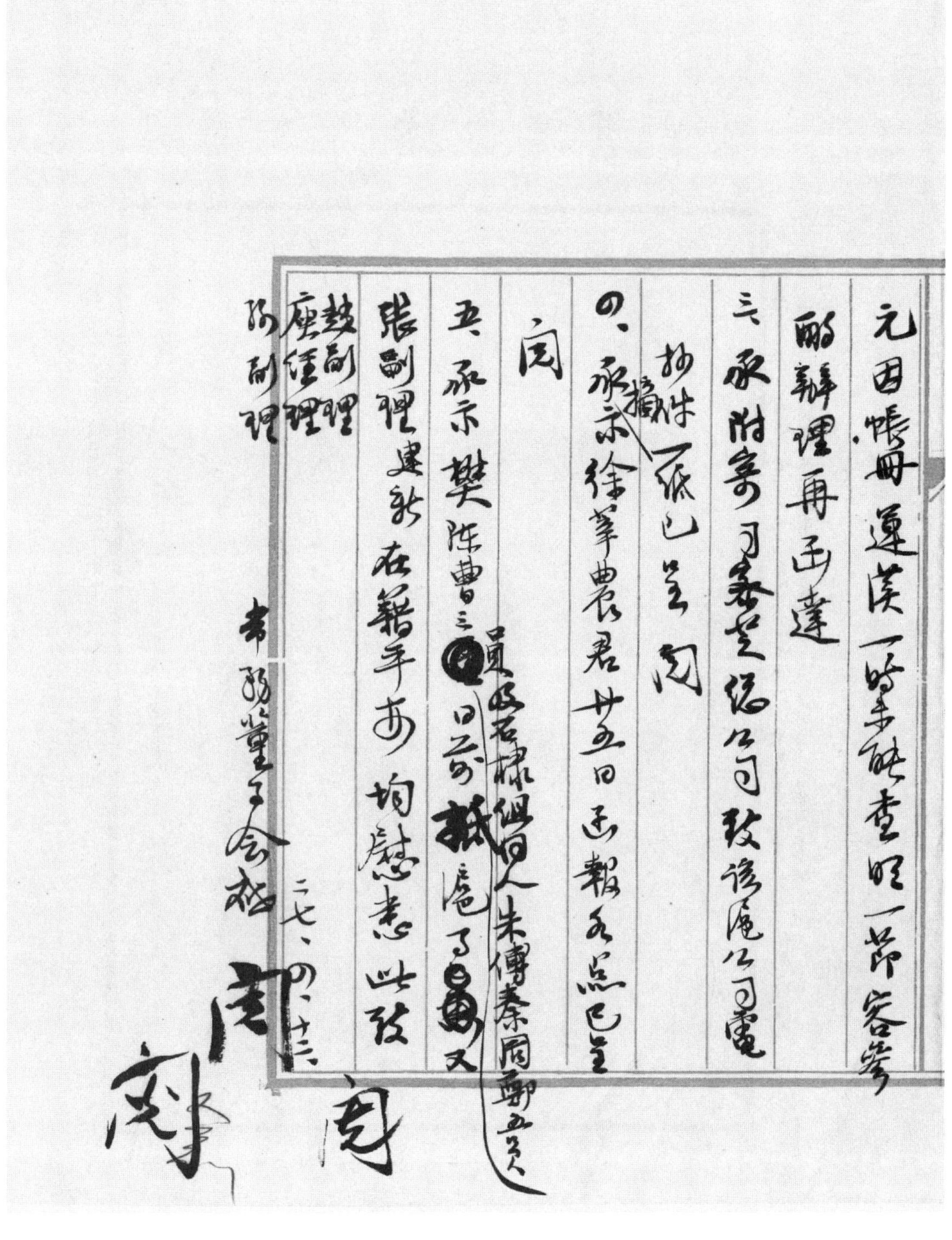

元因帳冊運漢一時未能查明一節容當
酌辦理再函達
三、承附寄刁委員總公司致該廠公司電
抄件一紙已呈閱
四、承示徐箏農君廿五日函報各點已呈
閱
五、承示樊陳曹三員及石碌組合人朱傳泰周鄭五人日前抵滬了晤又
張副理建新在錫手函均慰悉此致
趙副理
廉經理
孫副理
常務董事會核
二七、四、十六

江南水泥股份有限公司
總店

寧江字第十四號第全頁

敬啓者：寧江第十三號函計達

大覽。以雲章兄病，旋經副理本擬七日啟程，搭 Hainan

因船票已售罄，改於十日搭順天輪北上（該輪或需十一日開船），昨有離滬

張君自接電來滬移交諸途，頗費周折，廠內外均

安，即希

查照轉呈為荷。此致

常務董事會

江南水泥股份有限公司棲霞廠 謹啟

廿七年五月八日

中華民國廿七年六月四日 收到

總店 南京新街口正洪街五十三號 電話二一七五〇 電報掛號〇四七四
工廠 京滬綫棲霞山車站東攝山渡 長途電話 交通部攝山渡話報代辦處

津江字第六號

敬啓者：接奉江字第十三至第十四號

大函暨附件均收悉。

一、承附來運材料表一紙，又承 示上年所交蕪

行款一万元已由漢店向該漢行代取，於上月底

匯滬，每千元貼水三十餘元，此款存浙江興業

銀行。另承 示致京電廠函寄息金事，已

將函直寄。至港揚子公司董事會，俟得覆

再告。又節已呈 閱。

二、承示牛爾生君通知，近日內可徑到赴廠，乃已查照。問於牛君何時到廠何時赴滬新及宜由該管正式函告，以資接洽，計妥矣。

三、承示京滬路局致廠公函遞悉，須速籌費，可續付乃來批續字新查照。

四、來常董諭撤廠工作全數停頓，較難支，不得不將工廠及總店職員除留少

數辦理要務外，其餘一律給予三個月薪津
元遣散費，俟將來開廠時酌量當時
情形，儘先錄用。所有遣散各工原支生
活費，即截至五月底停支。又奉
諭：留顧宇惟君、趙慶烈君、孫柏軒君
辦理要務，仍各支原薪水車力，並
留徐華農、徐寰寰二員駐廠辦理一
切事，照支原薪水車力，俟自六月一日
起支。又奉
諭：農場職員
沈濟華此次
協同留守，著
應予月給薪十
元，連同原支西農
場車力四十元，自六月
一日起支。

諭張建新君調津，另有任用。此佈

諭留樊貢甫、陳仲文、曹誠之、馬毓華、鄒仁旺、蔡公鍊六名，支給半數薪津，均自六月一日起支。此佈

諭施滄彭、張繼曾、汪紀立、劉憲曾、嚴蓉蓀，除支給遣散費外，因各該員旅寓漢口、石灰窯兩地，均加給旅費，以示體恤。由原呈署名照案酌定需數，同呈候核發。各等因附去。保留人名另通知書

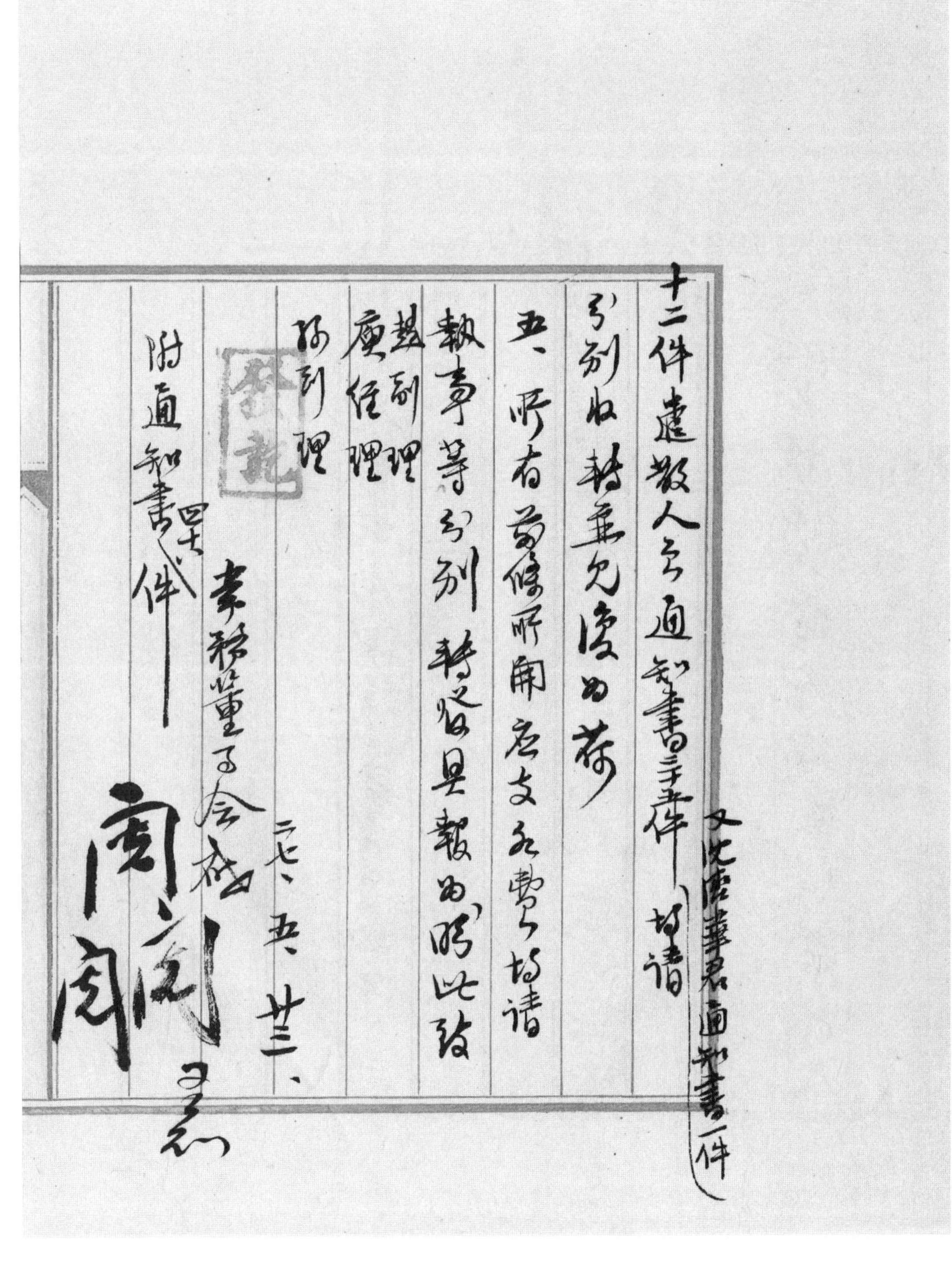

十二件遣散人員通知書三十二件（又沈彥華君通知書一件）均請
分別收轉並希見復為荷
五、所有前修所開名支兩數均請
執事等分別轉發具報為盼此致
趙副理
顏經理
陳副理

發訖

常務董事會啓

二七、五、廿三、

附通知書四十六件

[illegible]

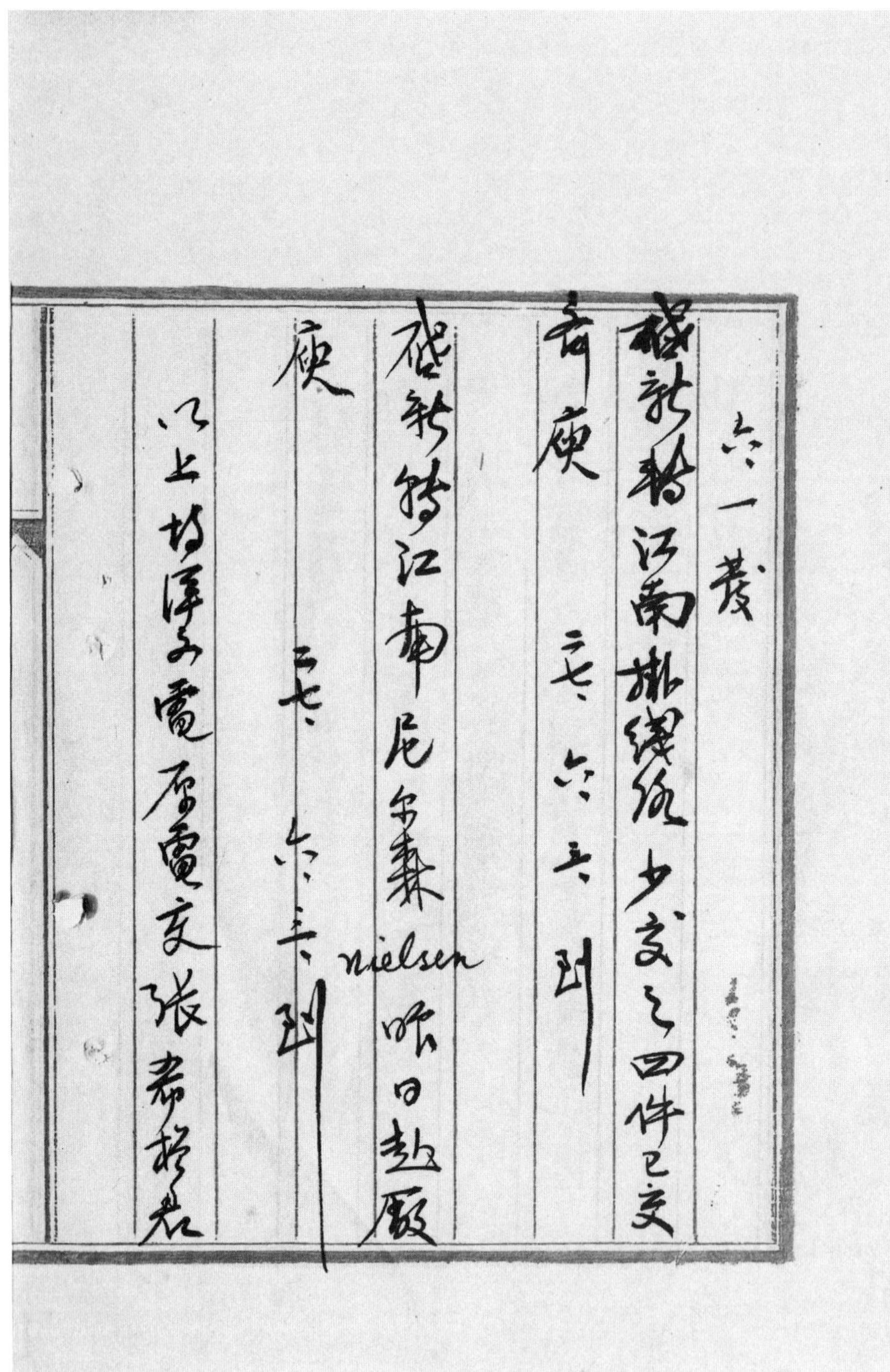

六一號

礎新轉江南排綫紙少交之四件已交

齊庚 二七、六、五 到

礎新轉江南尼爾森 nielsen 昨日赴廠

庚 二七、六、三 到

以上均譯子電 原電交張希穆君

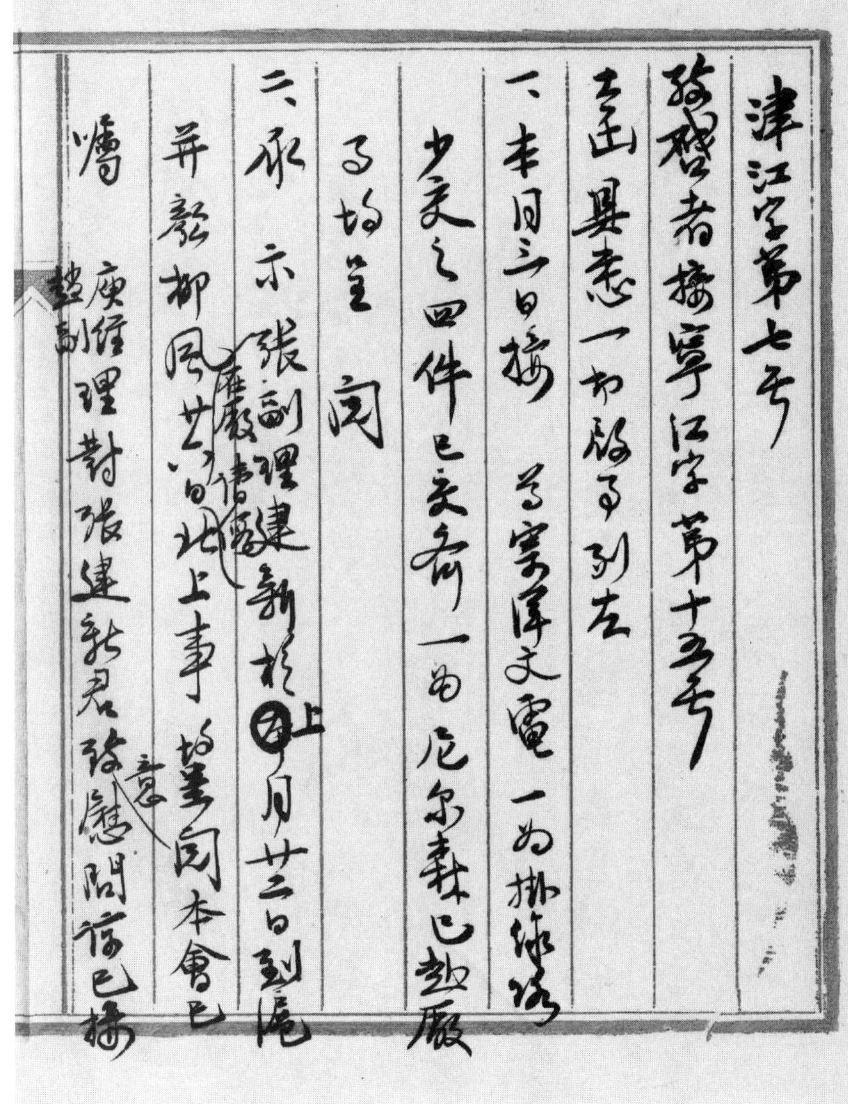

津江字第七号

敬啓者接寧江字第十三号

來函具悉一切茲分列左

一、本月三日接 蔡寶鎏文電 一函抄錄附

少泉之四件已交翁 一函 尼爾森已赴廠

可均呈 閱

二、承 示 張副理建新於上月廿二日到滬

并談抑風先生北上事 均蒙 閱 本會已

嘱 趙副經理對張建新君致意問候已接

洽矣，顏部風已来見，均望查照知
三、承示史密芝司高生君將四國伴見六
個月一節已查照
四、查結店廠及農場賬冊抄已寄至上年十月份以後即未工廠報冊即寄呈上旬份
造報到津，若不及時補寄，以後更難
補辦，應請
兄處注意，趕行造寄，連同承另匯地
時所撥之款帳目一併報寄為要。又本
月七日劉漢增君交来國幣一百二十

五元七角一分據云係渠個人在廠預支川旅費之餘款該款已照收 另帳希查照轉帳

五、附去禮和洋行來函抄底一紙 閱於 排綫號先後交到之件請（庚經理鑒別核辦）密看有無路署之損壞 如大致無損壞擬即將先麥加利保函撤回其他微細之損壞應俟該機運廠詳細檢查後在未詳細檢查之前所仍由禮和負責統希 查照見復為荷

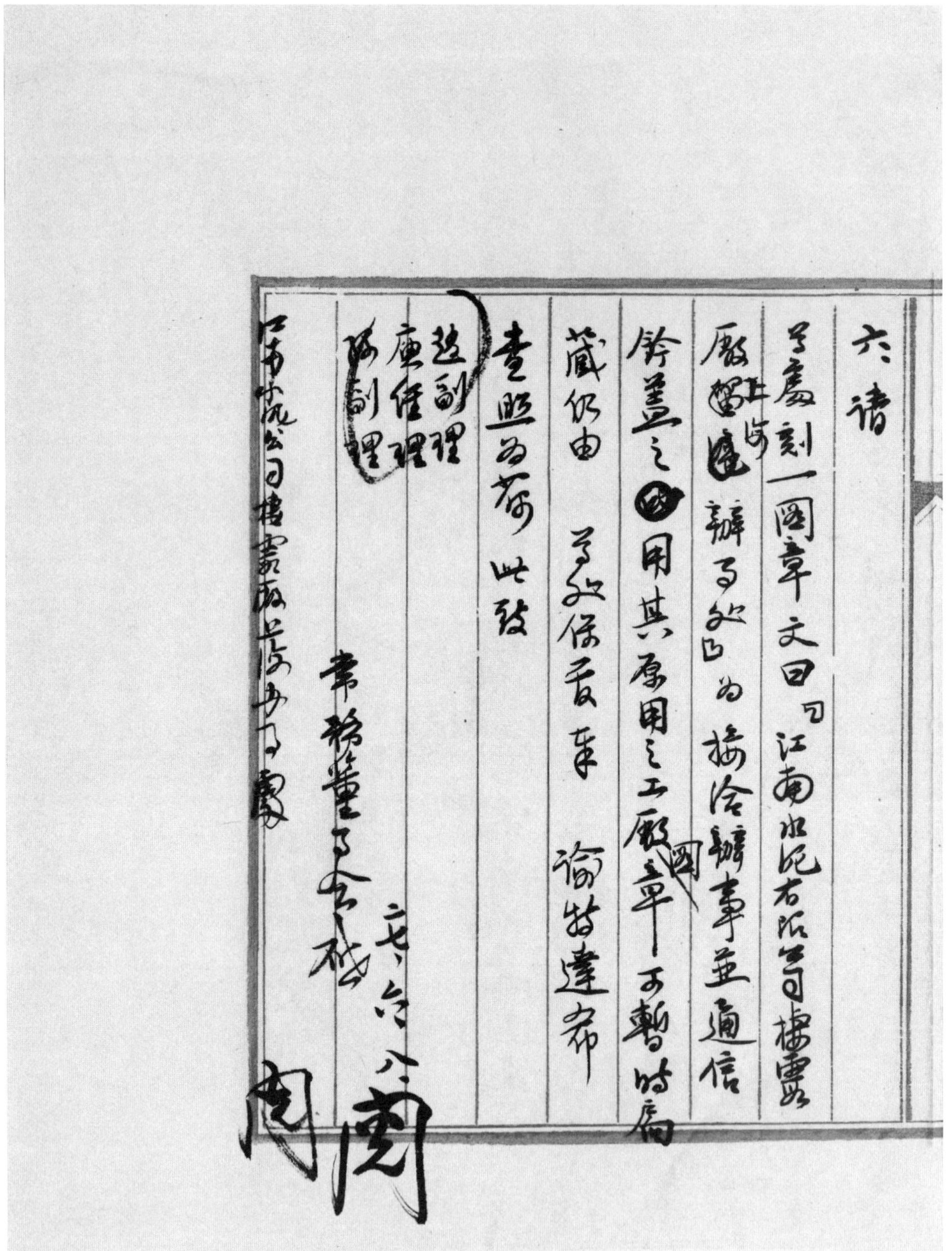

六、請

公處刻一圖章,文曰「江南水泥有限公司棲霞廠駐滬(上海)辦事處」,以為接洽辦事並通信鈐蓋之(圖)用,其原用之工廠圖章,可暫時留藏,仍由 公處保管,並 諭飭遵辦

查照為荷,此致

趙副理

康經理

陳副理

常務董事會 啓

廿七、六、八

江南水泥公司棲霞廠上海辦事處

津江字第八號

敬啓者：接第十六、十七號

來函均悉。

一、承示禮和撥給機件共四百四十二件

業已運到，（本無）全部存於太古洋行棧房，內於

檢查損壞等已詳敝前號函述，諒荷

台洽矣。

二、承示史麥克公司牛米生君願廠之重

要性，已經闊君面請丹使館向日使館申述

子乙壹四

三、所有栖厂地段图，已函简图，请函告昆纬君备致。西揽范曲农场此时责益溪暂停办。该厂经济状况据厂报称难支，我等何必在此时对于地权加以研究。该厂曲农场与我方订立租约，全承受伊方土地所有权之权利义务，此在伊方可以节省支持费用并免去任何枝节，而在我方自无不宜。请尽心研究，核洽具报呈夺为要。

此致

栖霞厂经理 我(?)

常务董事会 戳

二七、六

阅 阅

江南水泥股份有限公司
總店

字第　號第　頁

[illegible]

大函敬悉，承示各項核次

一承示總店及棧場报册已寄至上年十月份，工廠报册則寄至上年六月份，以後各月份报册以及各項進銷時分補寄

公款帳目亟應造报，又據劉學培君送至廠預支旅費條款壹百十五元柒角壹分，囑查照對帳各節，昨詢據會計科副科長王良生君稱，工廠七八九三個月报册均已編就，因十一月間時局驟見緊張，未及繕發，容當補交

總店　南京新街口正洪街五十三號　電話二一七五〇　電報掛號〇四七四
工廠　京滬綫棲霞山車站東攝山後　長途電話　交通部攝山後話報代辦處

年　月　日

江南水泥股份有限公司
總店

華江字第十八號第十頁

廠存帳據業經分發數箱運存漢口出售此時與漢途中甚不安全前項收册另急需造送惟有將存漢帳據設法運滬另為何之處祈
核示遵

二、關於礼和掛綫路机件四百四十二件已分數收到存於太古棧房并加保火險業經廣趙經副理查看外就尚無顯著之損壞今日接礼和洋行通知另有掛綫路吊車机件五箱由德運滬正在關提貨移儲

總店 南京新街口正拱街五十三號 電話二一七五〇 電報掛號〇四七四
工廠 京滬綫棲霞山車站東攝山鎮 長途電話 交通部攝山鎮話報代辦處

年 月 日

江南水泥股份有限公司
總店

字第　號第一頁

存於太古棧房，希　查照
三、承　示奉
諭刻上海辦事處圖章，鈐用原用之廠圖章，仍由敝
處保管，多節已遵照刻角質長方形圖章一顆，文
曰「江南水泥有限公司棲霞廠上海辦事處」，自本日
起啟用，希　查照
四、棲霞山西地山場該款數日內函告昆君，至於四週界址
即函請沈濟華君就近函告

總店　南京新街口正洪街五十三號　電話二一七五〇　電報掛號〇四七四
工廠　京滬綫棲霞山車站東攝山鎮　長途電話　交通部攝山鎮話報代辦處

年　月　日

江南水泥股份有限公司
總店

字第十八號第四頁

五、模範農場之勘查移轉一節已接洽妥，務請
常董據律為何辦理，特呈 奪示遵
六、史公司調于君回京，必須續派一人，牛君前
經函請，于君薪金截至五月廿三日止，牛君三月廿四日起
方卒有職務，就史公司之聘，月支壹千元，即於是日起
支薪，惟通行證遲未領到，當時即已赴廠，牛君抵廠
後與呂君相處甚為融洽
七、自京滬郵政恢復後，廠中與外交通信較前便利，聞於

總店 南京新街口正洪街五十三號 電話二一七五〇 電報掛號〇四七四
工廠 京滬綫棲霞山車站東攝山渡 長途電話 交通部攝山渡話報代辦處

年 月 日

江南水泥股份有限公司
總店

字第 九 號第 五 頁

廠中事務昆君常來函與致文商権，昨接昆君徐

羊裘君來函，據謂鄉間棧業遷出廠南雲誠之住宅

房有房客李姓被刮，槍擊火灼，遂即斃命。昆君擬

與德使館商議，請謝方生君梁信德使館，當有辦法云

云。頃這意欲緩向德使館請領槍械十枝，同時與友軍

商洽，在昨選雇華籍廠警十名（每名月餉約廿五元至三十元），留廠

保護較為妥善，但恐難無利為何，請 呈

常董指示

總店 南京新街口正洪街五十三號 電話二一七五〇 電報掛號〇四七四

工廠 京滬綫棲霞山車站東辦公處 長途電話 交通部棲山電話報代辦處

年 月 日

江南水泥股份有限公司
總店

字第十一號第六頁

八、留厰技術工人十餘人始終未曾離厰離工（另有[illegible]）
三十餘人共五十七人全体工人護厰工作均甚勤勞近以
原定維持生活每月給以支持[illegible]諒難[illegible]嚴君來函表
示可酌量增加全体留厰均需工人工作單（惟未經嚴君簽字）大致
均有工作就所查推測有工作人数似有縮減可能現
工厰均近恢復甚爲留厰職員安全計原有工人實
有全数留厰必要惟視其有無工作而高低其待遇（工人工作之有無請嚴君酌定）
祈擬訂下列原則

總店 南京新街口正洪街五十三號 電話二一七五〇 電報掛號〇四七四
工廠 京滬綫棲霞山車站東攝山渡 長途電話 交通部攝山渡話報代辦處

年 月 日

江南水泥股份有限公司
總店

寧江字第十 號第 七 頁

1. 昆君以前規定長全額工資之工人繼續照發
2. 現在有工作者發全額工資
3. 現在無工作者發給工資二分之一，敝方對其本人不再發米及菜資，但其家屬仍按昆君前定每人每日給米二磅

是否有當請 詳呈 核示或直接函知昆君為荷

九、廠經理今晨晤商生君，據云坡田於七月二日赴敝廠參觀，託其函牛君介紹牛君持商丹文函稿到敝廠即請

總店 南京新街口正洪街五十三號 電話二一七五〇 電報掛號〇四七四
工廠 京滬綫棲霞山車站東攝山鎮 長途電話 交通部攝山鎮話報代辦處

年 月 日

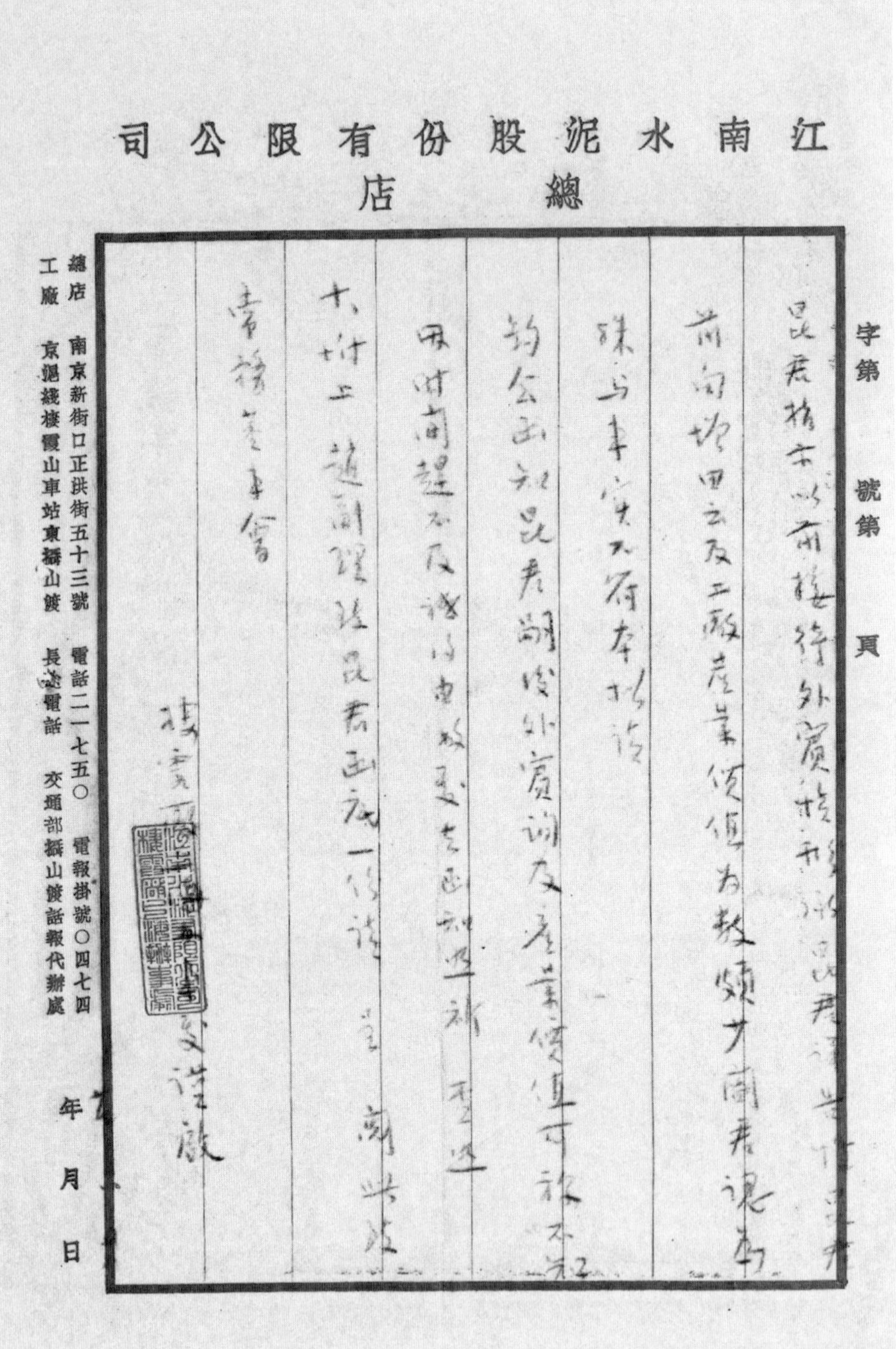

江南水泥股份有限公司
總店

字第　　號第　　頁

昆君指示以甫接待外賓[illegible]昆君[illegible]

甫向探回公及工廠產業價值為數頗大，甫[illegible]

殊與事實不符，本擬請

鈞公函知昆君，嗣後外賓詢及產業價值可稱不知。

因時間迫不及，謹[illegible]改由函知，並祈 垂鑒。

十、卅上 趙副理、昆君函底一份 謹呈 陶[illegible]

常務董事會

棲霞[illegible] [illegible]謹啟

（印章：江南水泥股份有限公司棲霞山總辦事處）

總店 南京新街口正洪街五十三號　電話二一七五〇　電報掛號〇四七四
工廠 京滬綫棲霞山車站東攝山鎮　長途電話 交通部攝山鎮話報代辦處

年　月　日

津〇字第九号

敬啟者接十八号

來函敬悉

一承示工廠七八九三個月損益表稿

如廠店帳據均經裝箱運存漢口如急需

造送惟有將存漢帳據設法運滬

如何之處祈核示等語已呈閱奉[illegible]擬將

存漢帳據統由啟新胡經理等

代敝運滬（惟途中是否穩妥此間不能負責）始函託胡君辦理

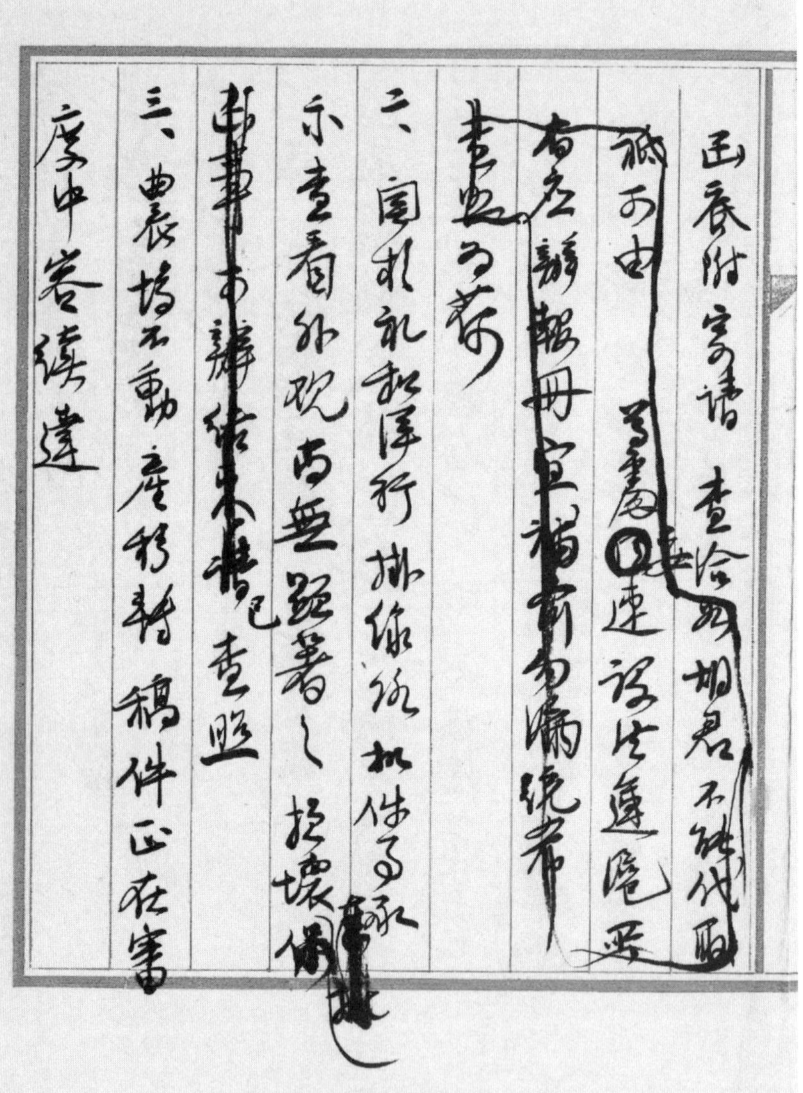
函表附寄請 查照如君不能代爲
祇可由[illegible]速設法進展要
有名請報册宜前方[illegible]繞希
查照爲荷
二、開礦機和澤行排除線機件[illegible]
示查看外觀尚無顯著之損壞[illegible]
其事尚難估計[illegible]已 查照
三、[illegible]場不動產移轉稿件正在審
慶中容續達

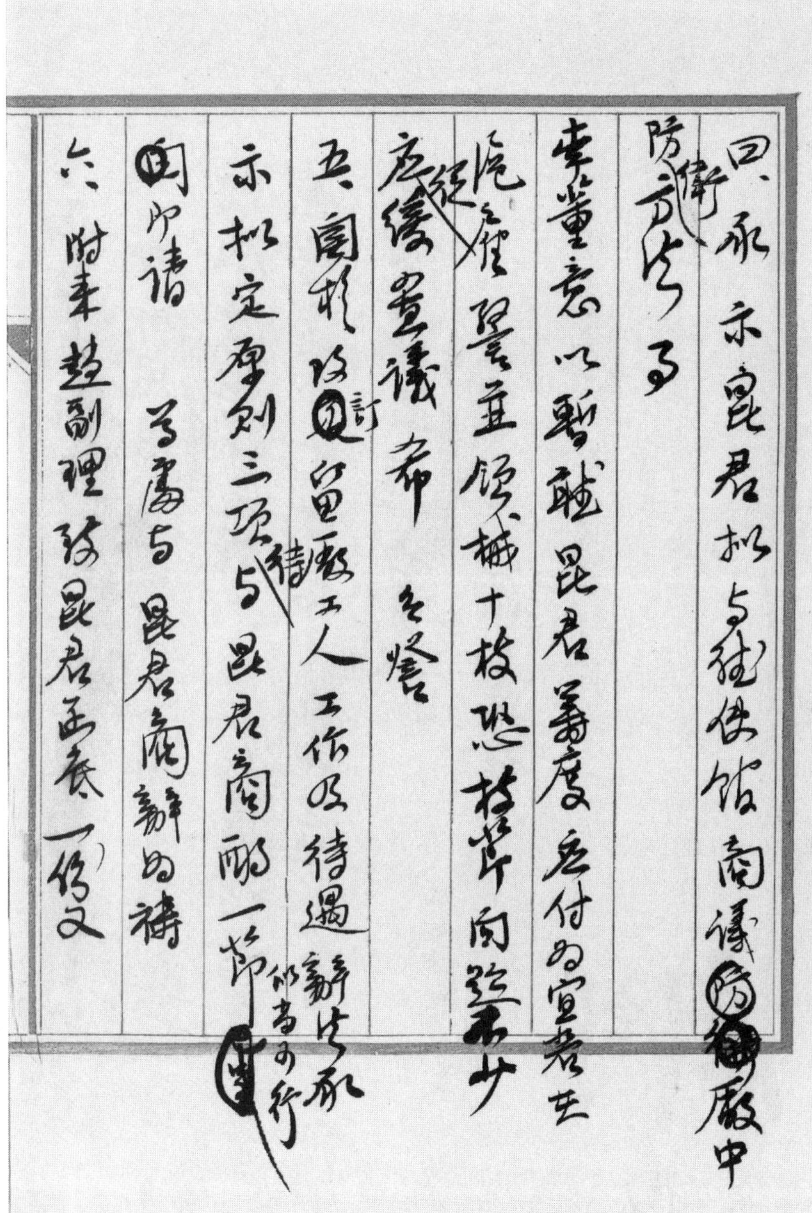
四、承　示昆君擬与德使館商議防衛廠中
防衛武器
要董意以暫就昆君籌度在付為宜若出
危僅置並領槍十枝恐於前途亦少
庶從緩置議　希　察奪
五、關於討留廠工人工作及待遇辦法承
示擬定原則三項待與昆君商酌一節　仰當可行
閱卯請　等處與昆君商辦為禱
六、附來趙副理致昆君函底一件文

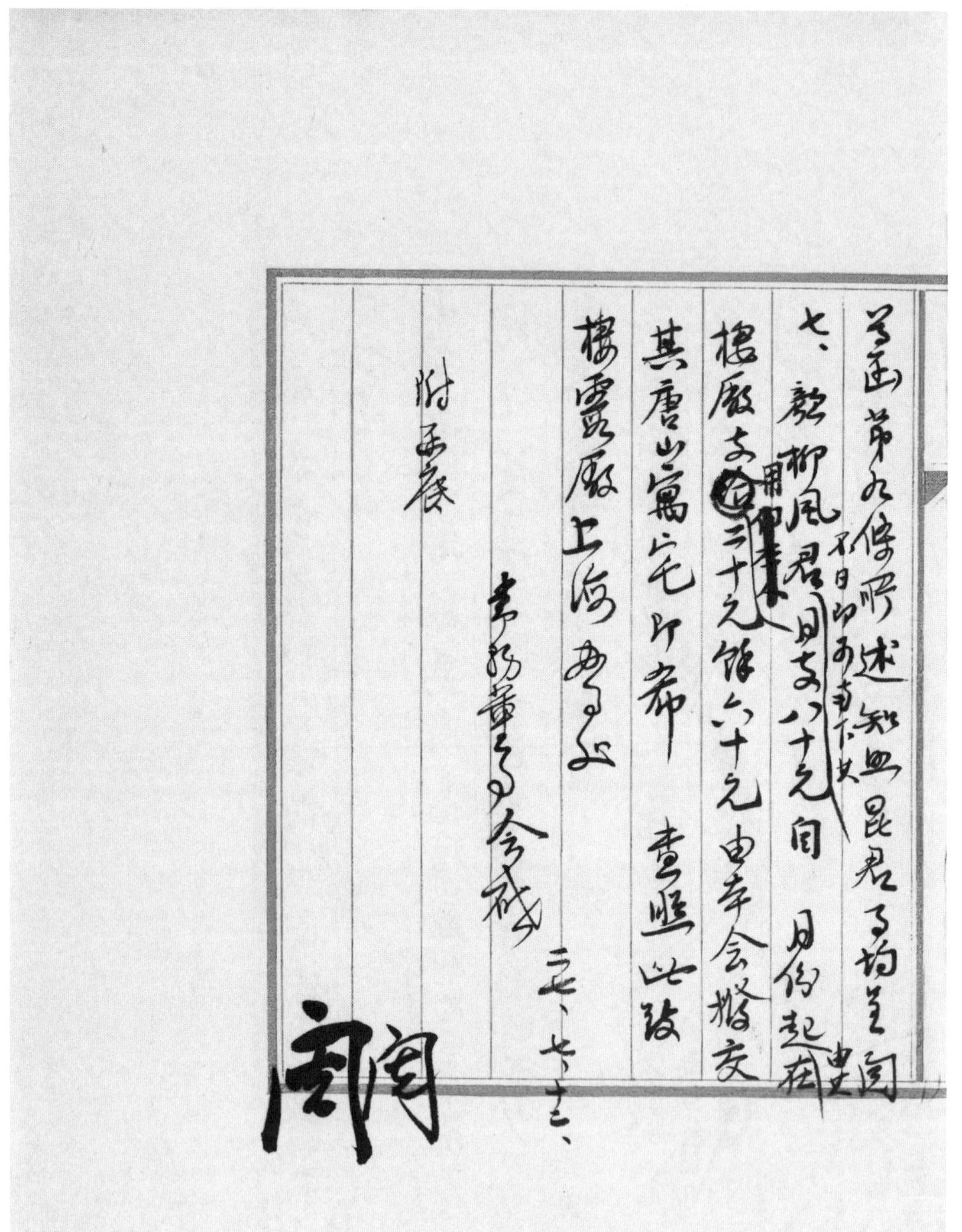

津沪字第十號

逕啟者：接第十九、二十號大函敬悉。

一、承附開列冀津分店同人應領遣散費等簡表已收悉。查鄭克廉君三四五月份生活費九十七元五角及張肇良三四五月份生活費五十元五角，據稱已在上海領訖，計減如此。來表實發總數為國幣七百零七元八角六分，請查照轉帳。

二、禮和洋行開來帳單索取提運斗末批貨款英金三十六鎊十先令查該項機件共價英金三百六十五鎊已於廿六年七月廿七日訂貨時付給四成計英金一百四十六鎊本年六月提單到滬於十七日付給五成計英金一百八十二鎊十先令該機件到滬後已否點收清楚祈查示以便清付

三、本會付給顏柳風君特別酬勞五百元

及其本年六月份薪水八十元，又七月份薪水之一部六十元，以上共計國幣一百四十元，均經付訖，請 查照另別轉帳爲荷。以後每月發薪時似應當即照所議標準，其原薪六十元，另處扣除得照付第一條批准。

又承示與大家及島君晤談情形，已並閱。

再，承譽馨君函稱，即就樓廠の工商部圖三份，已以兩份匯寄弟處，餘一份寄工業處。該件已收到矣。此致

樓雲兄廠長上海事務所 上

弟穎董事會啓 二七、七、十九

津江字第十一號

敬啟者接第廿一 廿二號

來函敬悉

一、承示堆存排綫磁機件免租字據

乃太古職員最近表示此後機件能

於本月底以前完全搬出兼付酬金

壹千元左右渠可設法商請經理僅

收小工搬力數百元以前棧租完全免算

照有辦到可能似尚合算 望正逕覆

空地並擬搭蓋木架白鐵棚及圍竹籬
笆約需工料洋七仟元之譜，已呈 閱
常董急以太古公司既免計棧租，自屬合
算，但以本月底完全搬出為前提條件，該
吾廠必能維護損益，及時接洽辦理，因
吾因未提電後手續，故不將電機架棚
籬笆工料費用該經
吾廠詳慮認為必要，經濟之辦法，即請
比較估價，審定工料，務期堅固合

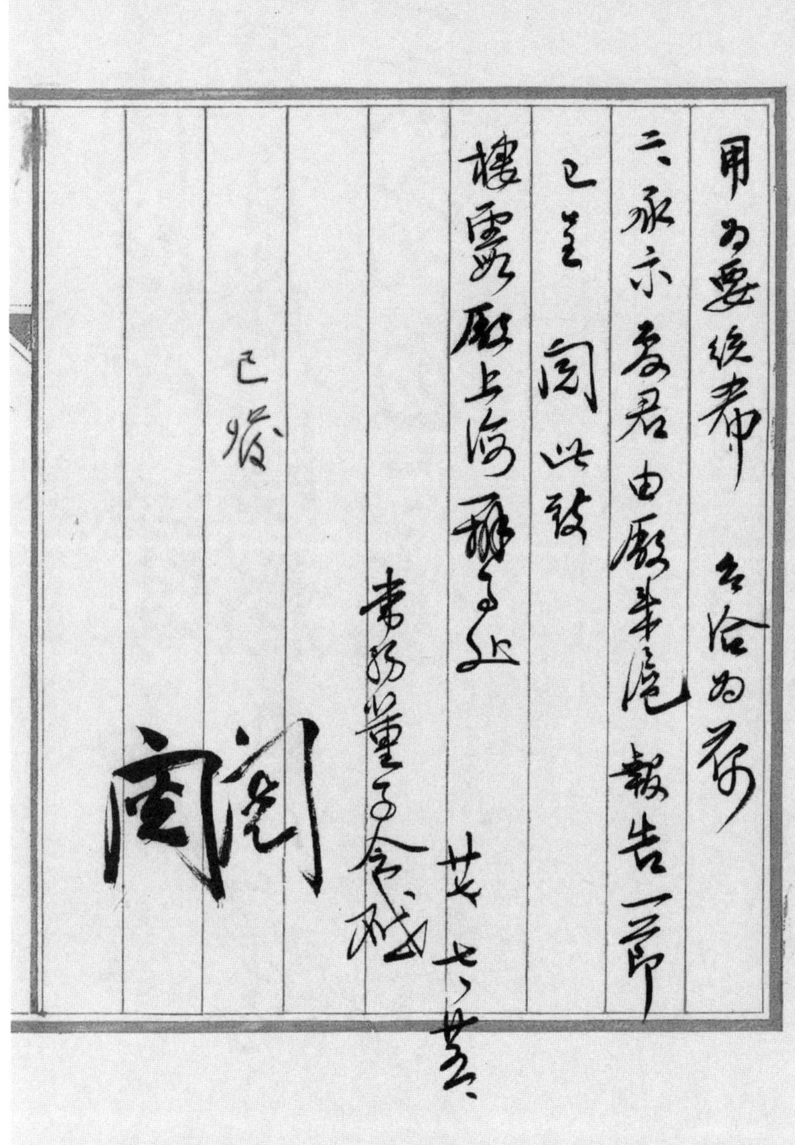
用為要。統希　台洽為荷。

二、承示袁君由廠來滬報告一節，

已悉。　閱此致

棲霞廠上海辦事處

常務董事會啟

廿七、廿三

已發

閱

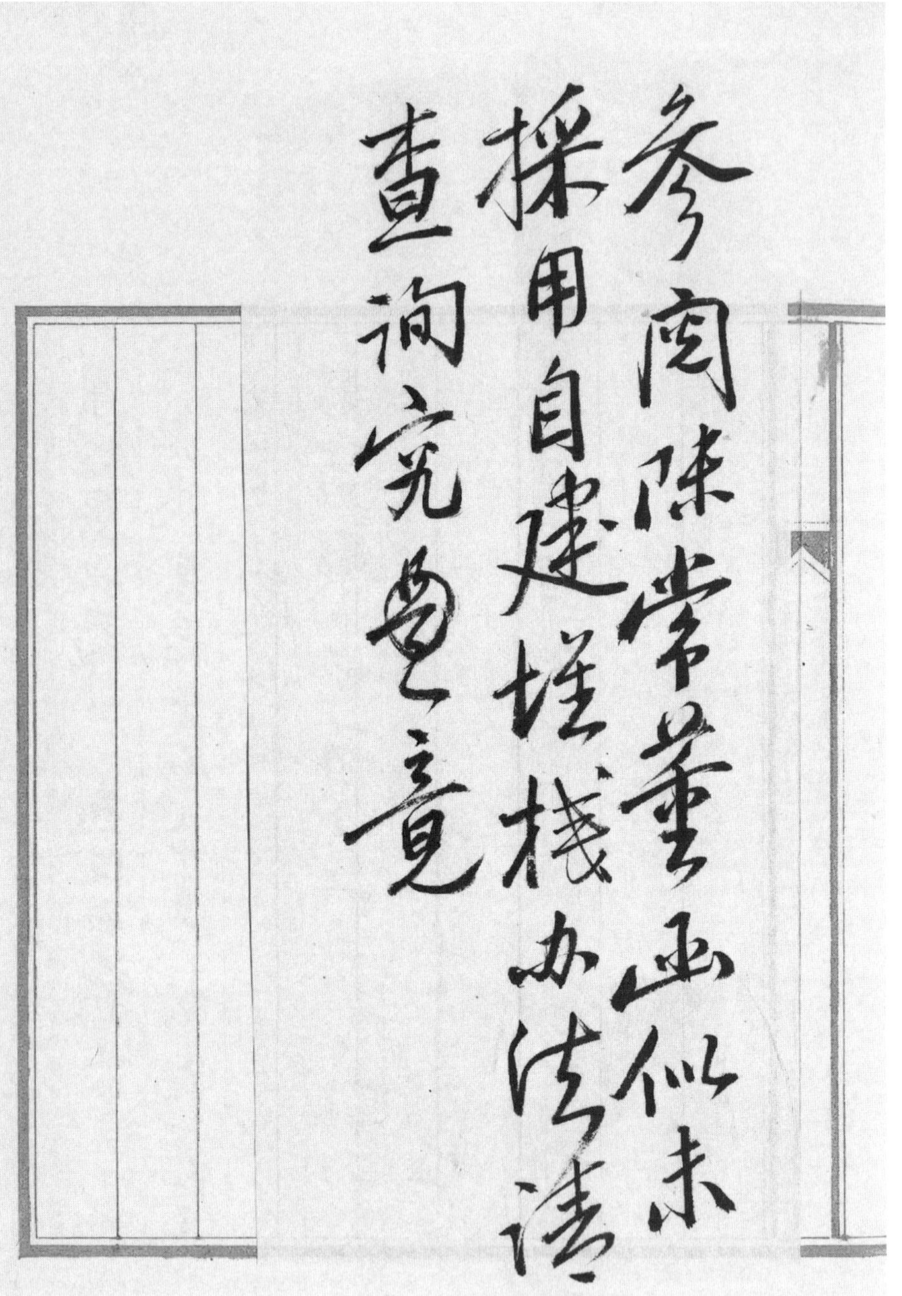

參閱陳常董函似未
採用自建堆棧辦法請
查詢究竟

津沪字第十二號

敬啓者 前蒙函詢達

去後

一、准新上海電代付（捷成）轉新錢所號字

第六十五號附來墊款單一紙，茲特附上，請

尊處核签務字回（經手接洽之墊

人名務須簽名）以備查核，嗣後如

尊處有接洽墊款之事，仍請在單内加蓋

尊處章及經手人签章，再單内所開

支昆繩之款係何月份薪水抑係昆君請假之款亦請詳細註明又貴處尚存現金若干希開單見示俾請（尚存款數請即就近撥還啓新）接洽為荷

二、本年五月十八日鄙處代付顏柳風君安家費壹百元又上年十二月至本年五月份顏柳風君薪水四百八十元又七月廿日由滬付顏柳風君特別慰勞金貳百元（係為其太夫人之喪葬）又七月廿七日付還

繳柳風君去秋赴唐廠支旅費五十元
以上兩款共計國幣八百三十元正，均請
查照分別轉帳爲荷。
三、附寄檢定合同二件，一件一式二份，
請向洽簽蓋後寄回，又一件有待填
之字（原係經前於律師起草之三件
於聲明爲二）請檢填後寄回，以便
繕補辦文，補匡各一件，並存備各附件，均請
簽洽辦理爲荷。此致

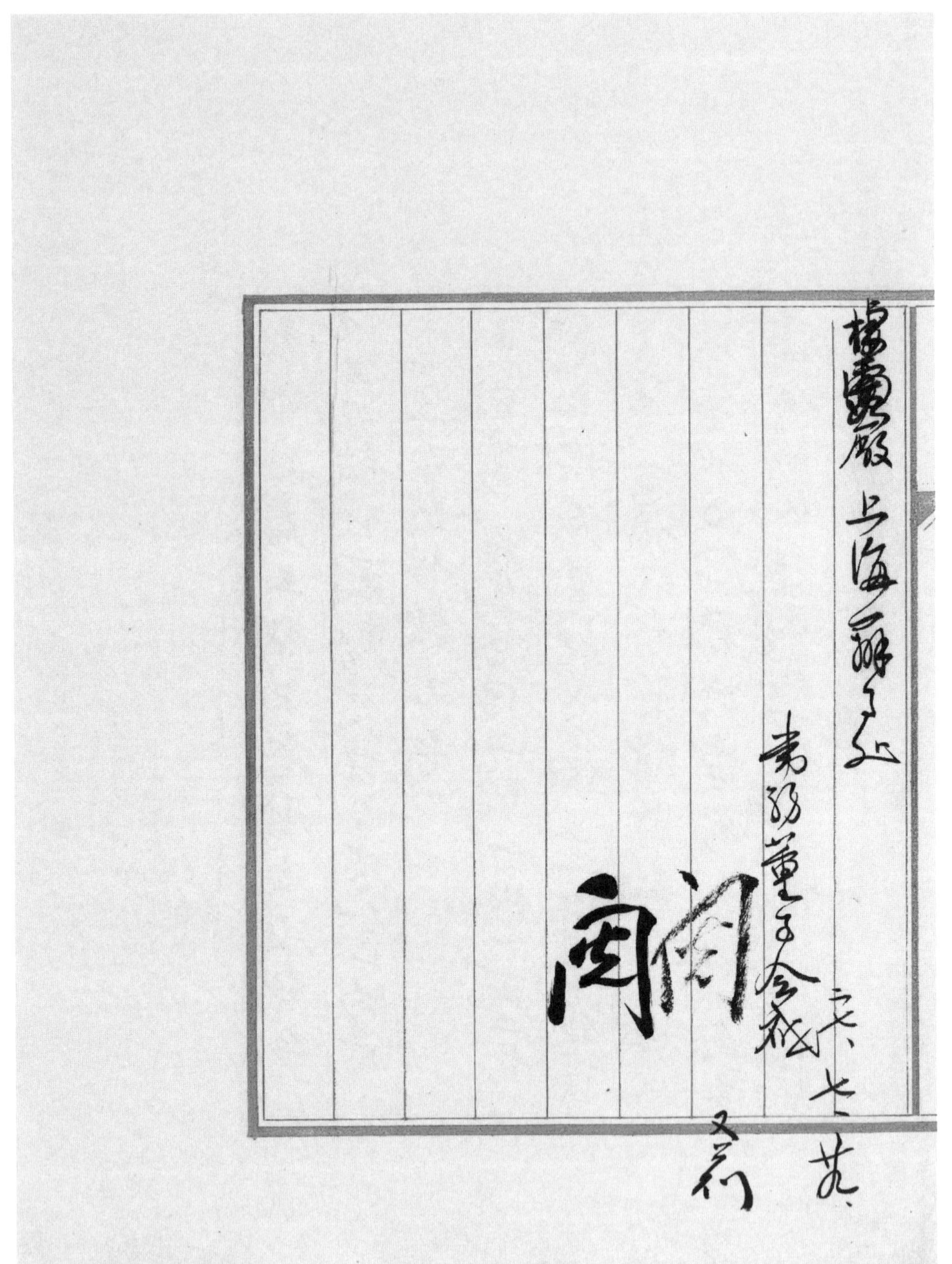

上海

常務董事會議

二六、七、廿、

文行

津江字第十四號

敬啓者接廿三號

大函敬悉

一、承示与昆君商廠中防衛事一節已呈閱

二、承示運存挪綫琢機件用費概數已呈閱

三、請由劉漢增君代劉紹卿君交來國幣

三百八十五元正已由南紅開給由撥後款在收

為帳希　查照為荷　再去冬同人離廠時所撥

廠款係

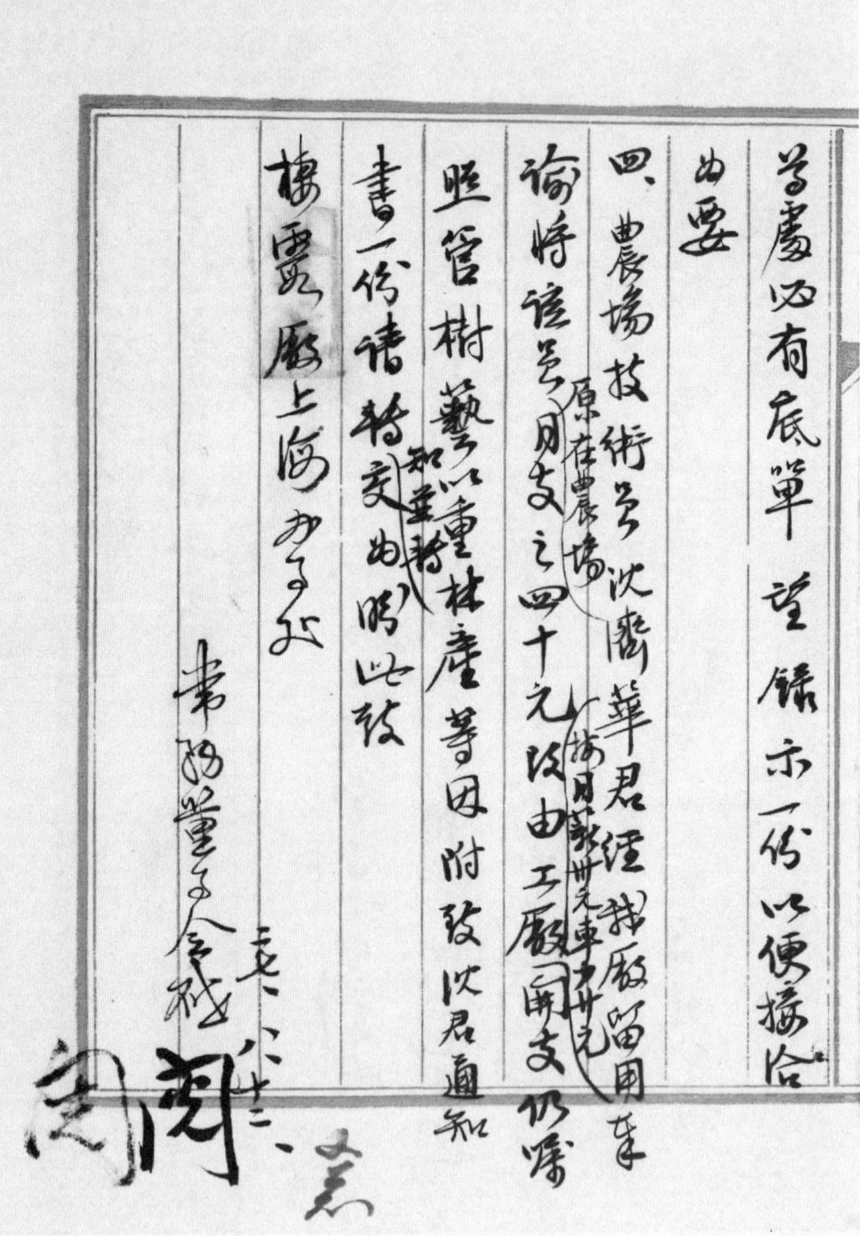

等處均有底單，望錄示一份，以便接洽為要。

四、農場技術員沈應華君經我廠留用年[原在農場]，諭將該員月支之四十元改由工廠開支[按月發廿元車力廿元]，仍遵照管樹藝，以重林產等因，附致沈君通知書一份，請轉交為盼。此致

棲霞廠上海辦事處

本路董事會啓
三七、六、廿二

江南水泥股份有限公司
總店

寧江字第二十四號第一頁

敬啟者前歸函計達 台覽十二日奉津江字第十三號
大函暨附件敬悉茲分復於後
一、承 寄啟新滬處墊款單查內有數筆係京瓷
廠旭士君購物帶廠故與昆德君最近寄滬帳單
收數略有不同該墊款單俟向旭士詢明簽章寄
奉上再單內所列昆君之款一部份為由滬赴敝以資
一部份為昆君請領之款又敝處十二日收到啟新撥
款即機件近移帳棧費用伍千元後滬存現金計共五千弍百餘

總店 南京新街口正洪街五十三號 電話二一七五〇 電報掛號〇四七四
工廠 京滬綫棲霞山車站東攝山鎮 長途電話 交通部攝山鎮話報代辦處

年 月 日

江南水泥股份有限公司
總店

江字第二十四號第二頁

元前項墊款不敷撥還又故處逐月收支表本該表前经張副理指示另編俟編齊至七月份寄上廠中支出欵係已函請昆君開示

二、承示代付顔柳風君安家費及上年十二月至本年五月薪水又特別慰勞金又付還顔君在碚新唐廠支旅費等四款計共國幣捌百叁拾元已查照分別轉帳

三、承寄核定合同二件一件一式二份已向洽簽章又一件待填之字業已核填又補來往函系一件并一併檢

總店　南京新街口正洪街五十三號　電話二一七五〇　電報掛號〇四七四
工廠　京滬綫棲霞山車站東攝山渡　長途電話　交通部攝山渡話報代辦處

年　月　日

江南水泥股份有限公司
總店

工字第二十四號第 三 頁

許寄請 查收應備各附件俟擬齊補寄

四、掛綫路機件租棧搬運經過業經函陳尚有存太古碼頭一件計重五噸需待山東歸輪船由津返滬用起重機上船渡浦再運存膠州路汽車向承

鈞會商准啟新總所函知其滬處撥京款處機件運費及新棧房租共國幣伍千元已於十二日向洽支取

即祈 查照轉呈為禱 此致

常務董事會

[illegible] 謹呈

卅五年 八月十三日

總店 南京新街口正洪街五十三號 電話二一七五〇 電報掛號〇四七四

工廠 京滬綫棲霞山車站東攝山渡 長途電話 交通部攝山渡話報代辦處

廿七年印底

雁錄收 六、十六

江南水泥股份有限公司
總店

江字第二十五號第一頁

敬啟者：前蒙函計達

大覽。本年十四號大函附沈君通知書一份，敬悉。茲分復

於後：

(一)、尊第十二號函寄啟新滬處墊款單，囑核簽寄回

一節，查單開各款用途已逐一查詢，並經敝處分別轉

帳。據汪仲嘗經理云：所墊各款多由王頤向工程師

經手支付，王工程師離滬已久，亦由敝處庚經理并

就原單簽章，並將用途另單說明，一併寄奉，即祈

總店 南京新街口正洪街五十三號 電話二一七五〇 電報掛號〇四七四
工廠 京滬綫棲霞山車站東攝山渡 長途電話 交通部攝山渡話報代辦處

年 月 日

江南水泥股份有限公司
總店

字第二十三號第二頁

誊存

二、上年向禅臣洋行订购电量表及电台配件，业已运存上海，未付货款一为美金二四四、三四元，一为英镑一百零一镑。该行一再来员催取，据云电量表未付货款五分之一，先付百分之五十，电台配件未付货款五分之一，先付百分之七十五等语。澈查屡向中央银行请购外汇，以定额有限，迄未购获，如照寻常行市计算付款，约需华币二千九百余元，约折换一千三百余元，可否照付？请

呈

總店　南京新街口正洪街五十三號　電話二一七五〇　電報掛號〇四七四
工廠　京滬綫棲霞山車站東攝山渡　長途電話　交通部攝山渡話報代辦處
年　月　日

江南水泥股份有限公司
總店

寧江字第二十五號第 三 頁

核示還

三、前第十四號函所示劉澤培君代劉紹卿君交至
鈞公國幣叁百捌拾五元已查照收帳再去冬同人分撥
廠款數目亦開單寄請 詧收
四、據廠中來函稱廠內寧請附近村莊匪風頗熾南京
德使館借調警士十名已於上月中旬到廠服務兩西人
曾一度有意見紛歧之象飲酒過度更易發生龃龉敝
處曾函請駐廠同人注意調解勸勿多飲俾該史公司

總店 南京新街口正洪街五十三號 電話二一七五〇 電報掛號〇四七四
工廠 京滬綫棲霞山車站東攝山鎮 長途電話 交通部攝山鎮話報代辦處

年 月 日

江南水泥股份有限公司
總店

寧江字第二十五號第四頁

女秘書函勸牛君看護機件不必與聞他事

五、函於昆君月薪壹千元如何撥付問題據旭士面稱昆君意如數請 行會代存天津銀行渠私人用賬在廠支付請 行會在其薪金内扣還為語又昆君来函云本月内来津一行

六、上年十一二月份至本年六月份會計月報業已編齊於八日付郵寄上七月份因工廠月報遲到稍緩編送

總店 南京新街口正洪街五十三號 電話二七七五〇 電報掛號〇四七四
工廠 京滬綫棲霞山車站東攝山鎮 長途電話 交通部攝山電話報代辦處

年 月 日

江南水泥股份有限公司
總店

寧江字第二十五號第五頁

七、茲寄奉工廠及敝處每月支出預算表各一紙工廠除
一次請領五百元作預備費外每月應付一七六〇、五〇元
敝處代付一六〇〇、〇〇元（內樊陳書半薪九十元）故敝處每月支出預算
為一三八〇、〇〇元工廠与敝處每月支出預算共計四
千柒百四拾元五角上述預算表請煩　查核呈
核　敝處中孚浙興滙行存款兩共五百餘元南京各
銀行存款在許收付者祇中國中孚数行中孚京行
存款近已動用僅存柒百餘元中國存捌百餘元總計

總店　南京新街口正洪街五十三號　電話二一七五〇　電報掛號〇四七四
工廠　京滬綫棲霞山車站東攝山渡　長途電話　交通部攝山渡話報代辦處

年　月　日

江南水泥股份有限公司
總店

江字第二十五號第六頁

存款無多，廠中已需款接濟，工廠與收受所需經費，擬請轉呈常董核發為感。此致

常務董事會

棲霞工廠上海辦事處謹啓

總店 南京新街口正洪街五十三號 電話二一七五〇 電報掛號〇四七四
工廠 京滬綫棲霞山車站東攝山渡 長途電話 交通部攝山渡話報代辦處

廿九年九月十日

津沽字第十五號

敬啓者接廿四五號去函具悉一切茲將應復各節分列左

一、承示查核啓新滬處墊款單內有啟華倚記洋灰廠旭東君鏞如帶廠均與巽君最近寄滬帳單一收欵略有不同單開各欵用途已逐一查詢分別轉帳並將原單簽章附單說明用途寄來已呈 閱備存

二、承示由啓新滬處撥去之「推綠股機件

運費及租用機器等」國幣五千元已於八月
十二日收到 至膠州路汽車間運存分機件
已否完全存入局鎖，保管是否妥當，尚希
示復為荷
三、關於譯員儲假 雷量表 雷台郵件 事付保險費
亦照外匯行市計，核給國幣二千九百
餘元，均折換一千三百餘元，可否照付一節，應
請分向接洽，以便進行。速請在中行外匯
定額內購付為宜。如無餘款，則即電譯員，或不

（另向洋行外商請購外匯，轉為辦理，亦請商明華員由彼請購，訂定額之價給付）

函甚急，如中行外匯定額，（擬洽）桐當即將華員

上海未付貨款完全購付亦可。俾[illegible]

為[illegible]（統）請斟酌辦理為要。

四、承示廠況，穿請並兩西人一度有意欲擅離

之處，

有防範勸解之舉，（將昆君布代理廠長職權一節，擬告华君，俾其請權限為相商）

本單之[illegible]由懸念森，[illegible]為盼。

五、承示旭士雨稱昆君請將月薪（伊之）由本會

代存銀行，償其私人用費，並廠方付由本會在

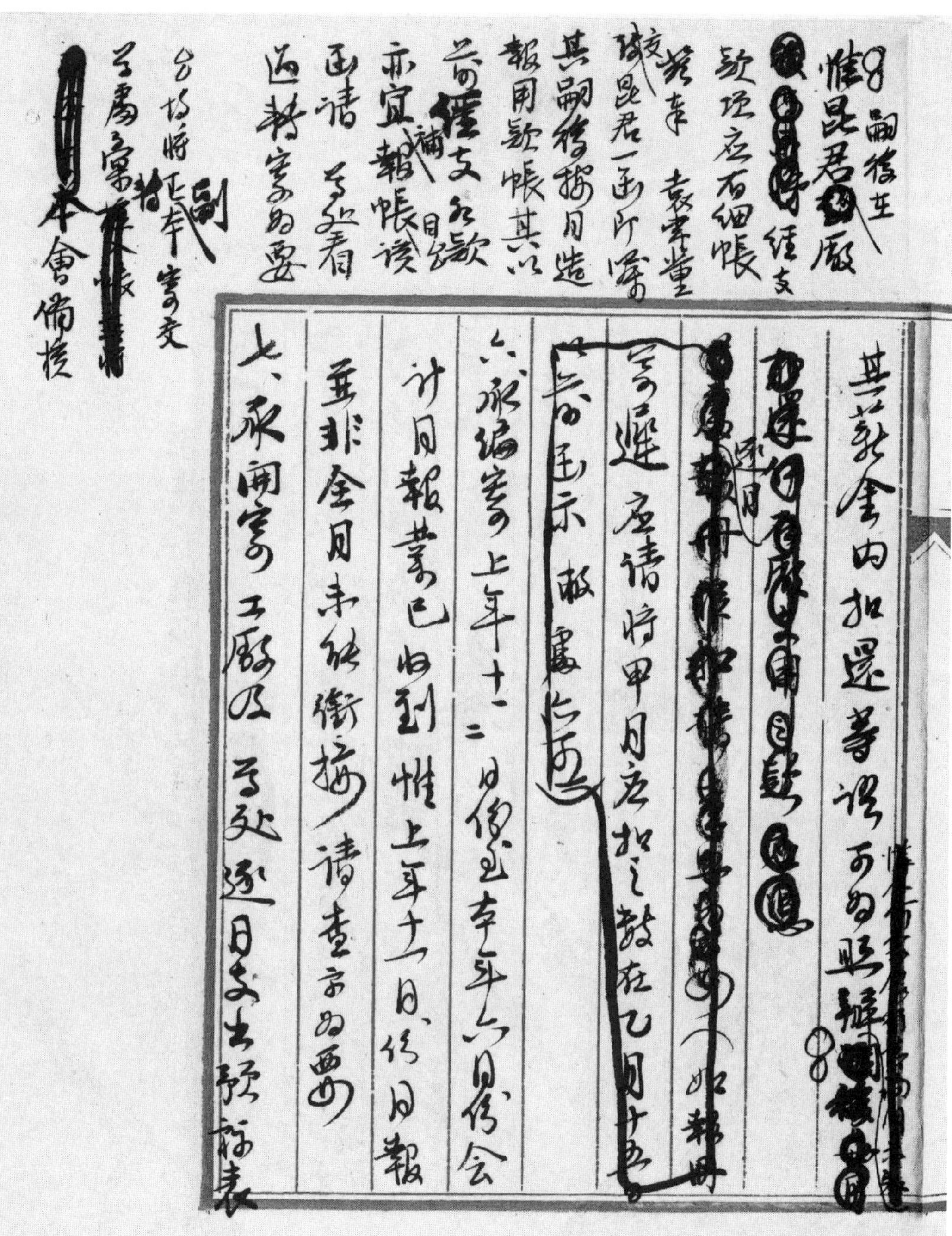

另紙已呈　閱　應請（並經存入銀行款目收支詢）
貴處將存入銀行存款並無收付及他項收付
者統列詳表說明確數　活期定期利率
並存取日期寫會　備攷為要（並以後每月作一清單呈閱）
八、承示貴處存款無多一節業
諭託由礦新廠處匯撥五万元　除託礦新
總所指撥外即希　洽支具報為要
九、貴處代付龔柳風君八月份（九月份）薪水之一節
共國幣一百貳十元正又代付龔柳風君由秦回呈

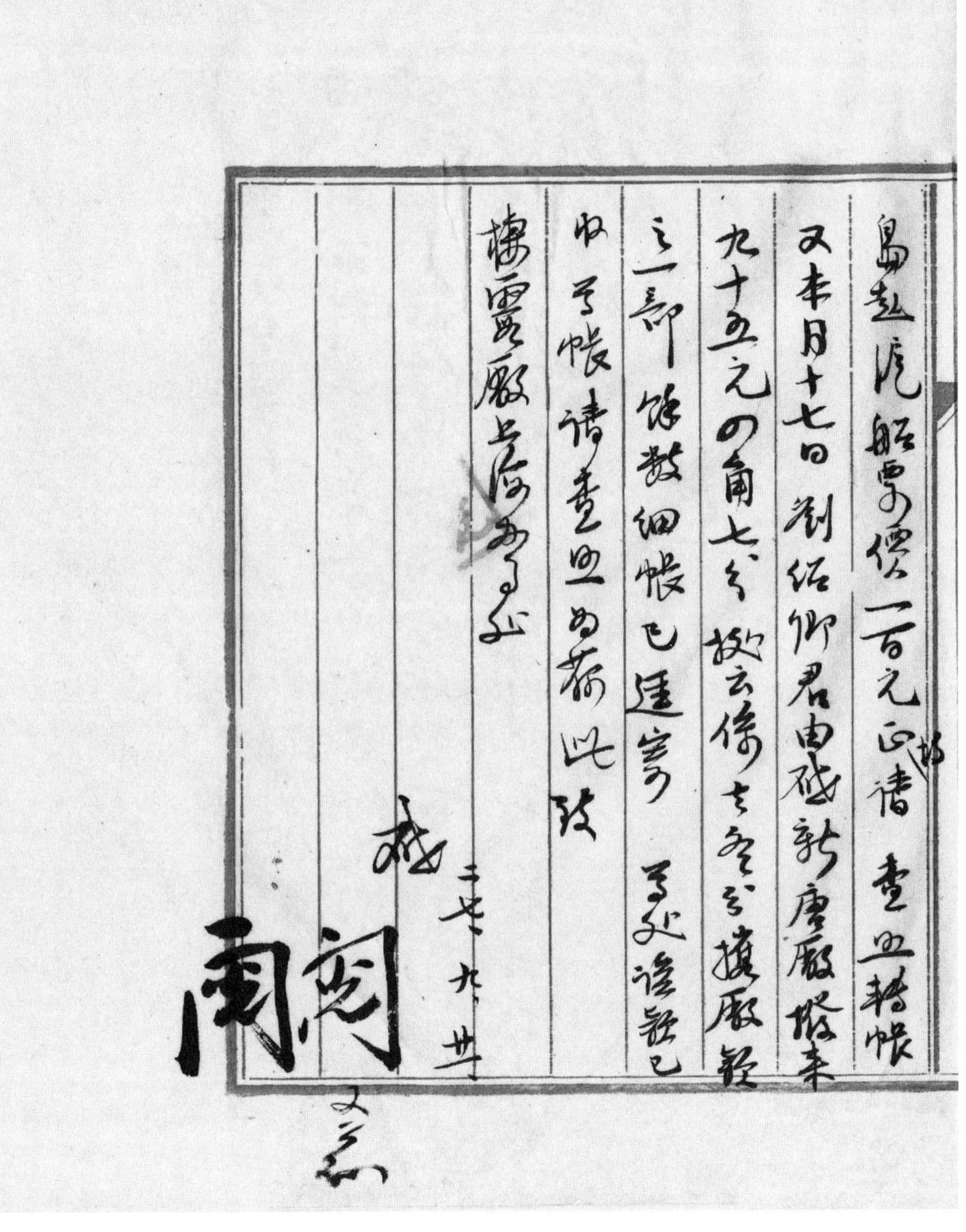

島盐泥船票價一百元正 請 查照轉帳
又本月十七日劉紹卿君由啟新唐廠帶來
九十五元〇角七分 據云係去冬分攤廠餘
之一部 餘數細帳已送寄 弓廷證録已
收 弓帳 請查照為荷 此致
棲霞廠上海辦事處
二七 九 廿
閔
文江

卞查

前寄七年十二月留廠職員借貸廠款清單內如劉紹卿王士華二君皆有餘欠未清之款達數百元而[seal]在滬仍均曾借旅費百元未知諸君在滬借支旅費時有無結算或有何特種[illegible]

華

諭查明即復　弟履西荷

津江字第十三号

十、
奉
諭派王良生辦理靈巖廠駐滬辦事處會計事務仍支原薪玖拾
元車力伍拾元自九月份起支俟漢存帳冊運滬並應從速整
理以重帳務等因附上照諭知書一件請
查照轉交為荷

閱

津江字第十六號

敬啓者前號函諒達

台覽查第二十五號

函附開廿六年十二月留廠職員俸及廠

款清單內有「支還及以薪津旅費生活費

遣散費抵償」一欄僅有總數並未分

列細數

函示該員結欠數目後註

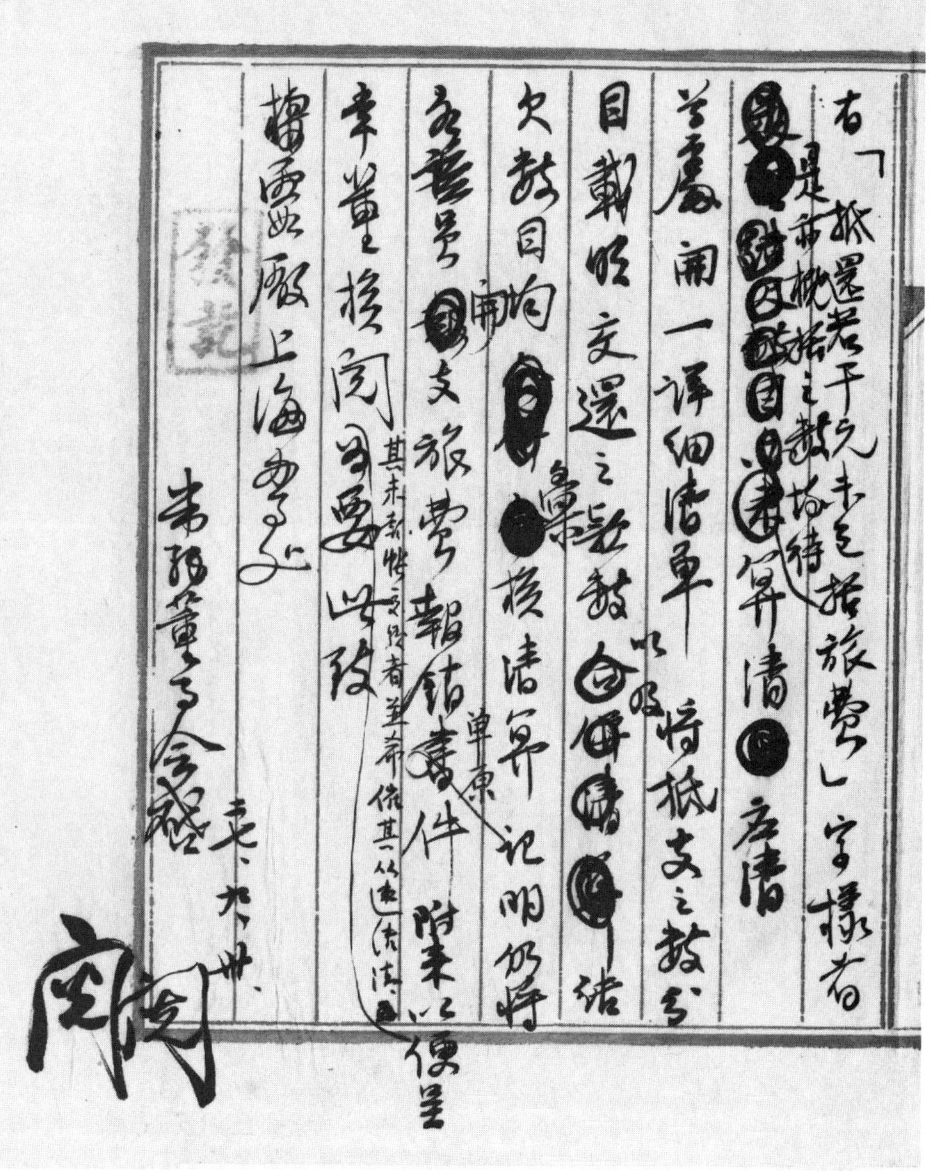
右「撥還若干元，未包括旅費」字樣，有
是否概括之數，均待算清，應請
貴處開一詳細清單，將抵支之款分
目載明，交還之款[illegible]結
欠款目，均[illegible]核清算，記明，仍將
至董事會[illegible]支旅費報銷書件單據附來，以便呈
其未報帳者，並希依其[illegible]清[illegible]
本董事核閱，[illegible]
擬覆如上海辦事處
常務董事會啓
三七、九、卅
發記
閱

津沽字第十七號

敬啟者接第二十六號

大函聆悉種切

一、承示 趙副理昔日赴廠廿五日返滬

并廠內各情均蒙閱 關於 [illegible]招待

李玉麟君月薪自明年一月起改支

國幣壹百伍拾元已商得史宣如秘

書同意並已通知李君知照矣

批照辦希 查照

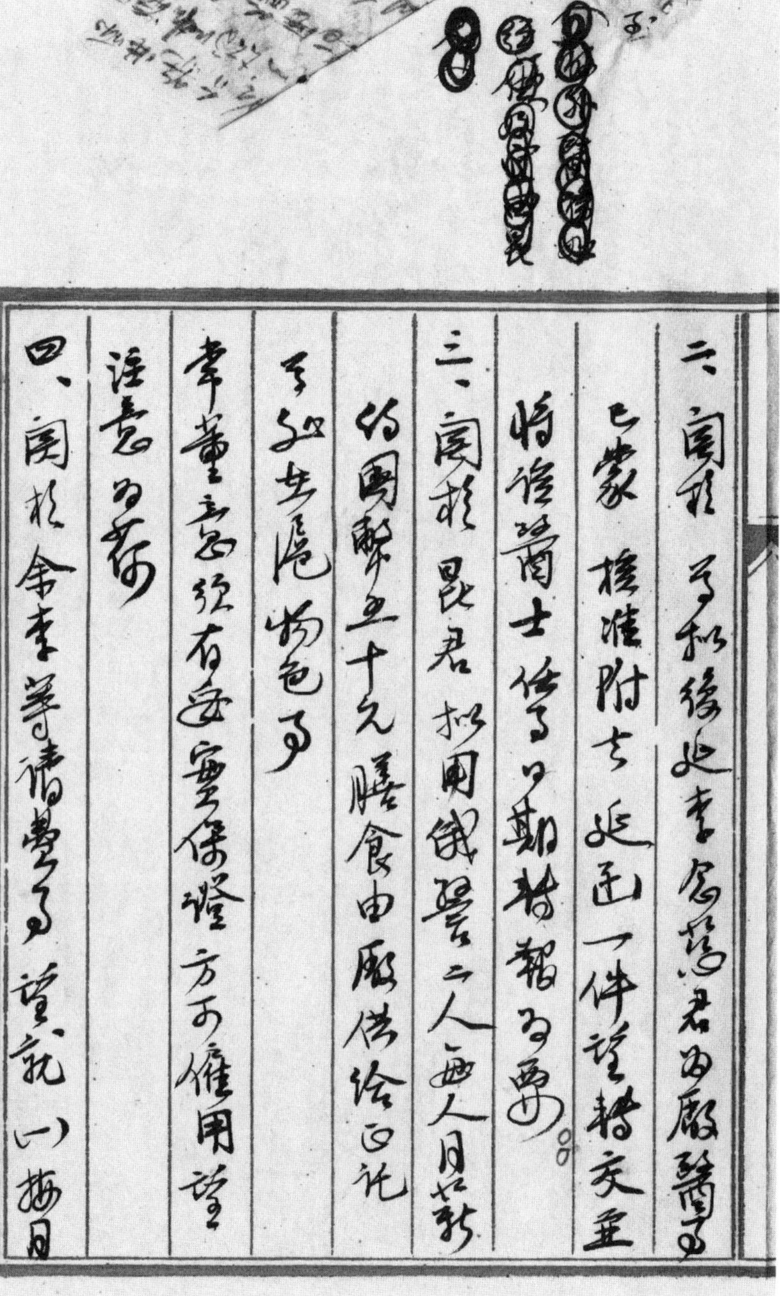
二、關於可擬聘延李宏慈君為廠醫事
已蒙 核准，附去延函一件，請轉交並
將該醫士情形以期協助為要。
三、關於昆君擬用練習生二人，每人月支薪
約國幣五十元，膳食由廠供給，已託
孫知安處物色矣。
惟此輩須有妥實保證，方可僱用，請
注意為荷。
四、關於余李等請假事，讀悉。（一）擬自

酌給少數車站(二)一次給與三百元兩個 小站為例

辦法比較[共]數為經濟 得用 斟酌應付

為要

五、承抄寄昆君帳單(自上年十一月起

已本年七月份止 一份 [illegible] 昆君月

薪即當撥存銀[illegible]

袁季董該昆君一函 現無須特寄 即請

寄回為荷 多寄零式列入本年寄津

六、承示 劉紹卿王士華二名 曾將劉漢壇 一并介紹廠長[illegible]

查該單子上有 Private 字樣者係 私人用款 至餘各項是否為 昆君自用 共大宗若干 核對清楚 以便抵撥[illegible]

Private

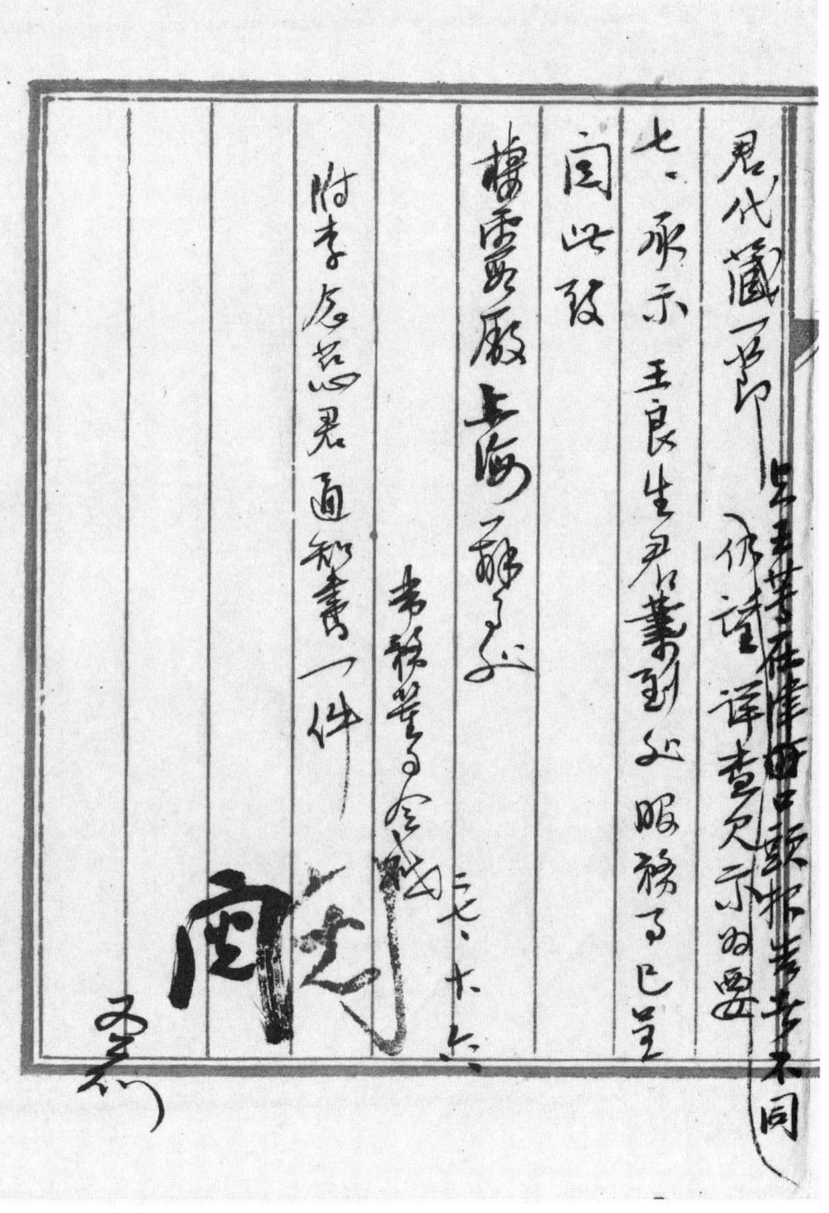

君代籌一節 作證 詳查見示為要

七、承示 王良生君業到公服務了 已呈

閱此致

棲霞廠 上海辦事處

本務華 二七、十、六

附李在總君函致秘書一件

江南水泥股份有限公司
總店

寧□字第二十七號第一頁

敬啟者奉津江字第十六七號
大函敬悉茲分復於後
一、承 示後延李念慈君為敝廠醫事已蒙
核准李君月薪擬仍照原額給付延至月支二字下已
代填「薪資國幣陸拾元正」該函業經轉交李君
即日結束上海醫務俟通行證領到赴敝廠服務敝外
施診故事已請其注意撙節並照收藥品成本
二、關於昆君擬用儀器事承 示

總店 南京新街口正洪街五十三號 電話二一七五〇 電報掛號〇四七四
工廠 京滬綫棲霞山車站東攝山渡 長途電話 交通部攝山電話報代辦處

年 月 日

江南水泥股份有限公司

總店

寧江字第二十七號第二頁

常某意须有妥实保证方可雇用自当遵办前沪仪

人高亮君介绍二人来处面谈廿一系前中华书局

薪俸需七十元以上（国币）似欠经济故处已函昆君建议

减用一人必要条件须有铺保及略具过去历史得

随时酌雇昆君当未函复

三、昆君帐单内有 Private 字样者系在收入项下接昆君

面称该二百元系其私人携来故处前寄会计月报

已次转列入暂收款项之内渠尚用以修私人用费均拟

總店 南京新街口正洪街五十三號 電話二一七五〇 電報掛號〇四七四

工廠 京滬綫棲霞山車站東攝山渡 長途電話 交通部攝山度話報代辦處

年 月 日

江南水泥股份有限公司
總店

寧江字第二十七號第三頁

帳單內該有簽號故象已照數在其上述之私人欵內
扣抵擬俟扣完後還有昆君自用者再行函知
鈞會在其應領薪金內扣還
袁宗華趙昆君一函祈送 鳴寧田
四、劉維卿王士華二君在濟南為將廢款四百三十元交劉
崇墉君代之職一節故象係根據劉崇墉君先後來
函報告並將原函寄請 查核後賜還王君口頭
報告為何並祈 示知為荷

總店 南京新街口正拱街五十三號 電話二一七五〇 電報掛號〇四七四
工廠 京滬綫棲霞山車站東攝山渡 長途電話 交通部攝山渡話報代辦處

年 月 日

江南水泥股份有限公司
總店

寧江字第二十七號第四頁

五、上年留廠職員保管廠款，概交還及結欠數目，因前此
承函指示，茲已開列詳單，連同已收帳各員旅費收
據單原件寄請　特呈
常董核閱，其未收帳交款者，已函催其從速結清。
六、前承
詢會議由股款新舊處匯撥五萬元，已於上月三十日如數
收到。此致
常務董事會

總店　南京新街口正洪街五十三號　電話二一七五〇　電報掛號〇四七四
工廠　京滬綫棲霞山車站東攝山渡　長途電話　交通部攝山渡話報代辦處

年　月　日

江南水泥股份有限公司
總店

江字第二十七號第五頁

棲霞廠上海□□□□謹啟

附袁常芝、殷昌君函一件

劉濟瑩君二月十日、六月七日函各一件，共十四頁

本廠職員保管廠物清單一紙

劉濟瑩、胡慶雍二君旅費帳單正副張各一紙，共四紙

總店　南京新街口正洪街五十三號　電話二一七五〇　電報掛號〇四七四
工廠　京滬綫棲霞山車站東攝山渡　長途電話　交通部攝山渡話報代辦處

卅年十月十三日

88

江南水泥股份有限公司
總店

寧江字第二十八號第一頁

敬啟者前肅寸函計達 大覽 啟事列後

一、前准江字第十五號函第七條囑將各銀行存款開列詳表呈會，昔由查各行存款數已列入各月份會計月報，查南京各行存款核因利率擱部上年十一月下旬曾備有清單交 庚經理收存。庚經理昔離京後向漢口中國銀行南京辦事處支取壹萬元，又在由京匯漢之匯款內（匯款十五萬元內十四萬元交漢口啟新解交鈞會）提取壹萬元，除撥付崔根福運煤款六千餘元外，餘額由 庚經副理攜帶到廠以後工廠

總店 南京新街口正洪街五十三號 電話二一七五〇 電報掛號〇四七四
工廠 京滬綫棲霞山車站東攝山渡 長途電話 交通部攝山渡話報代辦處

年 月 日

中華民國廿七年十二月拾六日收到

江南水泥股份有限公司
總店

寧江字第二十八號第 二 頁

滬處開支及漢口兩組同人生活費即以此款及滙存中孚滬行之叁萬元（上年十一月十七由京滙出）動用，南京各行存款從未支取。直至本年八九月間因工廠急需款，始分向本埠國華、中國、中孚等京行藉本處取款（數詳說明會計月報），是以六月份以前各月會計月報南京各行存數，除中國減去在漢支付叁萬元外，餘均依照上年十一月下旬結存數目列入。近分向本（遷渝）埠各京行索取對帳單，除中南、上海兩行遷渝郵寄遲滯尚未送到外，其他各行均已送來

總店 南京新街口正洪街五十三號 電話二一七五〇 電報掛號〇四七四
工廠 京滬綫棲霞山車站東攝山鎮 長途電話 交通部攝山鎮話報代辦處

年 月 日

江南水泥股份有限公司
總店

寧江字第二十八號第三頁

核數相符外，送 囑另列表並將利息記入寧帳

簽存

二、掛綫棧件已完全由浦东太古棧房運存上海公共租界新租堆棧除下列三件

箱號327控物廿一件 箱號340滑車略一件 箱號341管車室一件

存膠州路三百衖汽車間外其餘均堆存海防路五一三號計棧務人員酬勞小工費及運輸費等共叁千四百元壹角壹分海防路堆棧預付六個月房租壹千五百六十

總店 南京新街口正洪街五十三號 電話二一七五〇 電報掛號〇四七四
工廠 京滬綫棲霞山車站東攝山渡 長途電話 交通部攝山渡話報代辦處

年 月 日

江南水泥股份有限公司
總店

寧字第 二十八號第 四 頁

元，膠州路堆棧預計六個月房租壹百五十九元，共計伍仟壹百壹拾玖元壹角壹分。前項機件堆存太古棧房九個月，小工費在外，應付棧租八千六百四十元，此次搬移棧租免付，節省甚多。

上述機件接洽和記行，稱

該公司保有普通保險，其語現遷移地點，請

銷公函該行知照。

三、關於掛綫機件，上海保火險須通晤陳經理次

總店 南京新街口正洪街五十三號 電話二一七五〇 電報掛號〇四七四
工廠 京滬綫棲霞山車站東攝山渡 長途電話 交通部攝山渡話報代辦處

年　月　日

江南水泥股份有限公司
總店

寧江字第二十八號第五頁

掛綫機件上年十一月間抵滬是時戰事西移太古行浦东
祇空置油貨棧乃由敝新滬處代為探商提貨堆存太古
油棧為妥慎起見按照其貨價向礼和洋行保火險八千鎊
本年初該貨棧左近形勢混亂恐有火灾敝新劉汪兩經
理與敝處趙處經副理商决按該机件函託運貴加保
壹千鎊迄以該机件搬移照例通知保險行乃該行向敝
新滬稱此項机件已由萬處向礼和洋行保有普通
保險上海所保火險應即退保應退保險款可由

總店　南京新街口正洪街五十三號　電話二一七五〇　電報掛號〇四七四
工廠　京滬綫棲霞山車站東攝山渡　長途電話　交通部攝山渡話報代辦處

年　月　日

江南水泥股份有限公司
總店

寧紅字第二十八號第 六 頁

茲爰向禮和津行收回保單并由該行函啟新說明
蘇將啟新行爰代付保火險費列表連同禮和致啟新
英文函抄件寄請 察存
四、水泥電梯機件五件已自禮和棧房運存膠州路三百
衖紙袋五百零三件（每件四百廿五只）原存海格路棧房每月
棧租七十元已於八月間運存海防路五一三號
五、昆君私人用款截至九月底共計法幣柒百伍拾壹元
四角除以其本人擋常貳百元撥還外尚有伍百伍拾壹

總店 南京新街口正洪街五十三號 電話二一七五〇 電報掛號〇四七四
工廠 京滬綫棲霞山車站東攝山渡 長途電話 交通部攝山渡話報代辦處

年 月 日

江南水泥股份有限公司
總店

寧經字第二十八號第七頁

元四角蘇列單併奉請
鈞會查照應領薪金內如數扣還所有
查照為荷此致
常務董事會

棲霞工廠謹啟

附錄新訂機件保火險費表一紙
銀行存款表共四張
又致啟新英文函抄件一紙
應扣昆德私人用款單一紙

總店 南京新街口正洪街五十三號 電話二一七五〇 電報掛號〇四七四
工廠 京滬綫棲霞山車站東攝山鎮 長途電話 交通部攝山鎮話報代辦處

廿六年 十月 二十日

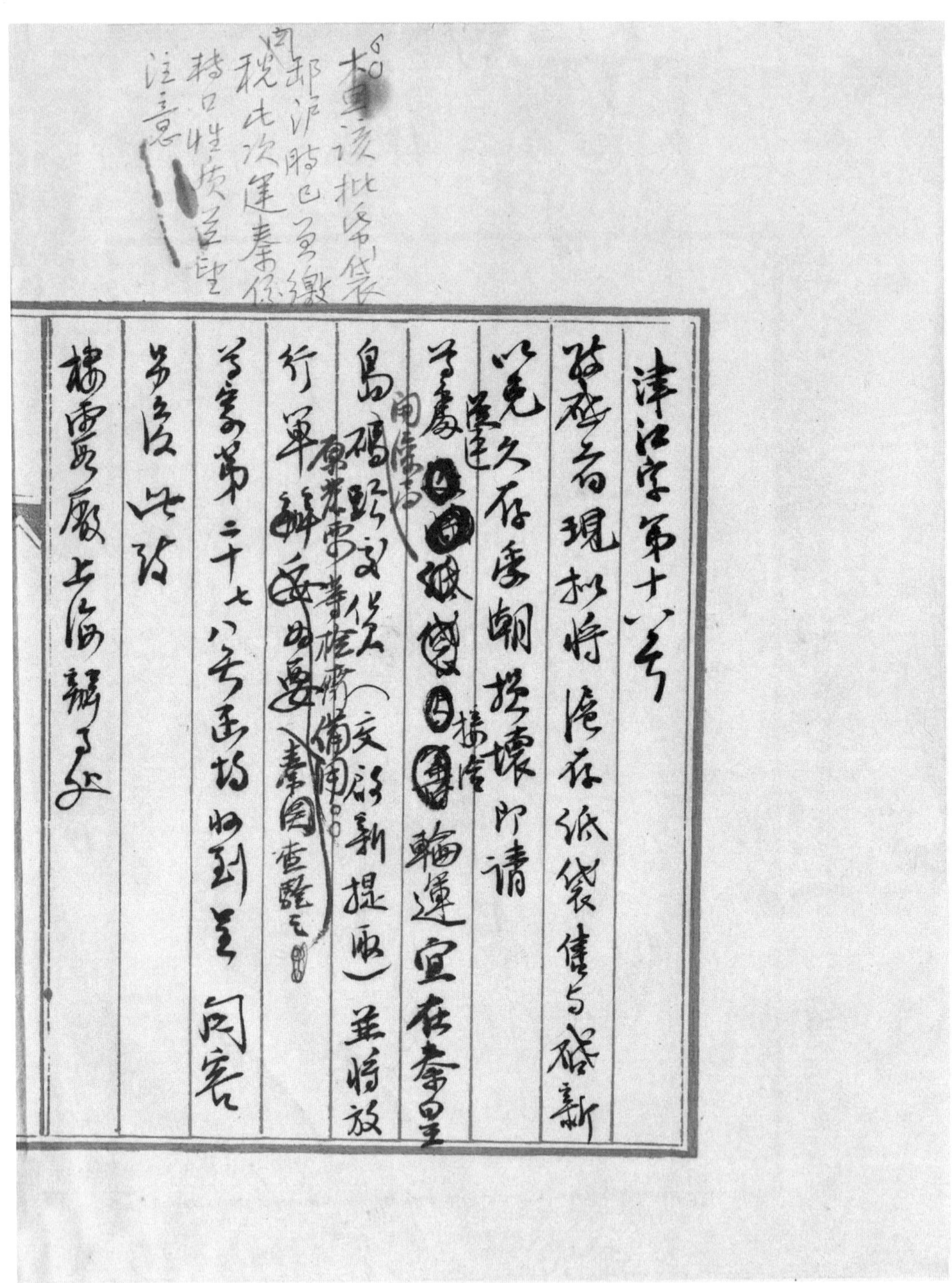

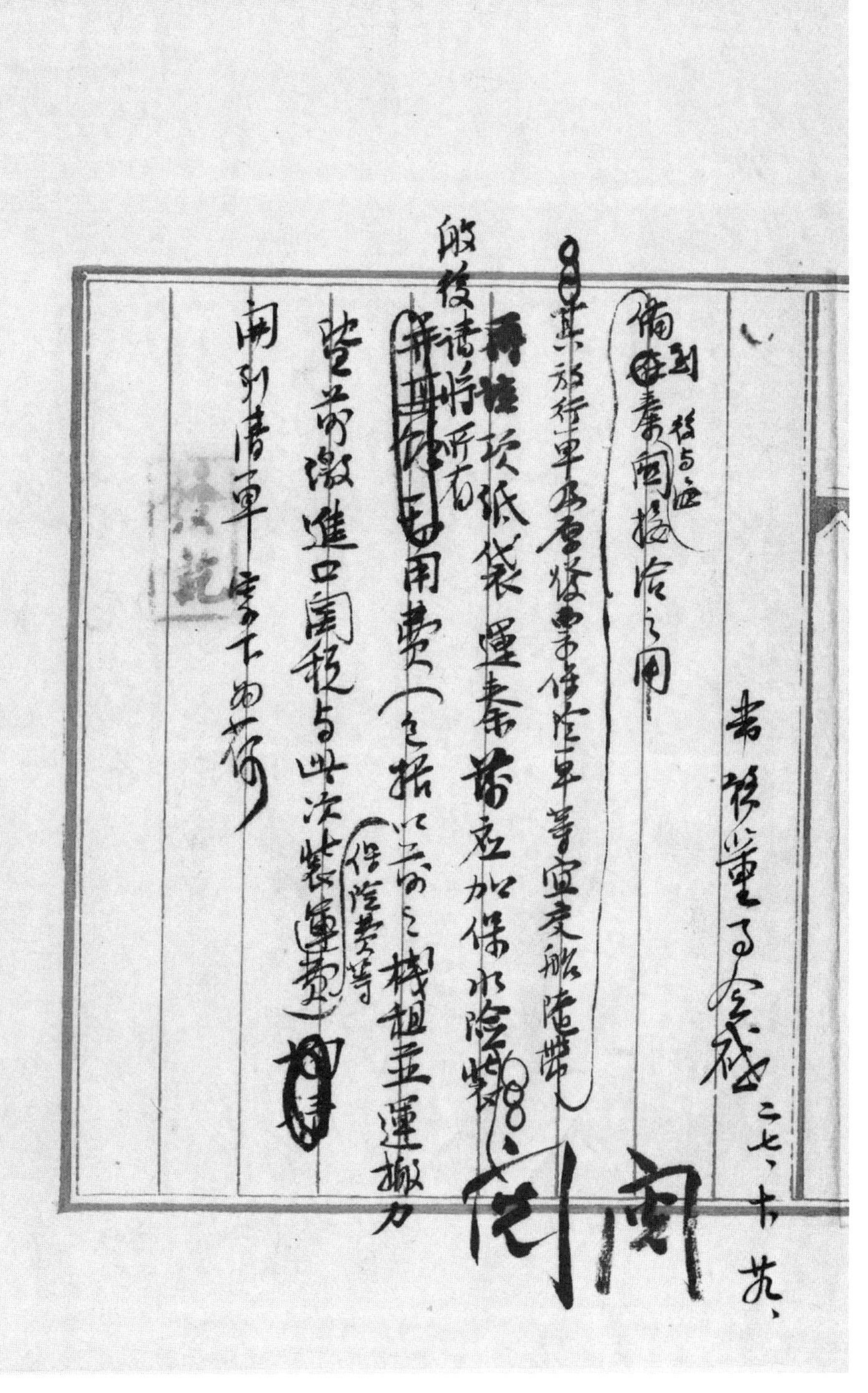

津江字第十九號

敬啟者前肅蕪函諒達

台覽茲將各復第廿七八號大函（并公事）分列於後

一、承示請李念慈廠聘請延函中已

填寫「義資國幣陸拾元正」並請交

到已呈閱並請入原稿矣

二、承示昆君私人用款截至九月底共計

華幣七百三十一元四角除以其本人撥附

之貳百元撥還外尚有五百三十一元四角列

單請扣還一節，查昆君自到廠至本
年九月底計十個月，薪洽四萬華幣一萬元
已於本年十月初向外匯所咨送往德華
銀行收伊之帳，所有應扣還之款，應
於嗣後送款時照扣，再昆君接到德華
銀行通知之後，名開清單寄來備存，即請
轉知為荷。寄回附昆君信已呈閱，註銷。
三、承示劉王在濟多將廠款四百三十元交
劉漢卿君代收一節，茲擬劉漢卿君

送來發函一件　隨函附寄　望收洽

四、承開寄上年留廠職員借支廠款結訴詳單　附劉漢堃胡慶泉二員報銷單原件

已呈　閱　劉胡二員報銷單原件　附還　其餘仍望結清後彙寄以便呈　閱

五、附來保單　存款結表已收核

六、承示掛號機件運存地點遷移應函（因保險關係）知禮和洋行　又承示掛號機件在禮和洋行保險　因已在洋行保險　其洋行所收

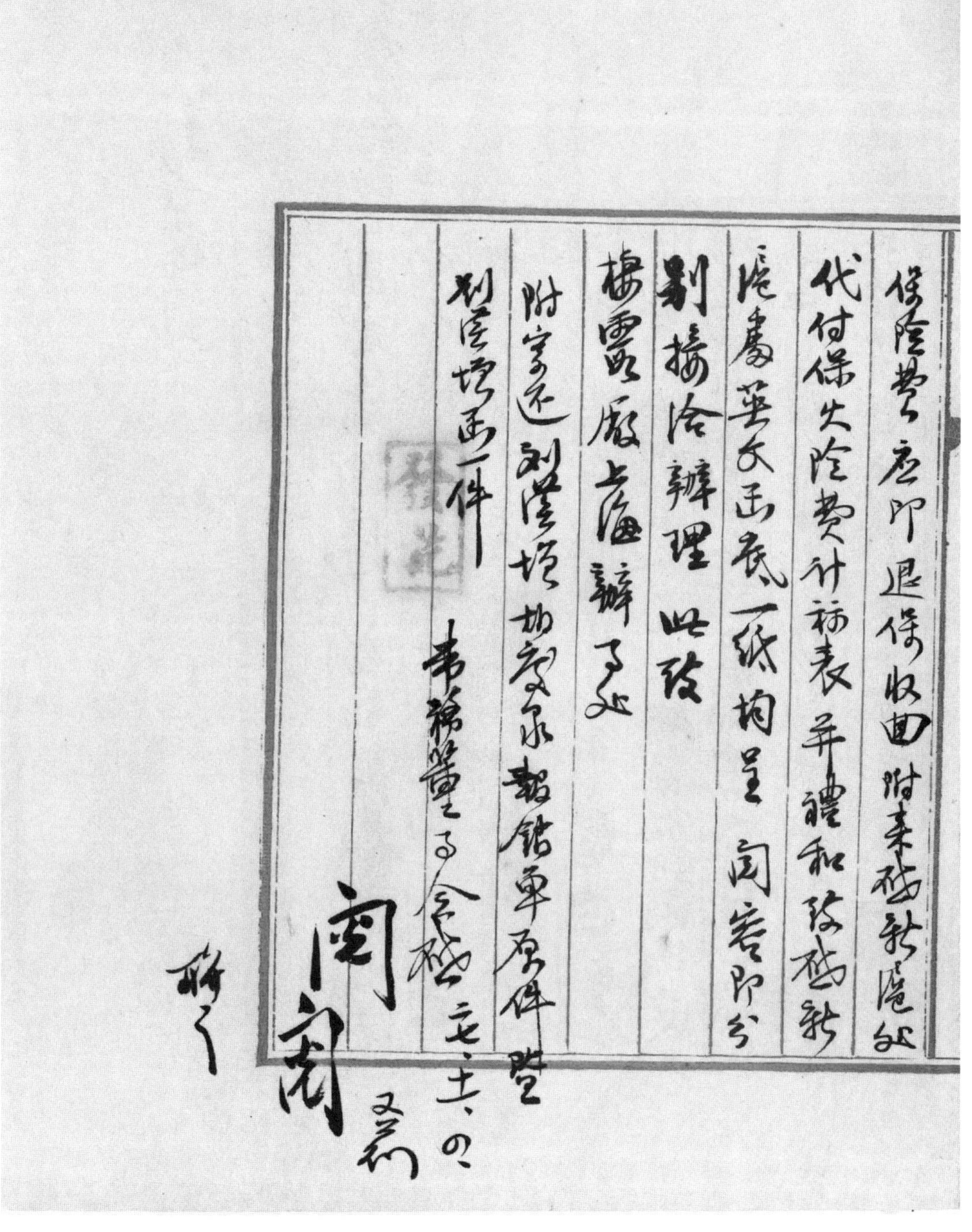

保險費應即退保收回附來保單[illegible]
代付保火險費計[illegible]表并禮和洋行保單
[illegible]一紙均呈閱[illegible]
別擬洽辦理此致
棲霞廠上海辦事處
附寄還[illegible]保單原件暨
[illegible]一件

且電碼為二五〇〇號譯作昕字恐有誤

津江字第二十號

敬啓者 昨接 裕新滬處電開 江南存滬鐵皮三井請讓售口8急出價每號國幣一元價如何請急電復灰巳 該係 汪經理仲雲拍來之電 查鐵皮值約每噸英金十七鎊餘外加關稅運力保險棧租等費每號最低價約國幣貳元二角之譜 惟去年我公司購三井鐵皮三百噸共付價款五萬四千三百五十元日金（計正價

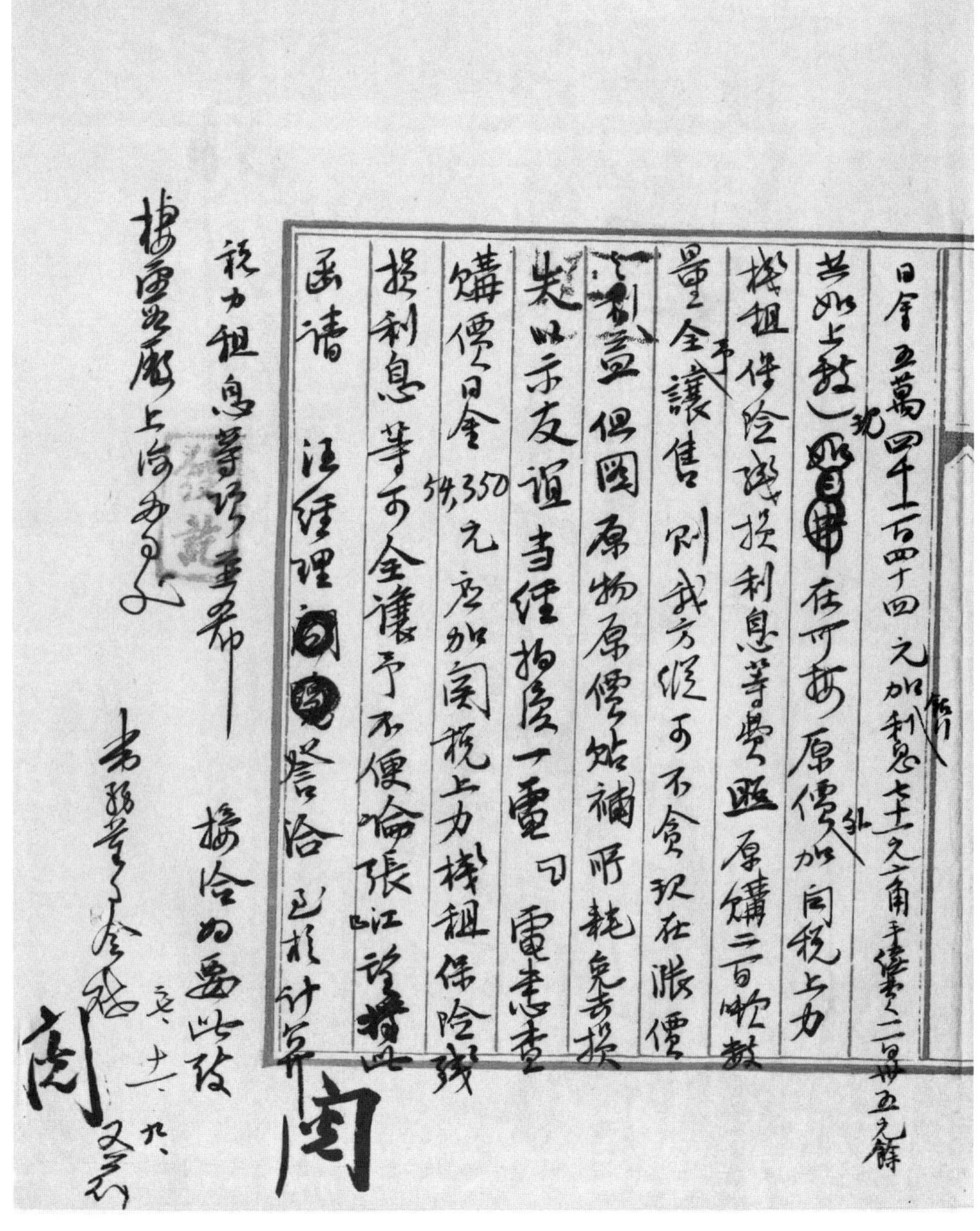

日金五萬四千一百四十四元加利息七十一元六角手續費二百卅五元餘
並照上數在所要原價外加關稅上力
棧租保險費換利息等費照原噸二百噸數
量全讓售 則我方縱可不貪現在漲價
之利益 但圖原物原價貼補所耗免去損
失以示友誼 當經擬復一電 「電悉查
噸價日金54,350元 應加關稅上力棧租保險
換利息等可全讓予不便喻張江諒 特此
函請 汪經理 [illegible] 鑒洽 并核計算
稅力租息等項並希 撥給為要此致
[illegible]廠上海辦事處
[illegible] 十一月十六 九、

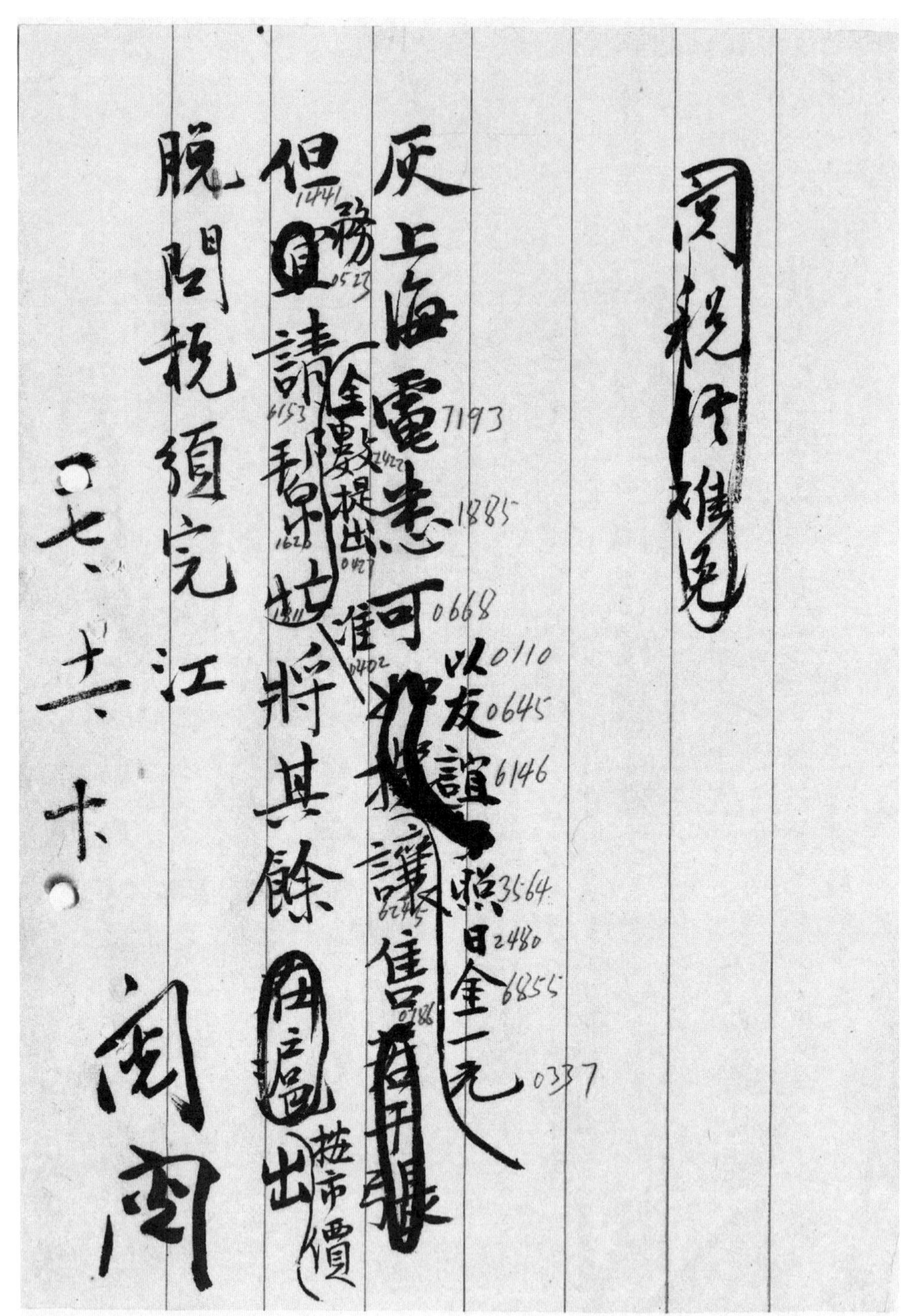

關稅務司雄克

庚上海電悉可以友誼照日金一元讓售

但務宜請全數提出將其餘按市價出

脫問稅須完江

二七、十一、十

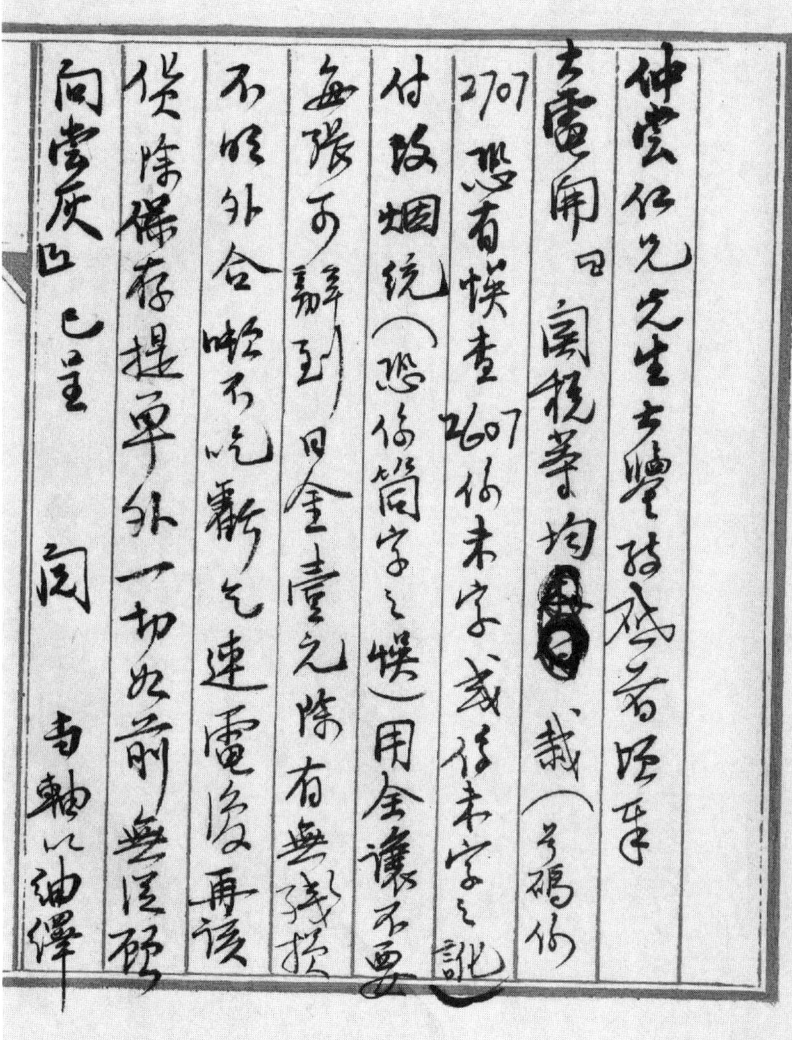
仲雲仁兄先生大鑒：頃承手示及
大電，用日閱稅單均[illegible]載（號碼係
2707，恐有誤，查2607係未字，或係末字之訛）
付改烟統（恐係筒字之誤）用全議不要，
每張可辦到日金壹元，除有無殺扣
不明外，今略不吃虧，乞速電復。再該
貨除保存提單外，一切如前，無從預
向當廠匹，已呈
閱。　弟軸以紬繹

前電涵義大約是前途改烟僅用並不所需無多
需要全數而我方原不多苦提
運以防途未取出此際以友誼照目全
一元一張讓售若干務宜請前途
幫忙俾我將全數取出除讓售者外
其餘之貨得由我方按市價另謀出脫
亦可彌補損失但向稅如未繳納必
欲照完當經擬復一電之底附呈于
如此電到後

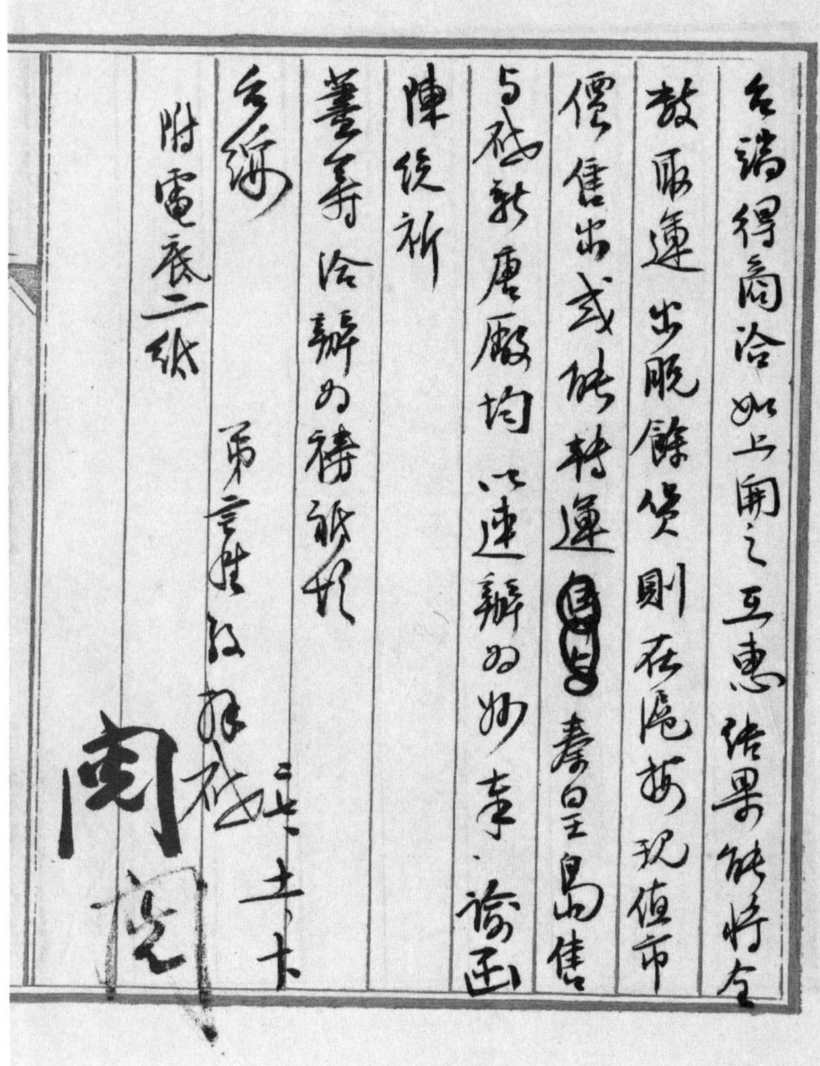

台端得商洽如上開之互惠結果，能將令
敝廠運出之脫餘貨則在滬按現值市
價售出或能轉運秦皇島售
與啓新唐廠均以速辦為妙，幸 詳函
陳述，祈
籌洽辦為禱 敬頌
台綏
弟 言□ [illegible] 啓 二五、十一、十
附電底二紙
閱

要兩份單底

津江字第廿七號

敬啓者 昨由 王士華君繳到本會國幣叁百元 據云係伊去年經手撥廠款報銷所餘之款 并開來帳目一紙（照抄附上） 除將該款轉收公帳外 所有該君報銷之帳應付核銷是否無悮 應請公處查核彙辦為要 此致

棲霞山廠上海辦事處

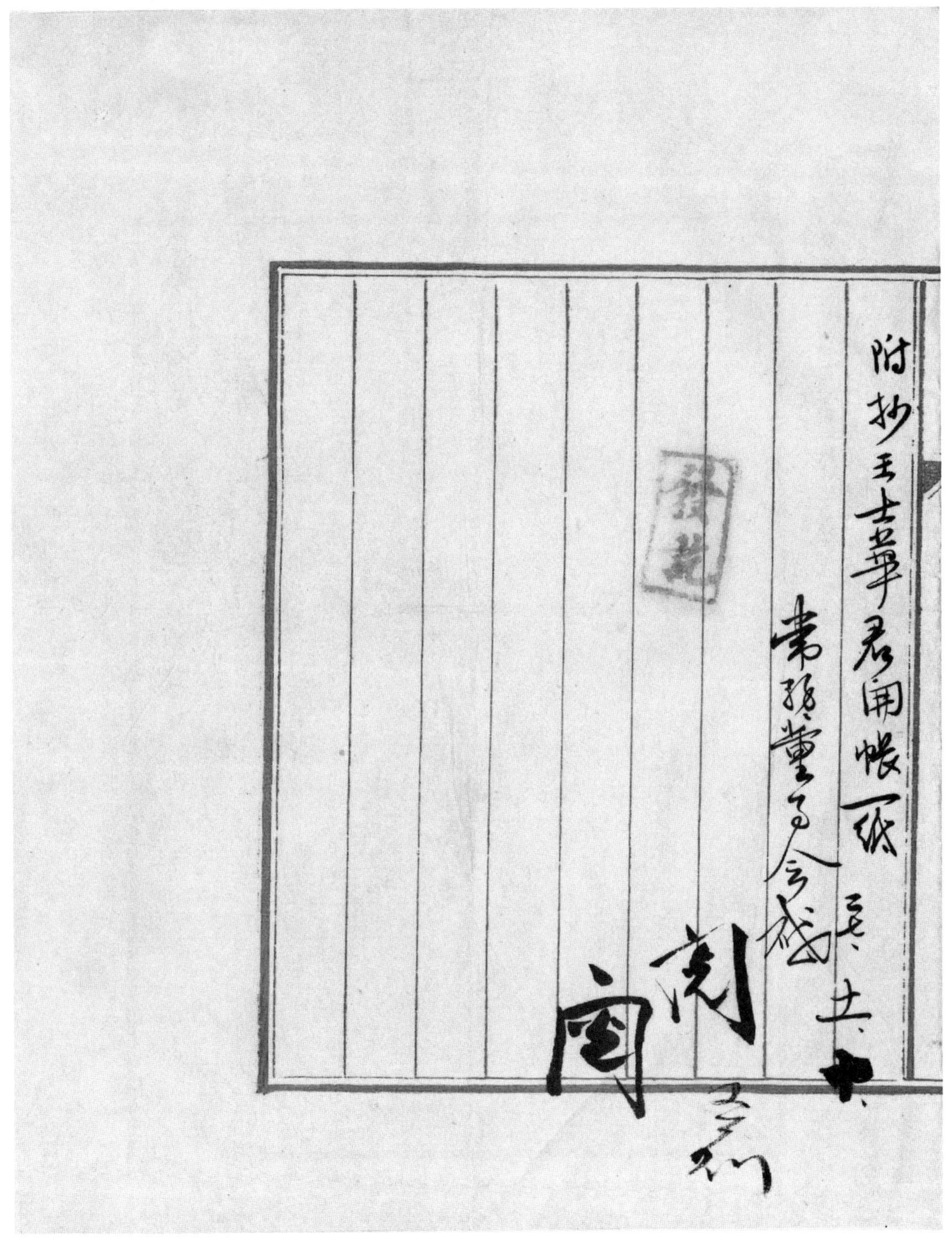
附抄王士華君開帳一紙

常務董事公鑒

發訖

江南水泥股份有限公司
總店

寧江字第二十九號第一頁

敬啟者：奉津江第十八、十九號

大函暨附件敬悉，詳復於次：

一、本廠紙袋已與南滬分局商定交開平輪運秦，運費照最優待價計，論每噸拾弍元柒角，九十六噸，共計法幣壹千弍百拾玖元弍角。紙袋五百零三捆（每捆四百廿五只）已於昨晨由廠經理等親往照料，自海防路僱卡車運至江邊，轉存駁船，驗關即將裝輪，保水險手續亦已辦。該收貨人填啟新洋灰公司。開平輪定十三日晨

總店 南京新街口正洪街五十三號 電話二一七五〇 電報掛號〇四七四
工廠 京滬綫棲霞山車站東攝山鎮 長途電話 交通部攝山鎮話報代辦處

年 月 日

江南水泥股份有限公司
總店

寧江字第一十九號第二頁

起碇提單原貨出口單及保險單九紙已交南潯
滬局李文啟秦峰新紙袋發票請
總會檢出寄存秦島業於五日函託 言秘書轉達
請符 營給開平運費約定十四日由啟新處送付連同
其他用費日內開單寄奉
二、廠醫李宏惠君自奉到
總會後所通知書後即結束上海醫務本於七月十五日
首途因通行證未領到延至廿三日赴廠李君十月份

總店 南京新街口正洪街五十三號 電話二一七五〇 電報掛號〇四七四
工廠 京滬綫棲霞山車站東攝山渡 長途電話 交通部攝山渡話報代辦處
年 月 日

寧江字第二十九號第三頁

江南水泥股份有限公司
總店

新金自十六日起支薪

查照此致

常務董事會

棲霞工廠 [illegible]謹啓

卅七年十一月十一日

總店 南京新街口正洪街五十三號 電話二一七五〇 電報掛號〇四七四

工廠 京滬綫棲霞山車站東攝山渡 長途電話 交通部攝山渡話報代辦處

江南水泥股份有限公司
總店

寧江字第三十號第一頁

敬啓者十二日曾發一電文曰：「啟天津江紙袋五〇三件
裝開平元開剛」計達
大覽查紙袋自到滬起至裝輪運秦止其進口關稅
搬力運費棧租保險費等共計國幣壹萬貳仟陸
百五十元六角八分，該開到滬單連同每捆重量尺度
單一併寄請
察存。再紙袋原價每千只柒鎊玖仙，今係訊史公司查
示依目前外匯市價每鎊合國幣叁拾元（即一元合八便士）

中華民國廿七年十二月廿九日收到

總店 南京新街口正洪街五十三號 電話二一七五〇 電報掛號〇四七四
工廠 京滬棲霞山車站東攝山渡 長途電話 交通部攝山渡話報代辦處

年 月 日

江南水泥股份有限公司
總店

寧江字第二十號第二頁

計算每千只應為國幣弍百弍拾叁元五角，紙袋現在

市價按史公司計每千只七鎊十八仙令八便士至八鎊

併希

查照為荷此致

常務董事會

棲霞工廠上 謹啟

附紙袋價及費用清單每捆重量尺碼單各一紙

總店 南京新街口正洪街五十三號 電話二一七五〇 電報掛號〇四七四
工廠 京滬綫棲霞山車站東攝山渡 長途電話 交通部攝山渡話報代辦處

年十一月十〇日

津江字第卅二號

敬啓者　前函諒達

未覽　茲接第二十九號

來函已悉

一、承示紙袋已與開灤總局商定交開平

輪運奉（十二日接電當收到）照最優待

價計算每隻十二元七角九十六隻共計壹

千二百十九元二角作成五百零三捆每捆四

百[illegible]五只請於十三日起按提單原貨出

又並經敝處寄
津江字第三十號
函寄遂子處
存案

口單及保險單各一紙，已交開灤滬處，向
帶秦轉交礦新，各節均查照。查即轉
知礦新備洽提貨。至紙袋發票，在去
年六月廿二日經本公函寄礦新滬處收
洽（該處復函係津江字第五號，敬照
收代辦提運為宜），如該件業經礦新
滬處遞交（本處置諸廠卷檔中，此時
不能檢出，即請逕與史密斯公司接洽（一面希函索取上海
請其加補原發票三紙。（查去年六月廿二日

郵寄截新滬處之件為(一)史密芝運交證紙袋廿一万三千七百七十五个之提單一紙(二)證袋保險單一紙(三)保管委託證袋單一紙(四)原發票三紙，共為六紙，合併敘明，以備查洽。

二、承示廠警李念慈君十月份薪金自十六日起支，事已呈 閱。

三、查前電廠借我方之款，按照合同至年終計付利息，轉瞬即至，開送帳單

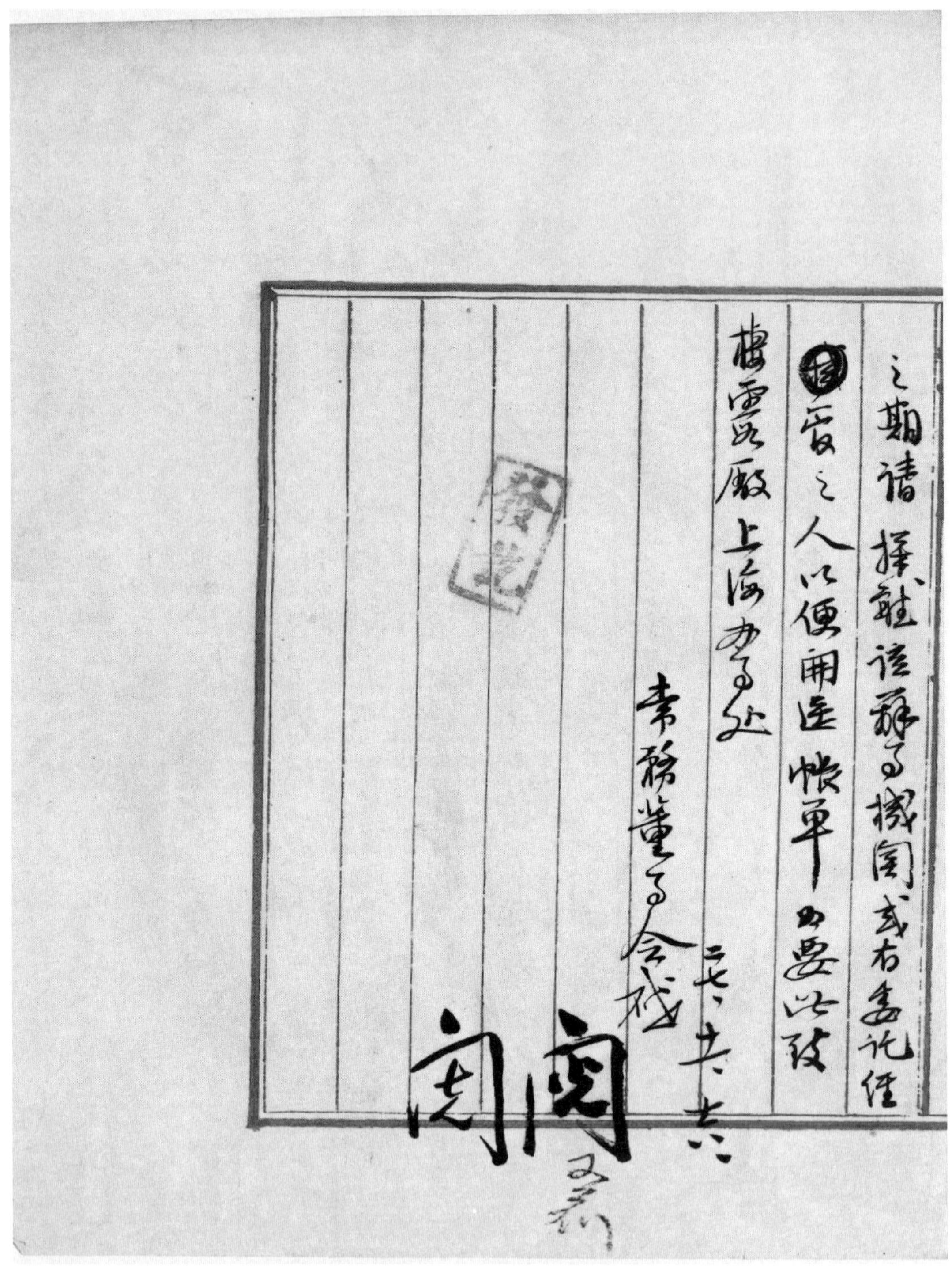
之期請擇就該辦事機關或有委託信
妥之人以便開送帳單為要此致
棲霞廠上海辦事處
常務董事會戳
二六、六、六
閲 閲

江南水泥股份有限公司
總店

寧江字第三十一號第一頁

敬啟者：連奉二十、二十一號

大函，敬悉，兹答復於後：

一、三井商購鐵皮一節，經發電滬，汪經理面告存滬鐵

皮約六萬餘張，據汪經理云，三井因奉軍部命購

備造烟囱之用，因前只需式萬七千五百張，剩皮我有

添購機會，已商定每張價日金壹元餘，存鐵皮由日

請碼頭搬存三井棧房，由清碼頭棧租售與三井

共由三井付，其餘由我方付，三井可向海關請求四萬

正函尚未到

中華民國廿七年十一月廿八日收到

總店　南京新街口正洪街五十三號　電話二一七五〇　電報掛號〇四七四
工廠　京滬綫棲霞山車站東攝山渡　長途電話　交通部攝山渡話報代辦所

年　月　日

江南水泥股份有限公司
總店

寧江字第三十一號第二頁

張（其中二卅張用二七五〇〇張下餘免税一二五〇〇張祇可在虹口出售）免税其餘式萬張

打將來由我方完税分批運存租界出售或裝輸

運秦

二、承抄寄王士章君帳單已收到查其中精算未合處

擬即運函王君俟其更正後再行呈核

三、關於材料簡表因正式材料帳不在此間劉萍蓀君

交來者亦欠完全故函囑廠中同人調查補貢時日

亦已填就寄請

鑒存

總店 南京新街口正洪街五十三號 電話二一七五〇 電報掛號〇四七四
工廠 京滬綫棲霞山車站東攝山渡 長途電話 交通部攝山渡話報代辦處

年 月 日

江南水泥股份有限公司
總店

寧江字第二十一號第三頁

四、據昆君函稱擬赴津一行，爲函津請示，故爰庚
趙孫經副理昨已函　言秘書貢獻意見，請其特
呈
五、庚經理等二人遄行，訂今日領到，擬廿一日赴廠，即希
查照爲荷。此致
常務董事會
附材料簡表一紙
棲霞工廠上
謹啟

卅年十月十九日

總店　南京新街口正洪街五十三號　電話二一七五〇　電報掛號〇四七四
工廠　京滬綫棲霞山車站東攝山渡　長途電話　交通部攝山渡話報代辦處

江南水泥股份有限公司
總店

寧江字第二十二號第 頁

民國廿七年十二月五日收到

敬啟者奉二十二號

大函敬悉

一、附上史密芝上海公司補發紙袋發票三張祈查收

二、首都電廠現設辦事處於上海江西路一八一號建設大厦二樓二百十三號揚子電氣公司內貴會賬單似可由敝處轉交此致

常務董事會

棲霞工廠上海辦事處謹啟

廿七年十一月廿二日

附史密芝公司發票三張

總店 南京新街口正洪街五十三號 電話二一七五〇 電報掛號〇四七四

工廠 京滬綫棲霞山車站東攝山渡 長途電話 交通部攝山渡話報代辦所

年 月 日

津江字第廿三号

敬啟者 接第三十号

大函敬悉

一、附來紙袋（標樣）係做包裝費用清單及每捆重量尺碼單均已閱悉 其紙袋發票請寄 查照檢廠函案存達矣

二、金錫青君（現擔任昆君繙譯）準於廿七日自津首途過滬轉廠（金君因[illegible]久）未到滬 俟其返滬輪後當為拍電奉達

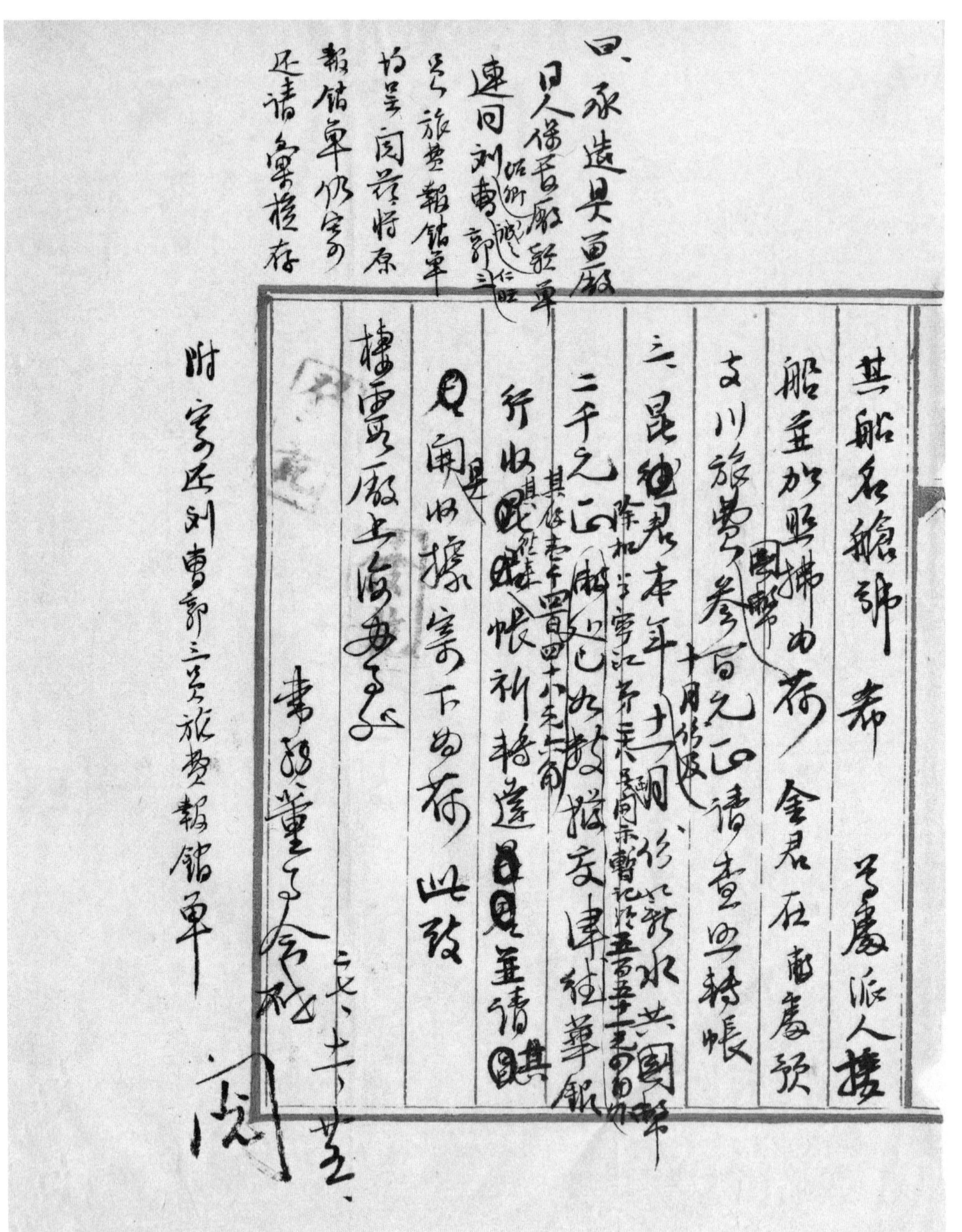

其船名艙號 希寄處派人接

船並加照拂為荷 金君在甬處預

支川旅費叁百元正 請查照轉帳

三、昆繼君本年十一月份薪水共國幣

二千元正 □□□□□□□□□□□□

行收賬 □祈轉遂 並請

見覆收據寄下為荷 此致

棲霞廠上海辦事處

書發 董□□ 三六、十一、廿三

四、承送吳西廠

日人保占廠聯單

連同劉曹郭三君旅費報銷單

均呈 閱 茲將原

報銷單仍寄

還請 察核存

附寄還劉曹郭三君旅費報銷單

江南水泥股份有限公司
總店

字江字第三十三號第一頁

敬啟者前肅函計達
大鑒啓事列後
一、康孫經副理廿六日由敝回滬廠中工人現逐居廠
外工房工人與廠警輪流守夜貴司分班巡查防衛
妥善廠內安謐所西人相處亦頗融洽差堪告慰
二、友邦鐵路人員曾取用我廠鐵路岔道枕木一百數十
根經交涉後如數送還友方旋復請求將廠有岔道
證明文件交閱並謂為無法證明廠有對該岔道各項

總店 南京新街口正洪街五十三號 電話二一七五〇 電報掛號〇四七四
工廠 京滬綫棲霞山車站東攝山渡 長途電話 交通部攝山渡話報代辦處

年 月 日

江南水泥股份有限公司
總店

寧江字第三十三號第二頁

材料將被拆卸作修補鐵路之用等語，吾公司之案
滬路局所訂岔道合同備存
鈞會祈即 檢出寄滬，以便常廠交閱。
三、掛線路沿線所植木杆之樁木（該樁木表示掛線占地範圍）缺少頗多，
務副理已晤訖三雲鄉鄉長李功霖，將由廠方配齊
木料，並李君隨發各地之照原有地位埋設，負責看守。
四、頃奉 鈞電內開「灰上海剛金感順天行聯接江」
敬悉，譯全君已搭順天輪南下，該船到滬當去人

總店 南京新街口正洪街五十三號 電話二一七五〇 電報掛號〇四七四
工廠 京滬綫棲霞山車站東棲山鎮 長途電話 交通部攝山鎮話報代辦處

年 月 日

江南水泥股份有限公司
總店

寧江字第二十三號第三頁

登輸迎送印布
查照为荷此致
常務董事會

棲霞工廠[illegible]啓

廿九年十一月廿八日

總店 南京新街口正洪街五十三號 電話二一七五〇 電報掛號〇四七四
工廠 京滬綫棲霞山車站東攝山鎮 長途電話 交通部攝山鎮話報代辦處

津江字第廿四号

敬啓者接準江字第三十一号并第三十二号

大函均悉

一、承示汪經理化洽三井商購鐵皮事

已呈 閱 其餘二萬張自宜完稅另售

查陳埠鐵皮現價約每噸英金十七八

鎊稅及運力在外並希 參攷

二、附來材料簡表已呈 閱

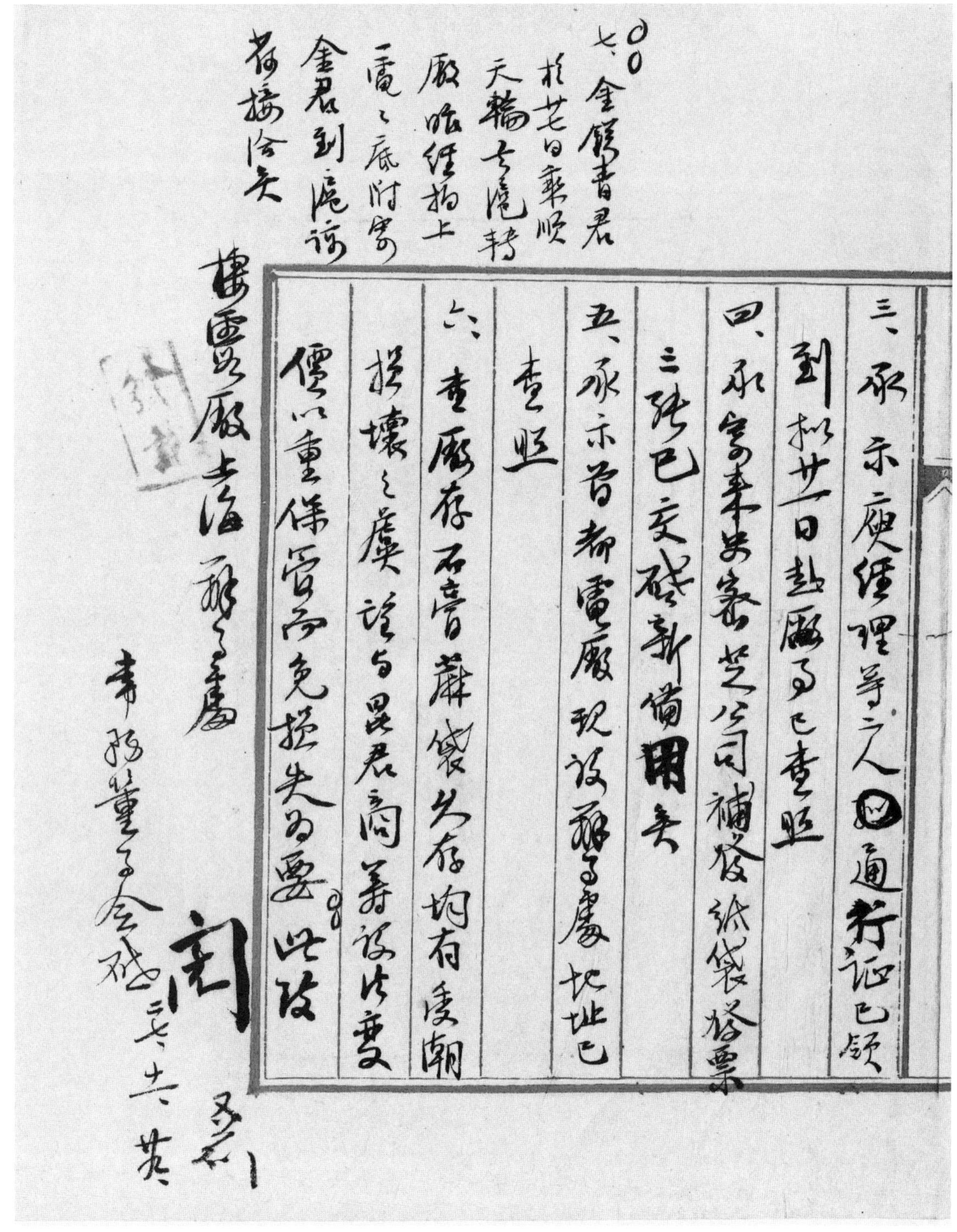

三、承示庚經理等二人通行證已領到，擬廿一日赴廠，今已查照。

四、承寄來吳淞江公司補發紙袋發票二紙，已交殷新備用矣。

五、承示首都電廠現設辦事處地址，已查照。

六、查廠存石膏、蔴袋久存均有受潮損壞之虞，請與吳君商籌設法變價，以重保管而免損失為要。此致

七、金館青君於廿日乘順天輪赴滬，轉廠晤經協上，電之底附寄，金君到滬請接洽矣。

棲霞廠上海辦事處

常務董事 今啟

二七 十六

津江字第廿五號

敬啟者　接第卅三號

大函已悉

一、承示庚經理孫副理廿六日由廠回滬

事已呈閲

二、關於我方與京滬路局所訂運山道底合同

合同已於廿三日將照片附函送寄

接廠昆君同日將信件合同謄本附正函

寄請　貴處譯成英文併轉寄昆君

諒均荷洽收矣

三、承示掛線經過所植木杆之撑木

配備并託鄉長注意守護事已悉照

四、前寄去陵首都電廠函一件（另電廠

刻期息金單附帳單）請看過轉交該辦

事處並洽催該款為要　此致

棲霞山廠上海事務所

附該首都電廠函一件

江南水泥股份有限公司
總店

寧江字第三十五號第一頁

敬啟者：前肅蕪函計達
大覽。茲津江第卅三、卅四、卅五號函諒邀鈞覽，均邀鈞察。

一、金錫壽君通行證，因南京不便代領，改在此領，十四日取到，已於十五日晨與趙副理搭車赴廠。

二、津埠鐵皮市價已轉告該經理，據謂三井運四萬張，係現存不足二萬張，提單保險單均未寄至，并交來已運貨價，俟日內向該洋行結付詳情。

專此報告，并請新祉

李然

總店 南京新街口正洪街五十三號 電話二一七五〇 電報掛號〇四七四
工廠 京滬鐵路棲霞山車站東棲霞山鎮 長途電話 交通部棲山鎮話報代辦處

年 月 日

江南水泥股份有限公司
總店

寧江字第三十五號第二頁

三、承寄京沪路局岔道合同謄本已收到，譯成英文當交昆君。

四、鈞會為索取利息金事致京電廠函已送交揚子建業公司收轉，並經庚經理譯託陸總工程師查照合同連同上届息金一併催付。據陸君稱律函已附寄香港，當再將來意函陳港公司，當面云。此致

常務董事會

棲霞工廠謹呈

卅六年十二月十六日

總店 南京新街口正洪街五十三號 電話二一七五〇 電報掛號〇四七四
工廠 京滬綫棲霞山車站東攝山渡 長途電話 交通部攝山渡話報代辦處

江南水泥股份有限公司
棲霞工廠上海辦事處

案[illegible]字第[illegible]號第 一 頁

敬啟者：本年津江字第二十六號

大函敬悉，兹分復於次：

一、陳常董西園過滬，廿五日搭輪北上，諒已安抵津沽。

二、禮和應退掛號鐵件保火險款五鎊九仙令七辨士，已

向該行收來，交敝新户頭收帳，該行退款函附

奉[illegible]，登存。

三、三井應付鐵皮貨價日元四萬三千餘元，已由該經理取

到，因前行市日元華幣每元僅相差四分，故即兑換，不

中華民國廿八年壹月拾六日收到

上海辦事處　上海江西路四〇六號三樓三二一號　電話一七九七八　電報掛號三五〇〇（灰）
棲霞山工廠　京滬綫棲霞山車站　京攝山濱
年　月　日

江南水泥股份有限公司
棲霞工廠上海辦事處

寧江字第三十六號第二頁

甚合，拟暂由汪经理将所收日元如数存入三井
银行。馀存铁皮一万数千张，三井因该行堆栈向不
收存窑货，不便出具栈单，拟商请该行代为运至
租界，正商洽中。即希
查照为荷。此致
常务董事会

附礼和函抄件一纸

棲霞工廠 [illegible]謹啟
廿七年十二月廿九日

上海辦事處 上海江西路四〇六號三樓三二一號 電話一七九七八 電報掛號三五〇〇（灰）
棲霞山工廠 京滬綫棲霞山車站東攝山鎮

江南水泥股份有限公司
棲霞工廠上海辦事處

寧滬字第三十六號附件　第　全　頁

再掛綫机件

并受爾保之險至滿期時務請　續保該機件已由

浦東棧房運存上海公共租界海防路513號併祈

函知保險行為荷

（印：江南水泥股份有限公司棲霞工廠上海辦事處）

登　芘、十二、廿九。

上海辦事處　上海江西路四〇六號二樓二二一號　電話一七九七八　電報掛號二五〇〇（灰）
棲霞山工廠　京滬綫棲霞山車站東攝山渡

年　月　日

江南水泥股份有限公司爲借還款事致啓新洋灰有限公司的函（一九三八年十月十三日）

檔號：1041-1-15

敬啓者 查 敝公司所存麥加利銀行英鎊壹萬壹千鎊原備付外商機價之用惟因時局關係開廠無期支付机價不知何時擬挪現價以便去年撥還所欠 貴公司之款如 敝公司日後需用原款英鎊及 貴公司尚存有原款英鎊時尚望仍以此日折合國幣之價由 敝公司購回原時

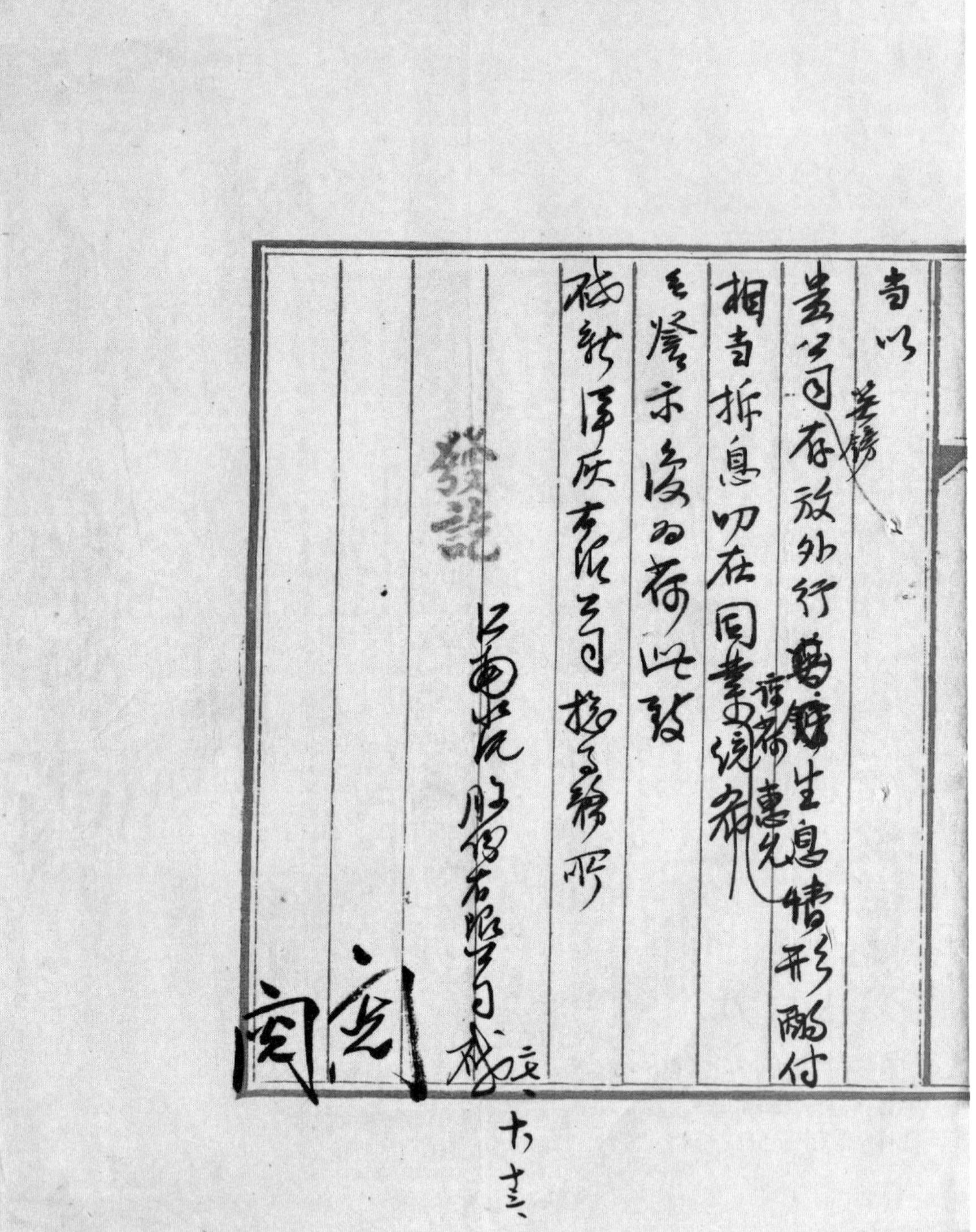

查以
貴公司存放外行英鎊生息情形酌付
相當拆息叨在同業夙荷惠允統希
之詧示復為荷此致
啟新洋灰公司總事務所
江南水泥股份有限公司啟 廿六、十、十三

發訖

閱

啓新洋灰有限公司爲江南水泥股份有限公司提出撥還欠款致該公司的復函（一九三八年十月十五日）

檔號：1041-1-15

啟新洋灰有限公司書牋

第一頁

電報掛號 中文(啟)〇七九六 英文 Cementit

中華民國 年 月 日收到

敬復者接准本月十五日
大函內開查敝公司所存麥加利銀行英磅壹萬壹千磅原備付外商機價之用惟因時局關係開廠無期支付機價不知何時擬按現價八便士半撥還所欠 貴公司之款如敝公司日後需用原額英磅及 貴公司尚存有原額英磅時尚望仍以此日折合國幣之價由敝公司購回屆時當以 貴公司英磅存放外行生息情形酌付相當拆息叨在同業諒荷 惠允統希 台察示復爲荷等因敬悉
承 示各節敝公司可予同意辦理所有
貴公司提還之英金壹萬壹千磅即按本日行市八便士半折合國幣叁拾壹萬零伍百捌拾捌元貳角肆分該款付到即由敝公司收帳可也相應函復即希

中華民國 年 月 日

電話 三一七四九 三一三〇九 三三四六二

天津法租界海大道

啟新洋灰有限公司書牋

第二頁

台洽爲荷此致

江南水泥有限公司

啟新洋灰有限公司啟

周

中華民國廿七年十月十五日

電報掛號 中文（啟）〇七九六 英文Cementit

電話 三一七四九 三一三〇九 三三四六二

天津法租界海大道

贰

財務管理

周實之等爲棲霞工廠（江南水泥廠）及總店職員均遣散一事的報告（一九三九年一月六日）

檔號：1041-1-61

報告

報告棲霞工廠及總店職員均遣散事

為報告事。按棲霞工廠迄二十六年十二月間南京郊外戰事發生，形勢異常危迫，所有總店及全廠職員不得不紛紛遷避。迨德商禪臣洋行及丹麥商史密芝公司派遣職員到廠駐守以後，全般情形均可証明開工之期渺不可知，總店職員既無留用之必要，工廠職員回廠亦無事可作，遂決定除留少數辦理經手未完之事項外，一律酌給資費遣散（附留用人員名單）。理合報請

公鑒

公司閱悉

周實之
孫章甫
陳範有
王少溥
吳廿皋
李企韓
王仲釗
袁心武
盧開瑗

中華民國廿八年一月六日

江南水泥股份有限公司常務董事會爲催收淮南礦局欠款、京電廠息金和售黑鐵皮事與棲霞工廠（江南水泥廠）上海辦事處往來信函（一九三九年一月七日至十二月二十六日）

檔　號：1041-1-13

江南水泥股份有限公司
棲霞工廠上海辦事處

寧江字第三十七號第一頁

敬啓者：奉津江第廿七號
大函敬悉，敬奉列復
一、餘存鐵皮，已由汪經理向三井商取貨物寄存證交與敬
愛計壹萬六千六百九十四張（內一千一百張已銹壞），又鉚釘七袋，均交
已託五金號代覓受主，據五金號稱市面需要者爲
三呎六呎或三呎七呎，而我公司鐵皮寬三十吋半長五
十五吋，恐不易售。可否向各搪瓷廠探詢，並語上項鐵皮
現存虹口，無通行證不能前往出售，困難爲俟制購貨人

上海辦事處　上海江西路四〇六號三樓三二一號　電話一七九七八　電報掛號三五〇〇（灰）
棲霞山工廠　京滬綫棲霞山車站東攝山濱
年　月　日

江南水泥股份有限公司

棲霞工廠上海辦事處

寧江字第三十七號第 二 頁

看貨並見於先運存租界，祈

查照。

二、陳常董交下江南煤礦合同，囑向該礦沪處接洽，庚

經理已向江西路寓訪李子榮君，因李因病告假，詢

接其他職員云，張子敬去港，該礦沪上事務由揚子公司

吳玉麟君兼管，比較重要事件由香港公司[副排]（當面）我公

司合同李君較為明瞭云云，擬日內（仍）訪李君時洽此[段]。

常務董事會

棲霞工廠 謹啟

上海辦事處　上海江西路四〇六號三樓三二一號　電話一七九七八　電報掛號三五〇〇(灰)

棲霞山工廠　京滬綫棲霞山車站東攝山鎮

廿八年 一月 七日

江南水泥股份有限公司
棲霞工廠上海辦事處

寧江字第三十七號第（附啟）一頁

再敝中房屋以前保有火險自南京淪陷滿期後即未續保商滬寧錢为蘇錫寧各埠目前已較安定各該埠房屋沪洋行界已承保火險保險費每千元約三四元敝内房屋似有續保火險之必要

鈞會为以為然請　在津與保險行接洽進行為荷又确通聯匯交李子榮君　庚經理今晨已與晤洽據由敝處去函請其將我方所匯煤價數量開示在預繳煤款内扣除已匯煤價結欠我方若干請准南查照合同第七條加

上海辦事處　上海江西路四〇六號三樓三二一號　電話一七九七八　電報掛號三三五〇〇（灰）
棲霞山工廠　京滬綫棲霞山車站東攝山渡

年　月　日

江南水泥股份有限公司
棲霞工廠上海辦事處

寧江字第三十七號第 二 頁 附啟

息付還棲李君声稱進礦未收帳款為數甚鉅無法收進故欠人之款亦難於籌付云云即希查照為荷

棲霞工廠上海辦事處

上海辦事處 上海江西路四〇六號三樓三二一號 電話一七九七八 電報掛號二三五〇〇(灰)
棲霞山工廠 京滬綫棲霞山車站東攝山濱

卅八年 一月 九日

津江字第元號

敬啟者：上年敝寄津江字函編號至二十七號為止，接貴寄第三十六號函并一月九日寧江字來函均悉。

一、承示館存鐵皮一万六千六百九十四張，又鉚釘七袋，先運存湘豐行以便出售等，已查照。

二、承示[印]訪晤淮通李君談淮局發行合同等，已查照。仍請隨時洽催繳存該處收款，內另批據表以維持合同為要。

三、關於廠中房屋保險事

常董意以廠中俱樂部房屋及廠門外附近

工人、職員住房並其他可慮之房均宜保險

若住房無所不相連接，監工室、磨機房等

均可無虞，毋庸保險，請

另處即在滬與保險行妥訂進行並見示

由函聆

廠示

四、禮和應退排線機件保險費五鎊九先

令七辨士，已由啟新滬處收帳了，請轉款

四、卅 已悉 董

江南水泥股份有限公司
棲霞工廠上海辦事處

寧江字第三十八號 第一頁

敬啟者：前肆函計達
大覽。啟者列後：
一、餘存鐵皮為便利購貨人看貨計擬先運存租界
事正進行中。
二、關於收回催礦應退煤款接洽情形，前經函陳。故鈞處
去函係付旋接催通管運處（淮南大通兩礦聯合辦事處）電稱：「本處
因當時向華割人欠欠人一時無法清理，除正在統籌解決辦
法外，目前第難照辦」等語。嗣後當繼續前往催取

中華民國廿八年弍月　日收到

上海辦事處　上海江西路四〇六號三樓三二一號　電話一七九七八　電報掛號二三五〇〇（灰）
棲霞山工廠　京滬綫棲霞山車站東攝山渡

年　月　日

江南水泥股份有限公司
棲霞工廠上海辦事處

滬江字第三十八號第二頁

三、鉄皮售價存三井銀行日元據啟新劉汪兩經理云已函告弟處由啟新開具支票交由敝處兑收存銀行敝處業於廿四日由旭士君兑五千元每元合法幣壹元零九分四厘同日由中南銀行職員介紹向錢莊兑五千五百元每元合壹元零九分八厘五毫今日續兑壹萬元亦由中南行員介紹每元合壹元零九分五厘均已用江南水泥公司户名分存中南浙興兩行往來候兑竣列單奉告

上海辦事處 上海江西路四〇六號三樓三二一號 電話一七九七八 電報掛號三五〇〇(灰)
棲霞山工廠 京滬綫棲霞山車站東攝山濱

年 月 日

江南水泥股份有限公司

棲霞工廠上海辦事處

寧江字第三十八號第三頁

四、孫寄壽昆君上年十月及十一月份收據一紙

簽收。昆君業已平安抵廠。

五、迭據東方鋼窗公司來函並派員催索欠款，敝處曾告以帳冊運往上游，一時無從核算，且我公司在外帳款亦催收無着，無從籌付。最近據該公司陳工程師聲稱，該廠已全部燬於兵燹，現設一小廠，勉力支撐，經濟異常為難，此次至少請江南付三四千元以度年關，甘語求將原函寄請

鑒閱。查該公司在我廠大部份為鐵窗架

上海辦事處　上海江西路四〇六號三樓三二一號　電話一七九七八　電報掛號二三五〇〇（灰）
棲霞山工廠　京滬綫棲霞山車站東攝山渡

年　月　日

江南水泥股份有限公司
棲霞工廠上海辦事處

寧字第三十八號第四頁

工程甚次為鋼窗碎係工多料少可否酌付若干祈

呈核示遵此致

常務董事會

附昆君收據一紙東方鋼窗背函一件

棲霞廠工務[illegible]謹呈

中華民國廿八年貳月壹日 收到

上海辦事處 上海江西路四〇六號三樓三二一號 電話一七九七八 電報掛號三五〇〇(灰)
棲霞山工廠 京滬綫棲霞山車站東攝山渡

卅八年一月廿六日

閱 閱

東 [illegible]

津江字第二號

敬啟者：據一月廿六日寧江字卅八號

大函暨附件均收悉。

一、承示鐵路債儲中南等銀行、存三井銀行日元

已分次兌存，俟兌廠付，俟列單見告

當已呈閱。

六、承示東方鋼窗公司來函並派員催

索欠款事。又承示灤礦局退煤

款，據該處覆稱「本處因受時局

牽制，人欠欠人，所無從清理」等語，抄錄往復各情，均悉。茲將淮礦欠款未付我方，受此牽制，人欠欠人收付均滯，實屬無從各情形，照後鋼窗公司如伊方自淮礦有交誼，請商託維持，果使淮礦還我欠款若干，我可當照此例匯從先付還鋼窗公司若干，統希洽商辦理為荷。

三、寄來昆君上年十月十二日收據一紙，又承示昆君已手函撥廠，均查照。此段楊君為廠長函，無須另復。

弟陳範有合啟 二、二三

又蘅吾兄賜鑒：
手示敬悉。二月份江廠薪底四十元
及二月份攤還之六十元，共計壹百元，
均收到矣。勞
神之處，容當面謝。茲將收據乙
紙隨函奉上，即祈
登收是幸。肅復，順頌
台祺

弟　穎柔和拜復
卅年二月十三

又莘衡仁兄惠鑒：在津面聆

教益，至快。茲有懇者，請將弟本年自一月一日起

之江南廠薪底貳拾元統撥唐廠，璋濱

清神，尚希

鑒諒，容後面謝。耑肅，敬請

台安。不莊

弟顏景和拜啟　廿八年二月十三日

廿八年一二月份向例江南廠付之卅元已於二月十五日連同二月份向例撥唐之六十元一併交啟新撥唐廠交其本人

三、二十五

津江字第三號

敬啟者 前號函諒達

大院 茲以柳風君來函請求自本年一月一日起伊在樓廠月支之一部薪水貳拾元改撥唐山交其本人等情 照准

應准 除已於本日將一二月份江南廠支之四十元連同二月份向例撥唐之六十元一併交彼新撥唐廠交其本人收領外

相應函達即希 查照爲荷此頌

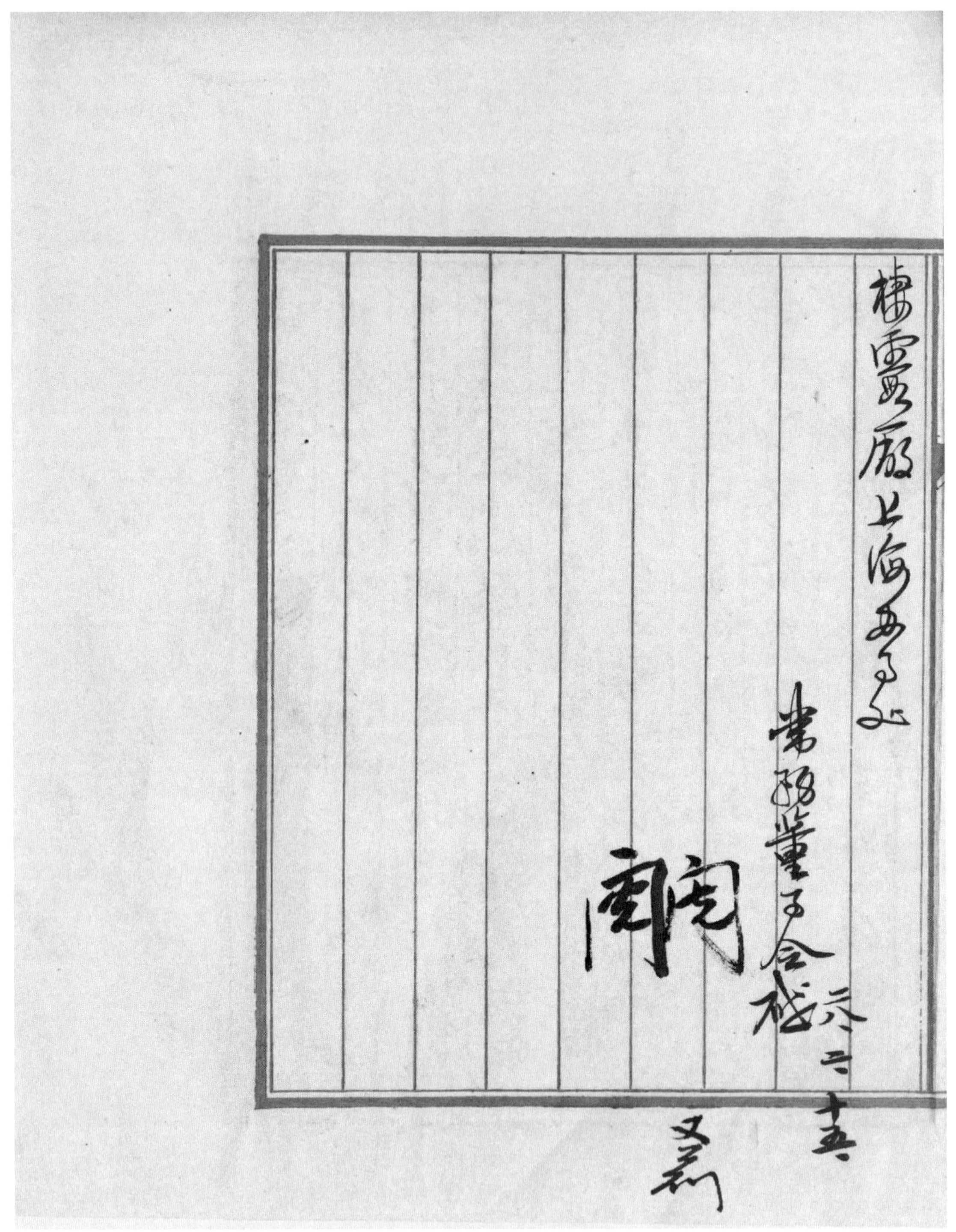
棲霞廠上海辦事處

常務董事會核 六、二十五

閱

文新

江南水泥股份有限公司
棲霞工廠上海辦事處

寧江字第三十九號第一頁

敬啟者前奉津江第元號

大函敬悉

一、趙副理於上月廿五日搭輪北上想已安到是日曾拍與敝

新一電文曰"杰順天行"度邀 詧及

二、餘存虹口鉄皮及鉚釘已於上月十六七八三日由 庚經理

等親自照料僱卡車運存租界海防路五一三號（即原

存掛线机件堆栈）運时頗費周折現與本埠五金號分别

接洽出售 故最高價每市担國幣廿四元（二十市担合一公噸）約計三百噸

中華民國廿八年叁月拾叁日收到

上海辦事處 上海江西路四〇六號三樓三二一號 電話一七九七八 電報掛號三五〇〇（灰）
棲霞山工廠 京滬綫棲霞山車站東攝山渡

年 月 日

江南水泥股份有限公司
棲霞工廠上海辦事處

寧江字第三十九號第二頁

每張價約合國幣壹元六角，但不卜能否購否。

三、承 貴厰中房屋保火險事可在滬進行，已將俱樂部、職員宿舍、化學房及辦公室以及厰外之工人住宅二十二幢向美亞保險公司統保火險，以上各建築物造價共九萬六千三百元，保險費每千元四元，合計三百八十五元二角。

四、李玉麟君月薪十鎊，約合國幣三百元，自本年一月起減為國幣一百六十元，迭經 庚經理并與王顧問工程師商定調李赴華中厰服務，已於上月杪首途，李君薪金領至二

上海辦事處 上海江西路四〇六號三樓三二一號 電話一七九七八 電報掛號三三五〇〇（灰）
棲霞山工廠 京滬綫棲霞山車站東攝山濟

年 月 日

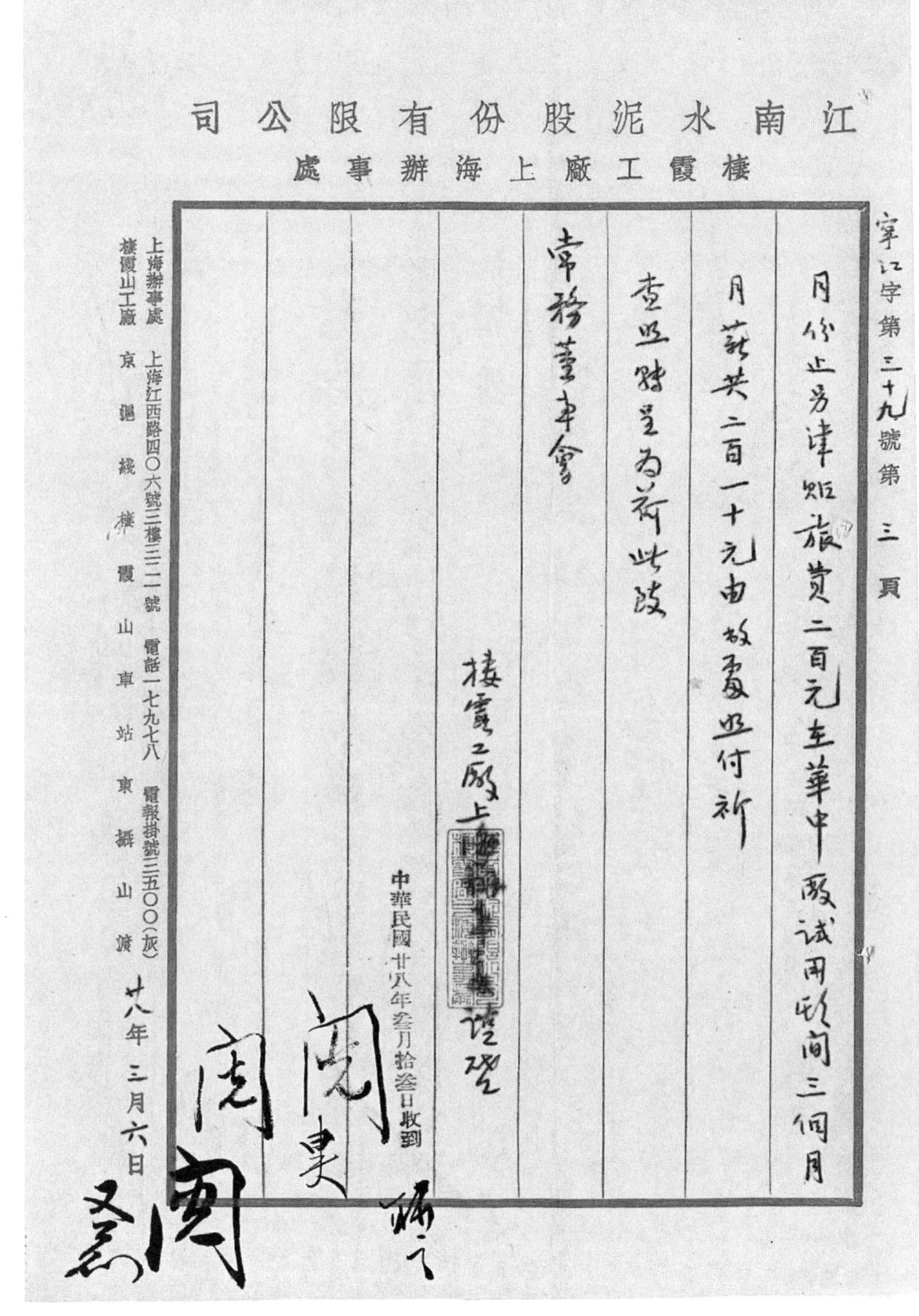

江南水泥股份有限公司
棲霞工廠上海辦事處

寧江字第三十九號第三頁

月份止另津貼旅費二百元在華中廠試用期間三個月
月薪共二百一十元由敝處照付祈
查照轉呈為荷此致
常務董事會

棲霞工廠上海辦事處謹啓

中華民國廿八年叁月拾叁日收到

上海辦事處 上海江西路四〇六號三樓三二一號 電話一七九七八 電報掛號二五〇〇(灰)
棲霞山工廠 京滬綫棲霞山車站東攝山濱

廿八年三月六日

津沽字第四號

敬啟者：昨接啟新洋灰公司函商借延趙慶杰君擔任職務一節，除務允外，並准

諭趙慶杰仍留原處，自三月份起每月支車力五十元，所有原經管事項仍爲責兼任照料。昔因當經辭退，是務啟新之函，並備函通知趙君，切叙明兼任照料矣。（已月支車力，即由滬發答付）[illegible]卿

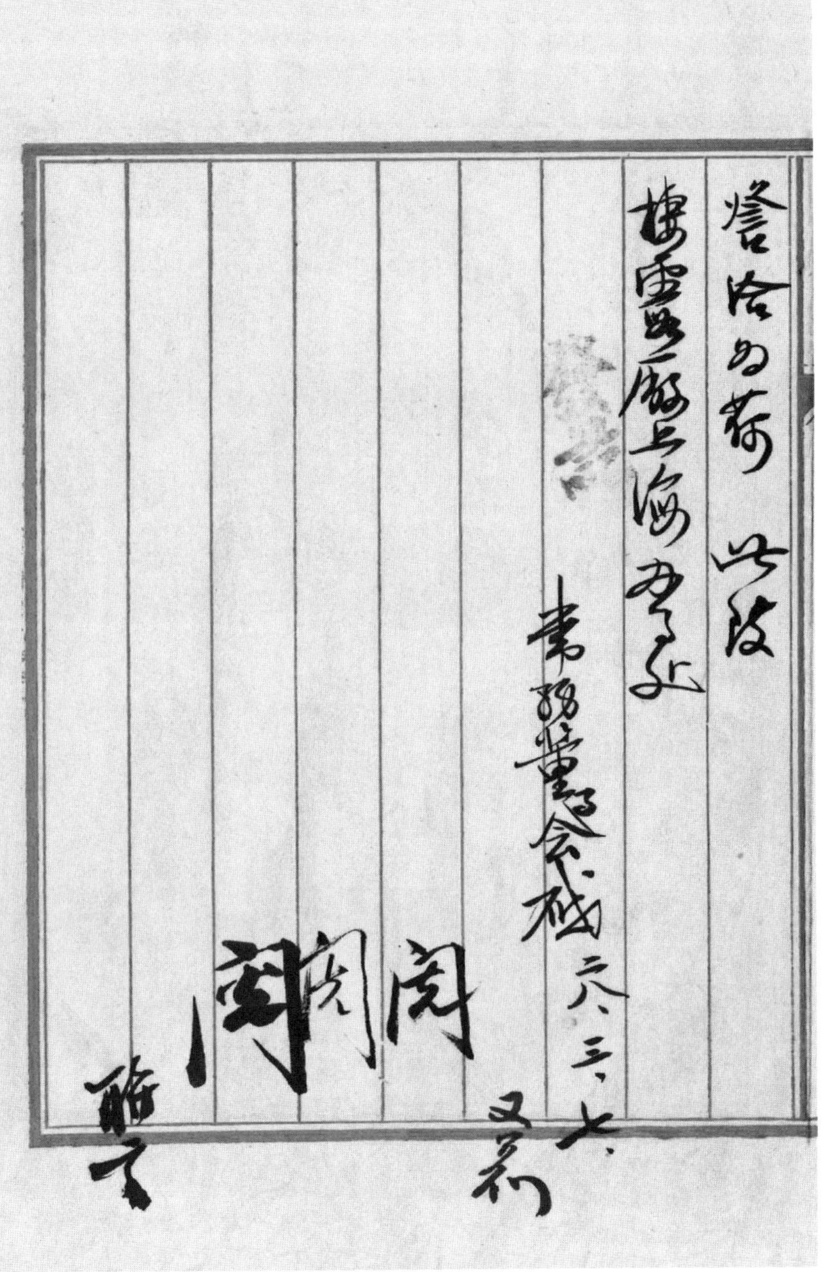

津江字第五號

敬啟者 前誦函諒達

大覽 茲以趙慶忱君撥還 貴廠墊

付船票價（及代用銀號券）國幣一百六十五元整又

撥交 庚經理國幣壹佰元整 該二款

已如收 貴帳希 查照 轉帳為荷

此致

棲霞山廠上海辦事處

附函一件　常務董事會啟　二八、三

閱　閱　閱

江南水泥股份有限公司
棲霞工廠上海辦事處

寧江字第四十號第一頁

中華民國廿八年叁月廿七日收到

敬啓者 連奉津江第式三四五號

大函敬悉

一、鉄皮售價存三井銀行日元四萬三千餘元除留存該行七百四十三元四角外餘均兑存中南浙興兩行旋為增加利息計復於本月十日撥存中南特種活期存款壹萬元十一日撥存浙興信託部定活兩便壹萬元均隨時可取存滿一年利息七厘中南結來存一九三二五・五〇元浙興結來存七六八〇・二一元共計國幣肆萬柒千零伍元柒角壹

上海辦事處 上海江西路四〇六號三樓三二一號 電話一七九七八 電報掛號三五〇〇（灰）
棲霞山工廠 京滬綫棲霞山車站東攝山渡

年 月 日

江南水泥股份有限公司

棲霞工廠上海辦事處

寧江字第四十號第二頁

分致列車寄達 呈 閱 餘存日元日後需用時陸續

支取

二、准碩欠我公司預繳煤款及京電廠積欠息金迭經 庾

經理等親往催收並函託在港之許作人君就近協助

接陸先曾君称滬上無款可付内地略有存款無法匯滬

當告以為在渝撥付若干亦可中南上海兩京行匯 陸君

渝與總存均有往來如中南撥款無法匯滬者約需若干

允為函港該公司商洽故爰隨即分別備函交吳玉麟陸

二君寄港茲將函稿寄請 詧存

上海辦事處 上海江西路四〇六號三樓三二一號 電話一七九七八 電報掛號三五〇〇(灰)

棲霞山工廠 京滬綫棲霞山車站東攝山鎮

年 月 日

江南水泥股份有限公司
棲霞工廠上海辦事處

寧江字第四十號第三頁

三、承示顧柳風君請求自本月一日起在棲廠應領之一部份薪水二十元統撥唐山交其本人，二月份共四十元已連同向例撥唐之六十元一併撥唐廠轉交，分節已查照

四、承示啟新洋灰公司借延趙慶杰君担任職務事，諭趙慶杰保留原資自三月份起每月改支車力五十元，所有原管事項仍負責兼任照料，其所月支車力即由敝處發給，分節已查照

上海辦事處　上海江西路四〇六號三樓三二一號　電話一七九七八　電報掛號二五〇〇（灰）
棲霞山工廠　京滬綫棲霞山車站東攝山渡

年　月　日

江南水泥股份有限公司

棲霞工廠上海辦事處

寧江字第四十號第四頁

五、承 示趙慶杰君撥還故蔓船票價廿壹百陸拾元又
撥交 庚經理國幣壹百元該二款已照收，收帳已查
照分別轉帳撥付
六、京滬路局會計科長西人Mr. Stuart 執到故蔓夸耶一、
未付岔道建築費六千餘元 二、養路費二千七百餘元
三、岔道地租一百四十餘元 庚經理當以岔道未全部
竣工建築費照合同未能付清 二三兩項因戰事發
生工廠停頓人欠欠人收付均停實屬無款可付婉復

上海辦事處 上海江西路四〇六號三樓三二一號 電話一七九七八 電報掛號三五〇〇(灰)
棲霞山工廠 京滬綫棲霞山車站東攝山濱 年 月 日

江南水泥股份有限公司
棲霞工廠上海辦事處

寧江字第四十號第五頁

該西人俟備函力促轉陳
鈞會設法將原函抄呈我廠將來對該局需借
重閘於善路貴局道地租等可否酌付若干抑俟准礦
及京電廠函復再定辦法祈呈　核示遵
七、啟新唐廠借用試驗壓力柱力機件業已裝箱託礦廠
運唐請　函詢唐廠會否收到為荷此致
常務董事會
棲霞工廠謹啟
附快收便兌存銀行收單一紙　致淮礦京電廠函稿各一件
京滬路局英文函抄件三紙

廿六年三月二十日

上海辦事處　上海江西路四〇六號三樓三二一號　電話一七九七八　電報掛號二三五〇〇（灰）
棲霞山工廠　京滬綫棲霞山車站東攝山渡

閱　閱　閱　閱　聯

铁皮价兑存银行清单

年月日	日元数		每日元兑国币		兑成国币		存入银行行名	备考
	元		元		元			
28.1.21	500	00	1	09600	548	00	中南	
24	5000	00	1	09875	5493	75	〃	
24	5000	00	1	09400	5470	00	浙兴	旭士经手
26	10000	00	1	09500	10950	00	中南	
27	5000	00	1	10000	5500	00	〃	
27	91	60	1	09400	100	21	浙兴	
2.2	10000	00	1	10900	11090	00	中南	
7	7000	00	1	10625	7743	75	〃	
9	100	00	1	10000	110	00	浙兴	
	743	40	——		——		——	仍存三井银行
共计	43235	00			47005	71		

28.3.10 拨存中南特种活期存款 $10000.00 存满一年利息七厘

11 拨存浙兴信托部定活两便 $10000.00 〃 〃

存中南往来 $19325.50

存浙兴往来 $7680.21

47005.71

中華民國廿八年叁月廿七日收到

三、卅

江南水泥股份有限公司
棲霞工廠上海辦事處

字第　　號第一頁

逕啓者：敝公司預繳
貴局煤價計國幣拾伍萬捌百元，前准　淮通營運處
函稱預繳煤價部份結存柒萬陸仟捌百陸拾伍元八角，敝處
收煤數量正查對中，此結存數是否相符，當待核算，敝處已兩次函請發還，並派員
催收。查此項煤款，敝公司係以現金繳納，非一般商號以
貨品售與
貴局而有盈利者可比，且合同第七條載：「自合同訂定後
如遇天災人禍、軍事以及其他非人力所能挽救之事變

中華民國廿八年叁月廿七日收到

棲霞山工廠　京滬綫棲霞山車站東攝山灣
上海辦事處　上海江西路　號　電話一七九七八　電報掛號二五〇〇（灰）
年　月　日

江南水泥股份有限公司

棲霞工廠上海辦事處

字第　號第二頁

無論交貨時甲方不負責任惟所收之預付之百分之五十貨款廿未曾交貨之部份應按年息一分加息退還是此款之發還未能因時局延宕極為明顯故不可積欠外間工料廿款為數甚鉅為廢歸派員坐索急如星火諒鑒

貴局還款以資償付尚

貴局上海方面未能付清在重慶昆明兩地撥還若干亦無不可惟祈 先期

函示以便委託銀行代收相應函達諸煩

上海辦事處　上海江西路四〇六號三樓三二一號　電話一七九七八　電報掛號二五〇〇(灰)

棲霞山工廠　京滬綫棲霞山車站東攝山渡

年　月　日

江南水泥股份有限公司
棲霞工廠上海辦事處

字第　號第二頁

查照辦理見復爲荷此致
淮南煤礦局

江南水泥公司棲霞工廠上海辦事處啓

上海辦事處　上海江西路四〇六號二樓二二一號　電話一七九七八　電報掛號二五〇〇（灰）
棲霞山工廠　京滬綫棲霞山車站東攝山渡

卅八年三月十三日

江南水泥股份有限公司

棲霞工廠上海辦事處

字第　號第一頁

敝公司查去年年終敝公司應收
貴廠到期息金計借款國幣貳拾萬元之利息叁萬元保證
金利息壹仟陸百元，借款及保證金利息之總利息壹仟伍百
肆拾元，業經開具詳單函達
惠付。現敝公司對外欠款亟須償還，上述息款務祈
迅賜付清。倘
貴廠未能完全在滬付給，在重慶撥還若干亦無不
可，並請見覆

中華民國廿八年叁月廿七日收到

上海辦事處　上海江西路四〇六號三樓三二一號　電話一七九七八　電報掛號三三五〇〇(灰)
棲霞山工廠　京滬綫棲霞山車站東攝山鎮

年　月　日

江南水泥股份有限公司
棲霞工廠上海辦事處

字第　號第二頁

函示以便妥託銀行代收捐應函達即希
查照辦理見復為荷此致
首都電廠

江南水泥公司棲霞二廠上海辦事處啓

上海辦事處　上海江西路四〇六號三樓三二一號　電話一七九七八　電報掛號三三五〇〇（灰）
棲霞山工廠　京滬鐵路棲霞山車站東攝山鎮

廿八年三月十三日

江南水泥股份有限公司
棲霞工廠上海辦事處

寧江字第四十一號第 一 頁

中華民國廿八年四月四 收到

敬啟者前號函計達
大鑒
一、廠中窯房西面山坡泥土繼續向東移動春間多雨恐坍土益劇影響建築物 庚經理前赴廠與昆君面商認為坍下之土有挖去必要旋與以前土方包工商訂工價業已開始工作預計工資約為二三千元又三雲鄉自歐家營迄東花口沿江之堤有崩潰趨勢且有數段業已坍塌據李功霖君函稱該圩為吾廠掛綫路

上海辦事處 上海江西路四〇六號三樓三二一號 電話一七九七八 電報掛號三五〇〇(灰)
棲霞山工廠 京滬綫棲霞山車站東攝山渡

年 月 日

江南水泥股份有限公司
棲霞工廠上海辦事處

寧江字第四十一號第二頁

所經應築新堤需款甚鉅該廠方補助甘情　孫庚經
副理擬明日赴廠接洽一切請　查照
二、廠中房屋保火險事前經函陳正式保險單已由保
險行交來該單寄
鈞會抑暫存敝處祈　呈　核示遵
三、王良生君一月十四日起因患傷寒症請假現已漸見痊
復日內即可銷假請　查照為荷此致
常務董事會　棲霞工廠上海辦事處謹啟

上海辦事處　上海江西路四〇六號三樓三二一號　電話一七九七八　電報掛號三三五〇〇(灰)
棲霞山工廠　京滬綫棲霞山車站東攝山渡

廿八年三月廿九日

該項鐵皮現在是否已全部售出，得價若干，抵用若干，及前存三井銀行之日金是否已悉數兌成國幣存於何行，詳報以便呈閱

津江字第　號

敬啓者：接寧江字第三十九號大函敬悉。

一、承示鐵存虹口鐵皮及鋼釘已由庚經理運存海防路堆棧，正在接洽出售之情，日呈閱（均悉○○）

二、本公司前有款託啟新廠代存中南（上海）鹽業、上海、浙興等行，去年之結息單尚未寄來，茲擬將託啟新廠

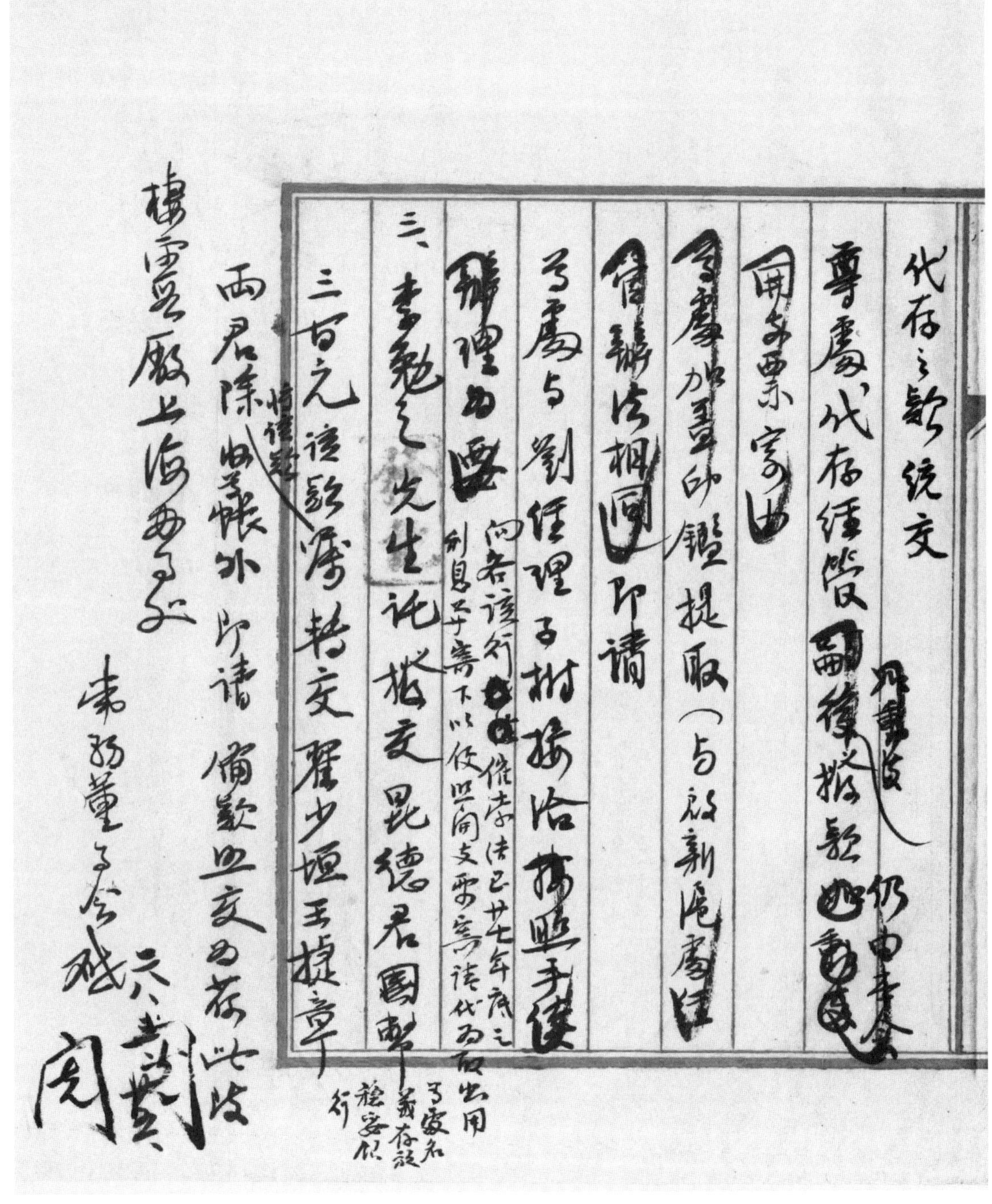

代存之款請交
尊處代存經營股 副總務股之撥款 仍由貴處
開具支票寄由
貴處加蓋印鑑提取（與啟新處
會辦法相同）即請
尊處與劉經理子樹接洽 按照手續
辦理爲要 向各該行[illegible]係本年[illegible]已廿七年底之利息及廿八年下以後照向支票寄請代爲取出用 予安名義存該[illegible]銀行
三、李勉之先生託撥交毘德君國幣
三百元 請該處轉交瞿少垣君提章
兩君陳由帳外 即請 備款照交為荷 此致
棲霞廠上海辦事處
常務董事會 啟 六、廿八
劉 陳

寧江竹附

照抄許作人先生來函

宗淮
柏軒 吾兄大鑒：滬濱晤別，時切馳思，比維大教，就諧籌祺
清勝，式如所頌。貴公司公函業於昨日由上海辦事處轉到，關於
京廠應付借款及保証金利息三萬元，囑催南廠迅匯，爲數七
萬餘元，各節已照領悉。查揚淮兩公司自年前成立後，接收甫定，
事變遽起，未幾戰局西移，兩廠兩局即相繼淪陷，損失重大，無待
言述。撤退以後，對於所有應付款項，逐步整理，計劃清償，無如
債務過鉅，籌款匪易，致迄今尚鮮結果。現人欠各項正在設法
收取，湘桂方面催收情形如何，尚須俟仲容兄返港後方可明

中華民國廿八年五月廿叁日

上海中國國貨公司選製

瞭結欠貴公司款項擬俟渠返滬後當儘先設法籌措以副

遠注特先佈覆專此並頌大安弟許敦楷謹啓 十八、三、廿七。

津江字第七號

敬啟者：接第四十號

大函暨附件均收悉。

一、承示鐵券售價存三井銀行日元除留存該行七百〇十三元〇角外，餘均兌存中南浙興兩行，共計國幣〇七〇〇五·七一元，附列清單一紙，已呈　閱。

二、承示備收淮礦及京電廠欠款乙節，附函回稿二件，均　查照。現如由渝撥款至滬，雖要似需若干，無從查示

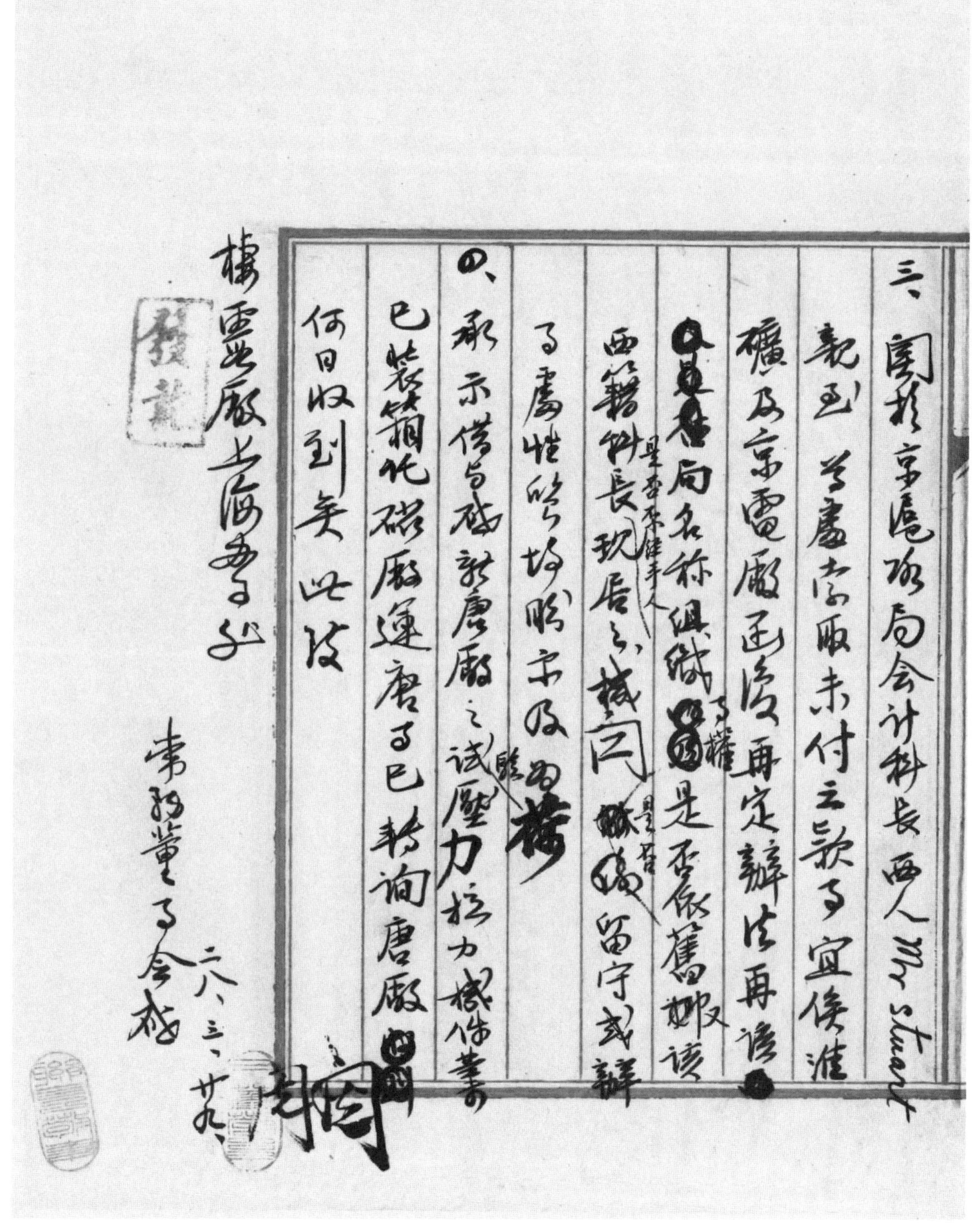

三、關於京滬路局会計科長西人 Mr Stuart

薪至 前處京所欠未付之款子宜俟准

礦及京電廠还清後再定辦法再議[illegible]

又其局名稱組織（下權）是否依舊擬又請

西籍科長（星李东律手人）現居之城同[illegible]（星[illegible]）留守或辦

了處惟能均照京路[illegible]辦

四、承示借与啟新唐廠之試（驗）壓力機力機件業

已裝箱託磁廠運唐子已轉詢唐廠[illegible]

何日收到矣　此復

權靈光廠上海事務所

發載

常務董事会戌

二八、三、廿九

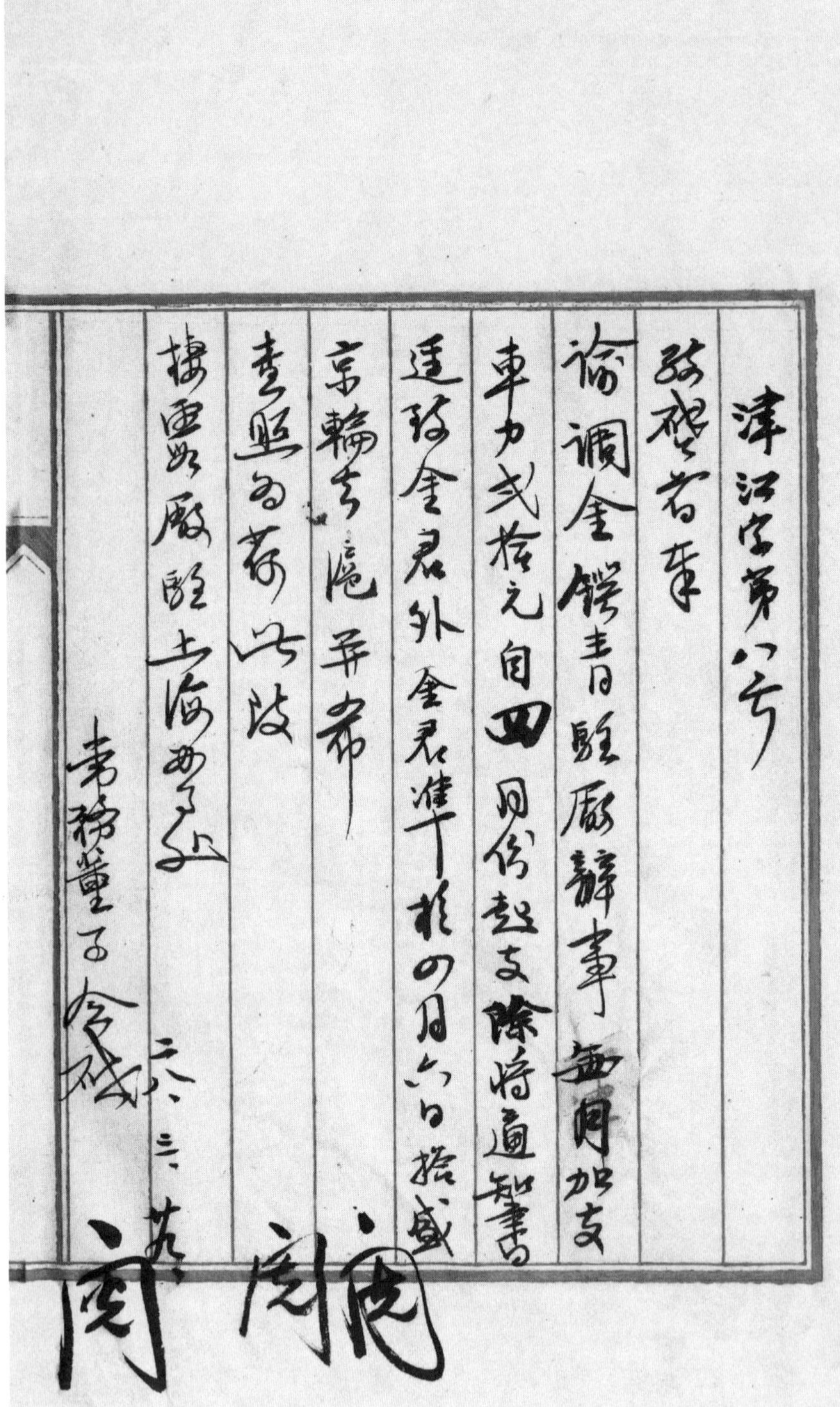

津江字第八號

敬啟者

諭調金鏘青駐廠辦事，每月加支

車力弍拾元，自四月份起支，除將通知書

送致金君外（金君準于本月六日搭盛

京輪赴滬）并希

查照為荷。此致

[illegible]廠駐上海辦事處

事務董事 [illegible]

二六、三、五

閱 閱 閱

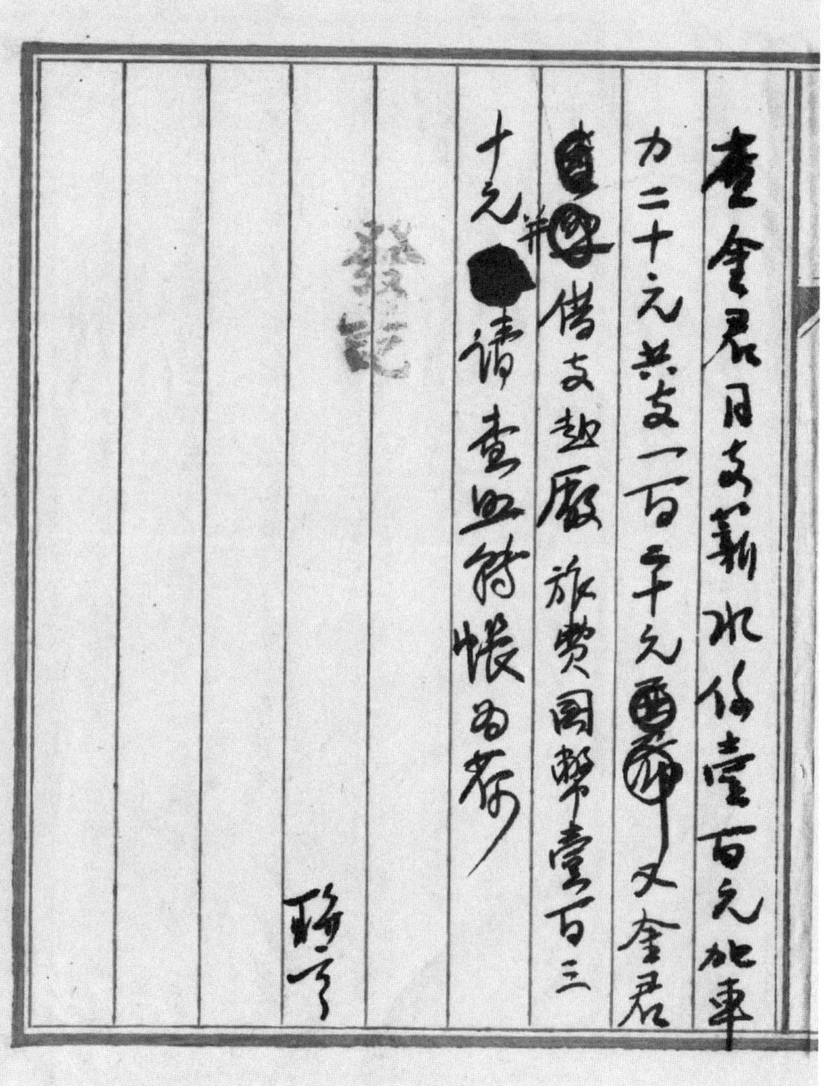

查金君月支薪水洋壹百元加車力二十元共支一百二十元又金君借支赴廠旅費國幣壹百三十元并請查照轉帳為荷

江南水泥股份有限公司
棲霞工廠上海辦事處

寧江字第四十二號第 一 頁

敬啓者連奉第六七八號
大函敬悉
一、承 示 鈞會有款託啟新滬處代存鹽業廿行應向各
該行索寄廿七年底息單一節已與劉經理子樅接
洽催取俟取齊寄上
二、承 示李勉之先生託撥交翟廿垣王提章國幣叁
百元已函請昆君備款照交並付 尊帳
三、京滬路局名稱仍舊但不公開其組織系統不甚明瞭

中華民國廿八年四月拾五日收到

上海辦事處 上海江西路四〇六號三樓三二一號 電話一七九七八 電報掛號三五〇〇(灰)
棲霞山工廠 京甯綫棲霞山車站東攝山鎮

年 月 日

江南水泥股份有限公司
棲霞工廠上海辦事處

寧江字第四十二號第二頁

會計科西籍科長係原經手人現居之棧岡乃通字性質

請　查照

四、孫庚經副理於五日由廠回滬廠中一切如常

吾廠與曹誠之君園地界綫曾略有爭執經　庚經

理等會同查勘校正種植枸桔已圓滿解決

又廠北面鄧家圩田以通便民河陡門失修汽車路涵洞

滲水積水甚多上年秋收之數佃農成本此次與當地

人等商由廠方津貼工資三十五元分別堵塞庶本年農

上海辦事處　上海江西路四〇六號三樓三二一號　電話一七九七八　電報掛號三五〇〇（灰）
棲霞山工廠　京滬綫棲霞山車站東攝山旁

年　月　日

江南水泥股份有限公司

棲霞工廠上海辦事處

寧江字第 四十二號第 三 頁

場租息不蒙損失

又歐家營一帶因江北沉有船隻水流向南岸奔騰江

堤崩潰頗速　庚經理等曾親往一視吾廠鄰地亦

坍塌不少鄉民已趕築新堤棲鄉長李功霖一再函稱

該鄉為吾廠掛線路所經此次築堤需費約二千餘元

請念地方窮困盡力資助等語故[illegible]已表示廠方收

入毫無祇能負担一二百元正交涉中

又廠中擠近窯房牆脚之泥土業已挖平用斗車運往

上海辦事處　上海江西路四〇六號三樓三二一號　電話一七九七八　電報掛號三五〇〇(灰)

棲霞山工廠　京滬綫棲霞山車站東攝山渡　　年　月　日

江南水泥股份有限公司

棲霞工廠上海辦事處

寧江字第四十二號第の頁

厰外衛厰河边現将西面山坡繼續挖低

五、潘譯金鑄吉君九日擬請其通行証數張已代領妥

金君已於今晨搭車赴厰請

查照此致

常務董事會

棲霞工廠上海辦事處謹啓

廿八年の月十一日

上海辦事處　上海江西路四〇六號三樓三二一號　電話一七九七八　電報掛號三五〇〇(灰)
棲霞山工廠　京滬綫棲霞山車站東攝山渡

江南水泥股份有限公司
棲霞工廠上海辦事處

寧江字第四十三號第一頁

敬啟者前號函計達
大覽
一、茲寄上　銷售存鹽業等行存款結單四紙祈　詧存
二、奉津江第八號函承　示金鎔章君借支赴廠旅費國幣
壹百叁拾元已查照轉帳
三、運存海防棧房黑鐵皮前分向各廠號接洽出售因
市面存貨充斥價格甚疲五金號僅出價每市担國幣
拾四五元與敝處所希望者相差懸距未予脱售聞

中華民國廿八年四月廿四日收到

上海辦事處　上海江西路四〇六號三樓三二一號　電話一七九七八　電報掛號二三五〇〇(灰)
棲霞山工廠　京滬綫棲霞山車站東攝山濱
年　月　日

江南水泥股份有限公司
棲霞工廠上海辦事處

寕江字第四十三號第二頁

現在外洋定貨價已較滬上存貨價貴故擬覌望候
市面存貨銷罄再售是否有當祈　呈
核示遵此致
常務董事會

棲霞工廠上海辦事處謹啓

上海辦事處　上海江西路四〇六號三樓三二一號　電話一七九七八　電報掛號三五〇〇（灰）
棲霞山工廠　京滬綫棲霞山車站東攝山麓

十八年四月十七日

江南水泥股份有限公司
棲霞工廠上海辦事處

寧江字第四十四號第 全 頁

中華民國廿八年五月五日 收到

敬啓者 奉勘電奉悉 已請 汪經理轉告前途並將
原電送閱 接京城公司盧君稱 三井嘗與接洽攤銷六
千噸 該公司表示南膏常口缺貨 甲乙膏售價在滬交
貨每噸四五十元 三井還價廿三元 因三井嘗知以前京城膏送
到龍潭每噸僅廿三元故也 并語聞友邦人士運來甲膏
一千五百噸業已到滬 售價每担八元(每廿担合一噸) 敝中
存膏係乙兩種 查照轉呈為荷 此致
常務董事會

棲霞工廠 謹啓

廿八年五月五日

上海辦事處 上海江西路四〇六號三樓三二一號 電話一七九七八 電報掛號三五〇〇(旅)
棲霞山工廠 京滬綫棲霞山車站東攝山濱

閱

東

盧云前途擬稍購之六千噸係代三菱採購又三井對此事次購竟不由漢行接洽而至滬查詢不知何故

滬江　九　一

敝廠去函第四十一至第四十四號

大函敬悉

一、承　示敝廠中窰房西面山坡泥土，因春間多雨，恐土益剝塌，影響建築物，經　庚經理與昆君面商，擬召土方包工，訂挖去塌土，工價預計約爲二三千元，已在工作。又三號碼江堤有數段塌之處，據李功森函稱該圩爲吾廠衛護起見所經築，堤需款請敝方補助，經　庚經孫副理親往視察，祗允負擔一二百元正。又涉中各節均查照。

二、承　示敝廠中房屋保火險之保單已由保險行交來，業已悉。該保單即請　尊處保管爲要。

三、承　寄來鹽業等行存款結單四紙，已存查。

四、承　示存滬防路棧房之煤藏及因市價甚疲，擬待市面存貨銷售再售事，辦法甚是，即希　查照爲荷。

五、承　示滬發動電已請　汪經理轉告前途，各情均悉。

六、顧伽風君懸呼照准，希　自本月份起逐月津貼五個月，計國幣肆百元，該款已由　敝處發給，希　查照轉帳。

七、四月份撥敝處支金君薪水壹百元，又　貴俗元已由　敝處代付，請　查照轉帳。至金君車力二十元仍由

八　九　八

江南水泥股份有限公司

津江　九　二

敝甲支給薪已洽支矣此致

棲霞工廠上海辦事處

常務董事會啟

八　九　八

江南水泥股份有限公司

江南水泥股份有限公司
棲霞工廠上海辦事處

寧江字第四十五號第一頁

敬啟者 奉津江第九號
大函敬悉
一、承 示顏柳風君懇辭照准奉
常董批酬送國幣四百元該款已由
鈞會發給已查照轉帳
二、承 示代付棲廠潘譯員君四月份薪膳共壹百壹拾
元已查照轉帳其車力二十元敝處已函請廠中支給
三、三台鄉長李功霖來滬據稱該鄉江堤坍塌趕築新

中華民國廿八年五月廿叁日收到

上海辦事處 上海江西路四〇六號三樓三三一號 電話一七九七八 電報掛號二五〇〇(灰)
棲霞山工廠 京滬綫棲霞山車站東攝山渡

年 月 日

江南水泥股份有限公司
棲霞工廠上海辦事處

寶江字第四十五號第二頁

堤需款甚鉅請求特别補助故予告以當此停頓期間經濟枯窘亦勉捐一百五十元另致送其個人旅費五十元再地方無賴慣於造謠生事聯其常加開導廣無謂糾紛消弭無形李君欣然接受已於十二日回鄉

四、趙副理來沪驗收掛綫路機件於不繼續保險亟需驗收該機件不特笨重且機房內外無隙地可供移動正躊躇間後接房東函稱該機房七月間日廿四滿

上海辦事處　上海江西路四〇六號三樓三三一號　電話一七九七八　電報掛號三三五〇〇(灰)
棲霞山工廠　京滬綫棲霞山車站東攝山濱

年　月　日

江南水泥股份有限公司

棲霞工廠上海辦事處

寧江字第四十五號第三頁

期需收回自用故爰遂決定遷移乘搬運時請趙
副理點收新堆棧已接洽數處日內當可選定趙
副理或先赴廠然後點收機件
五、昨接廠中來函據謂廠外工房於十三日夜間十二時
忽遭匪劫土方包工王慶雲父子受傷甚重其他工人
亦多被縛逼交錢財工友衣服銀錢相當損失經二小時
後廠中得悉昆君率保警等前往匪始逸去臨行時
揚言數日內須交錢出來否則再來燒殺一匪因病目

上海辦事處　上海江西路四〇六號三樓三二一號　電話一七九七八　電報掛號二五〇〇(灰)
棲霞山工廠　京滬綫棲霞山車站東攝山渡

年　月　日

江南水泥股份有限公司
棲霞工廠上海辦事處

寧江字第四十五號第四頁

之錯方向被擒某語收發已函後請添用槍枝射
擊之警士數名原雇警士之有技能者改善其待
遇工房與工廠間增設地下綫電鈴以靈通消息庚
經理某攜後通行證領到赴廠一行
六、催繳所欠煤款京電廠積欠息金催收情形前經函
陳近接揚子公司監許君復函亦照錄寄請
察存關後當續向其滬處催收前接京電廠陸總
工程師云詎上匯款可付內地略有存款收發當表示在

上海辦事處 上海江西路四〇六號三樓三二一號 電話一七九七八 電報掛號三五〇〇(灰)
棲霞山工廠 京滬綫棲霞山車站東攝山渡 年 月 日

江南水泥股份有限公司
棲霞工廠上海辦事處

寧江字第四十五號第五頁

渝撥付若干亦可查由渝匯款至申每千元匯費中南一二〇元至一三〇元浙興一二五元至一三〇元中南對於京行存戶存款撥滬較為優待每千元六十元請 查照

七.關於公司契據寄存上海寧行保險庫八一三前承 庚經理送眷赴滬之便於匆遽間取出全部買契盛滿一小箱由 庚經理帶滬存入浙興保興庫內惟各種上首契（俗稱老契包括廠址多址及其他）及地價收據等仍存寧行保險箱內因一則此類文據甚多攜帶不便二

上海辦事處　上海江西路四〇六號三樓三二一號　電話一七九七八　電報掛號三五〇〇（灰）
棲霞山工廠　京滬綫棲霞山車站東攝山鎮

年　月　日

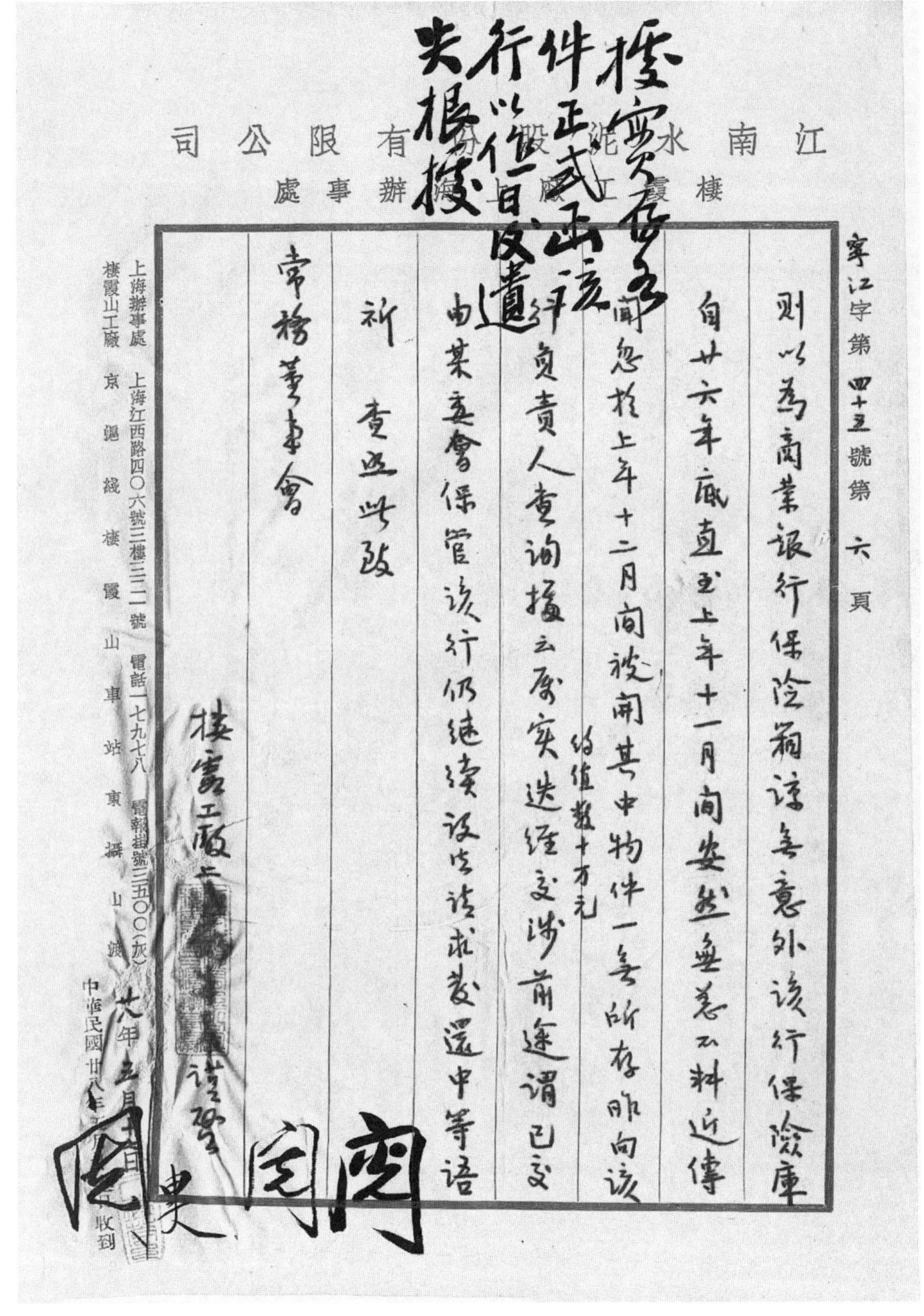

棲廠應另件正式函該行以便日後遺失根據

江南水泥股份有限公司

棲霞工廠上海辦事處

寧江字第四十五號第六頁

則以爲商業銀行保險箱諒無意外該行保險庫自廿六年底直至上年十一月間安然無恙不料近傳聞忽於上年十二月間被開其中物件一無所存頃向該行負責人查詢據云原實送經交涉前途謂已交由某委會保管該行仍繼續設法請求發還中等語（約值數十萬元）

祈 查照此致

常務董事會

棲霞工廠 謹啓

中華民國廿八年五月[illegible]日收到

上海辦事處 上海江西路四〇六號二樓三二一號 電話一七九七八 電報掛號三五〇〇（灰）

棲霞山工廠 京滬綫棲霞山車站東攝山渡

津江字第十號

敬啟者接第四十五號

大函並附抄件均收悉

一、承示三靈鄉長李功霖請求補助新

築江堤總捐一百五十元另改送其個人

旅費五十元乃已呈閱（趙副理到滬時送）

二、承示擬將該機件亟需驗收並據洽新

雄機子函商與趙副理或先赴廠

然後點收樣件各節均查照

三、承示 據廠中來函報告廠外工房於十三日夜間忽遭匪刧各情已呈 閲

四、承示催收津礦及京電廠欠款附鈔函底均呈 閲

五、承示 公司契據等原存上海寧行保险庫 全部田契已由 庚經理帶滬入存浙興保险庫內 惟各種上首契及地價收據等仍存寧行保险箱内近問其中物件一無所存經向該行查詢

擬去敝友由某某公保險行仍維復設

法請求發還中等情

本董意以宜由

嵩處將實存各件正式函請（詢）保行（以雄係保險箱被毀）發

函證以備將來考查之根據外希

查酌辦理見復為荷

六言中史請核交趙副理柏軒國幣

四拾元該款已收另帳請償款照交

回庸需取收條

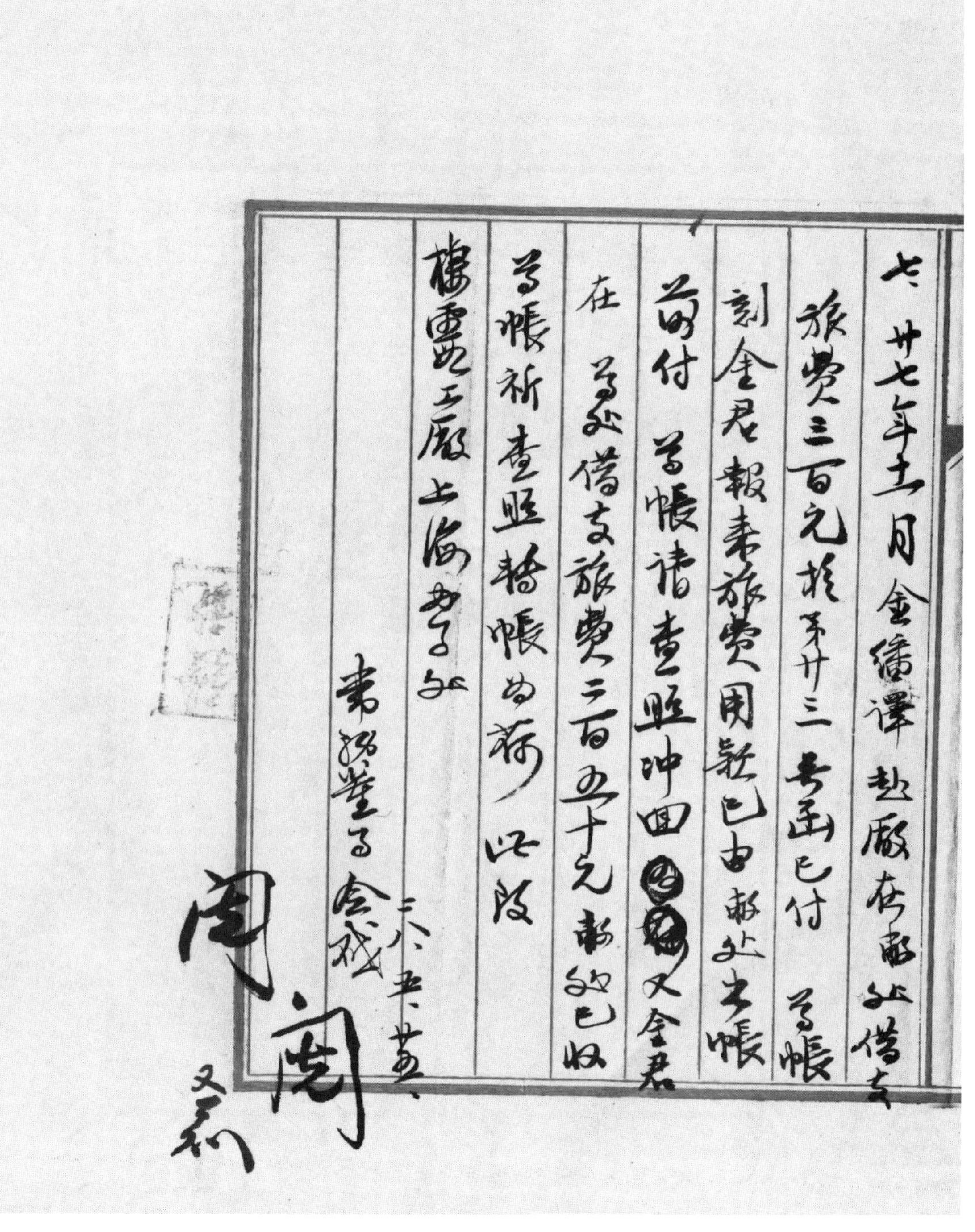
七　廿七年十一月金緒譚赴廠存敝處借支
旅費三百元於第廿三號函已付　貴帳
劃金君報來旅費開銷已由敝處出帳
前付　貴帳請查照沖回又金君
在　貴處借支旅費二百五十元敝處已收
貴帳祈　查照轉帳為荷　此致
橡雲先生廠上海事務所
業務董事會　啟
二八、五、廿五
閱
閱
文彬

江南水泥股份有限公司
棲霞工廠上海辦事處

寧江字第四十六號第 一 頁

敬啟者：奉津江第十號

大函敬悉

一、庚經理孫副理於上月廿五日赴廠，三十日回滬。鄉間盜

匪元作刦掠鄉架，無所顧忌。上月十三日工房被刦，自

衛團獲匪多名，訊無確供，分解龍潭、湯山兩邑，多半

開釋。傳聞本案棲霞街自衛團頗有嫌疑，將該團

與石埠自衛團互相傾軋，地方治安毫無保障，吾廠

為思防（悉預）計，經庚經理等與昆君商決

中華民國廿八年六月 七日收到

上海辦事處 上海江西路四〇六號三樓三三一號 電話一七九七八 電報掛號三五〇〇(灰)
棲霞山工廠 京滬綫棲霞山車站東攝山鎮

年 月 日

江南水泥股份有限公司
棲霞工廠上海辦事處

寧江字第四十六號第二頁

1. 西面山上竹籬內敷設有刺鉛絲網

2. 南北兩門及職員住宅附近建築守望台各一座

3. 添用俄警二名華警四名 滬處華警其工資較廠中原有者大去未簽妥務請前往先
添用俄警二名

4. 昆君遷居化學房遇警時與牛君同避至水泥倉庫 現滬寧間西人通行証請領極難昆牛兩君之安全益不能不深切注意

鄉間久旱山田多未能蒔秧米價貴至每石十六七元窮家邊村距廠僅數里之遙共有耕牛七隻上月廿七日竟

年 月 日

江南水泥股份有限公司
棲霞工廠上海辦事處

寧江字第四十六號第三頁

於白晝被劫五象農民痛苦可見一斑

二、前次鎮地來人之誤會想已請釋當地人近尚安閒孫副理曾與陳書詳談聯甲對鄉愚相機開導樊陳往京樊赴滬來回

三、金錫吾君來函據謂渠在津支取之薪膳壹百拾元請自六月份起改在滬領訖為函陳祈 查照

四、關於選租掛綫機件棧房接洽數處以英租界澳門路地點相宜無需頂費月租俟搬運竣事將機件估

上海辦事處 上海江西路四〇六號二樓二二一號 電話一七九七八 電報掛號三五〇〇(灰)
棲霞山工廠 京滬綫棲霞山車站東攝山渡

年 月 日

江南水泥股份有限公司
棲霞工廠上海辦事處

寧江字第四十六號第四頁

地面積計稱約自二百五十元至二百八十元捐稅在內但
需自六月一日起租業已換函約定原租海防路棧房
七月廿四日滿期約需損失一個月房金連日與轉運公
司接洽卡車定五日開始搬運 趙副理已商請洋行
屆時派員同往点收
五、敝處結存現金除中南定期一萬及上海中南往來兩
千餘元因奉諭京行移渝往來款近據該行代歸未經支用外所
存無多可否動用鐵皮款祈 呈 核示遵 敝處會計

上海辦事處 上海江西路四〇六號三樓三二一號 電話一七九七八 電報掛號三五〇〇(灰)
棲霞山工廠 京滬綫棲霞山車站東攝山鎮
年 月 日

江南水泥股份有限公司

棲霞工廠上海辦事處

寧江字第四十六號第五頁

月報正趕編中

六、關於常董意上海寧行保險箱被廠方正式函詢該行請其復函證明以備將來查考之根據故昨頃與該行襄理沈雁南君接洽據云此事本擬登報通知各用戶因難於措詞恐稍有不慎易生枝節彼等與諭行函商擬書面通知用戶但以各用戶南京住址多已遷移未果如吾公司函詢該行即查函復等語擬日內備函送交待其函復錄陳祈 查照

上海辦事處 上海江西路四〇六號三樓三二一號 電話一七九七八 電報掛號二三五〇〇（旅）
棲霞山工廠 京滬綫棲霞山車站東攝山渡

年 月 日

江南水泥股份有限公司
棲霞工廠上海辦事處

寧江字第四十六號第六頁

七、承 示言申夫君請撥交孫柏軒君國幣四拾已備款送交照付並帳

八、承 示全濤譯前向 鈞會借支旅費叁百元已付敝處往來，刻全君已將旅費用款扣由 鈞會出帳交全君左敝處借支旅費貳百五十元 鈞會已收敝處往來各節，自當分別沖回轉帳，請 查照為荷。此致

常務董事會

棲霞工廠上海辦事處 謹啟

廿八年六月一日

上海辦事處 上海江西路四〇六號三樓三二一號 電話一七九七八 電報掛號二五〇〇(灰)
棲霞山工廠 京滬綫棲霞山車站東攝山濱

中華民國廿八年六月七日收到

津江字第十一号

敬啓者 兹將函請達

台覽

一、本公司定於六月三十日下午四時假天津海大道（津德界）一二五号之樓開股東臨時会，已備通函分達各股東，茲將該函附上一份，備存查。

二、本公司钦之先生交来國幣壹千元，託將交昆君代收轉交翟少垣王提

捷

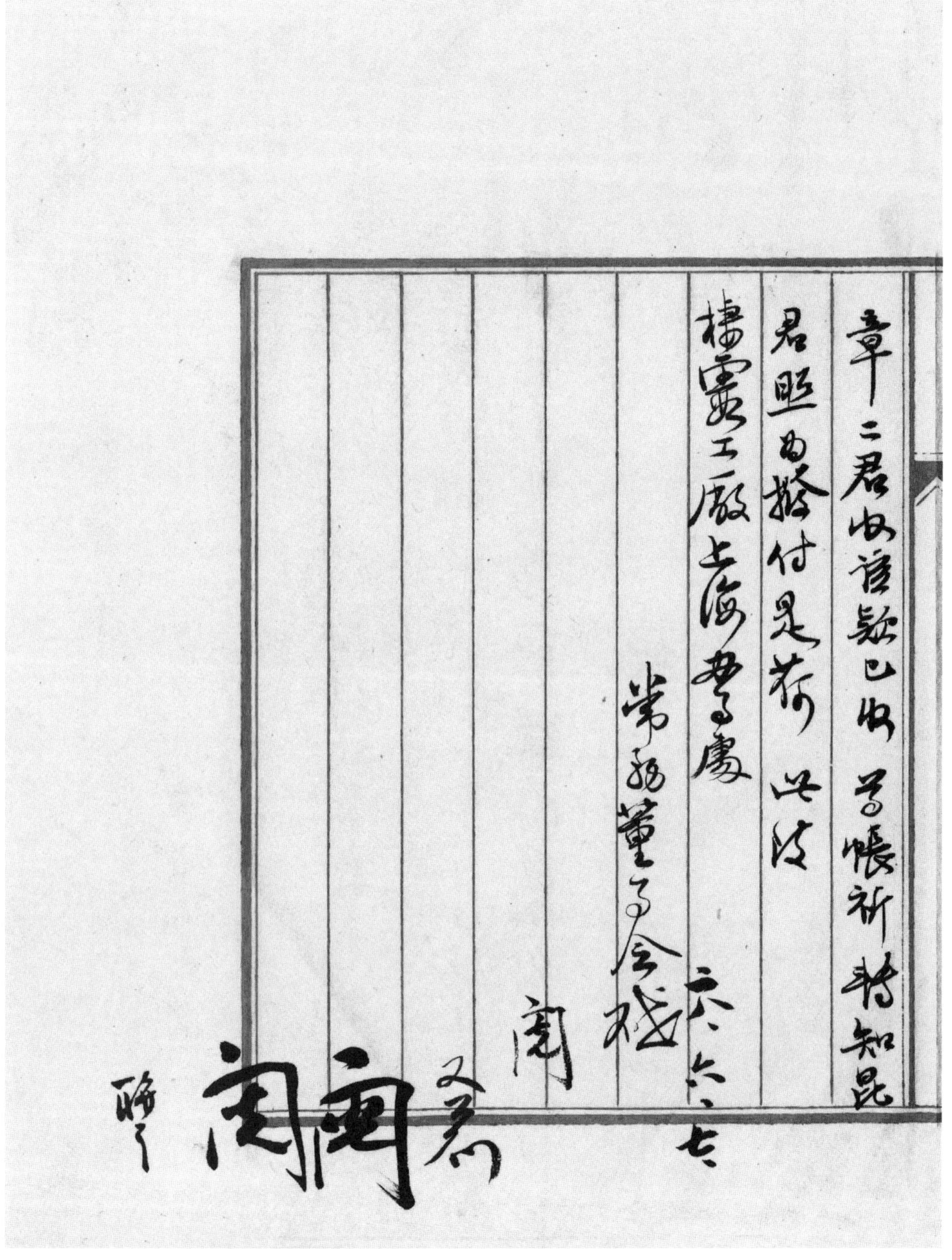
章二君收據已收　另帳祈　轉知昆
君照為勝付是荷　此致
棲霞工廠上海辦事處
常務董事會啟　卅六、六、七

請函知上海江南辦事處

李勉之先生交來國幣壹千元託撥

交昆君代收轉交璟（請查前函）〇〇王〇〇二君收領

已收　爲此祈轉知廠方照付是荷

瞿少垣　王攬

[illegible]

津江字第十三号

敬啓者接第十六号

大函敬悉

一、承示顏經理与昆君商决仿匯四辦法悉已呈 閱

二、金君请自六月份起在滬領薪膳費可按支等已呈 閱请照支可也

三、承示選租拆卸機件機房定五日開始搬運及趙副理办理点收等已查照

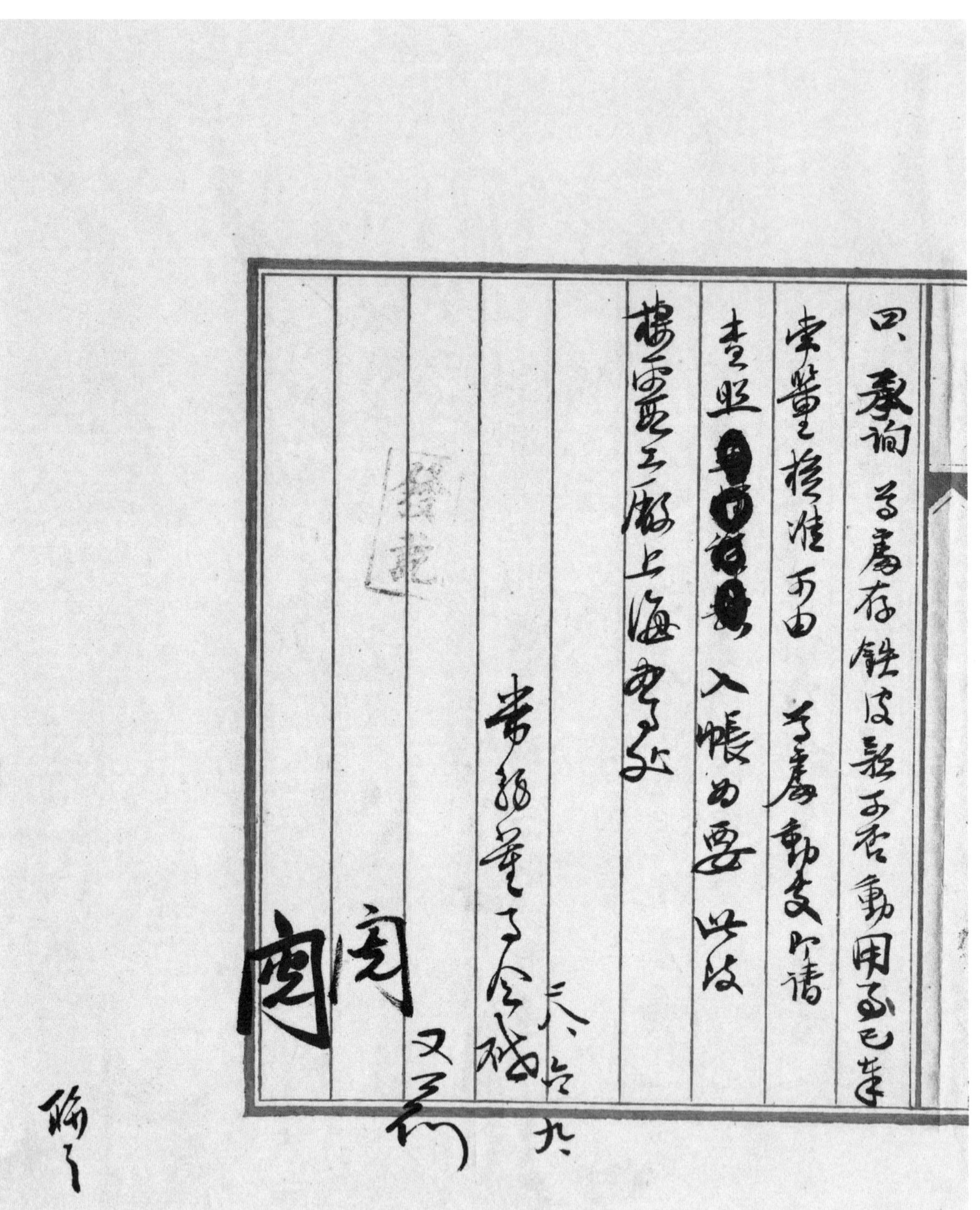

四、承詢　弓屬存鐵皮能否動用一節，已奉
憲臺核准可由　弓屬動支，只請
查照[illegible]入帳為要　此致
[illegible]工廠上海辦事處
弟[illegible]華[illegible]啓　三八、六、九

閱
閱
又[illegible]

江南水泥股份有限公司
棲霞工廠上海辦事處

寧江字第四十七號　第一頁

敬啟者：奉津江字第十一、十二號

大函敬悉。

一、承示本公司定於六月三十日下午四时在

鈞會開临时股东会，附分送各股东函一份，已查照。

二、承示李勉之先生交

鈞会國幣壹千元託携交

翟王兩君，已備款并履函請昆君携付照付，并帳。

三、掛綫機件及黑鐵皮於五日起開始搬運，庚經理等在

舊棧房照料裝車，紀錄件數，趙副理會同禮和派

上海辦事處　上海江西路四〇六號三樓三二一號　電話一七九七八　電報掛號三五〇〇(灰)
棲霞山工廠　京滬綫棲霞山車站東攝山鎮

年　月　日

江南水泥股份有限公司

棲霞工廠上海辦事處

寧字第四十七號第二頁

員在新棧房照德文發貨單點收並擇要開箱檢視
大致無恙短少數件機在津交涉詳情由趙副
理到津面呈
常董膠州路汽車間所存大件亦運一部份至新棧房
自七月份起僅租一間每月可省租金十七元機件刻已
運畢堆放節省租金減少佔地面積計對於堆置未
必規劃正進行中預計運輸堆棧及其他雜費約共國
幣壹千元左右

上海辦事處　上海江西路四〇六號三樓三二一號　電話一七九七七八　電報掛號二三五〇〇（旅）
棲霞山工廠　京滬綫棲霞山車站東攝山渡

年　月　日

江南水泥股份有限公司
棲霞工廠上海辦事處

寧江字第四十七號第三頁

澳门路栈房已订租约每月租金贰百伍拾元定期半年到满续租倘地租上涨房金亦需酌加但至多以四百元为限海防路栈房租期七月届满七月份应付之租金经庚经理向房主姚商已可免付

四、关于上海宁行保险库被启之说兹查已正式函询经该行函复据称吾厂租用之箱在被启之列除将原函妥存备查外兹录往后函底寄请 呈 阅

五、京沪路局来函催收左列各款兹将原函抄件附奉

上海辦事處 上海江西路四〇六號三樓三二一號 電話一七九七八 電報掛號三五〇〇（灰）
棲霞山工廠 京滬綫棲霞山車站東攝山渡 年 月 日

江南水泥股份有限公司
棲霞工廠上海辦事處

寧江字第四十七號第 四 頁

未付之公道建築費國幣陸千四百柒拾四元
養路費國幣貳千柒百壹拾柒元四角柒分
公道地租國幣壹百四拾玖元陸角
可否由
鈞公參照下列大意函復祈 鑒 核奪
公道建築費已預付一半合同載明餘額应俟全
部完工付清廠內一段尚未敷設該段約占全綫四分
之一是以未付之建築費未能即付在公道未築完以

上海辦事處 上海江西路四〇六號三樓三二一號 電話一七九七八 電報掛號三五〇〇（灰）
棲霞山工廠 京滬綫棲霞山車站東攝山渡

年 月 日

江南水泥股份有限公司
棲霞工廠上海辦事處

寧江字第四十七號第五頁

前所有修理等費應由局方負担，待全部竣工正式交由廠方接收後，養路費用始可由廠方支付。以上意見是否與契約抵觸，祈查閱原合同。地租計國幣壹百四拾玖元陸角，擬勉從台命，如數墊付。然何之處，即希示復再議。礦局享電廠積欠本公司之款，佑收至再未還分文，足見非常時期各方面金融均感枯窘，併希台洽。此致

常務董事會

棲霞工廠上海辦事處 謹呈

廿六年六月十七日

上海辦事處 上海江西路四〇六號三樓三二一號 電話一七九七八 電報掛號二三五〇〇（灰）
棲霞山工廠 京滬綫棲霞山車站東攝山渡

（寧滬費已付

三八、六、二）

津江字第十三号

敬啓者　接第四十七号

来函敬悉

一、承示税則運存機件經濟者費[illegible]

已　照閱

二、承寄上海寧行　捷函　由該行保險

庫被敢了已照　閱　原函請

参照為荷

[illegible]甚妥[illegible]

三、前[illegible]後函[illegible]

津江字第十四号

逕啓者 前肅函諒達

大覽

一、六月廿日本公司股东臨時会開会修改章程並選舉董事監察人 茲寄去議事錄一份請 查存

二、本月三日 董監事會同時就職希查照

三、附寄開送 晉都電廠帳單一紙請 查處備函送達 統希 洽催為要 此致

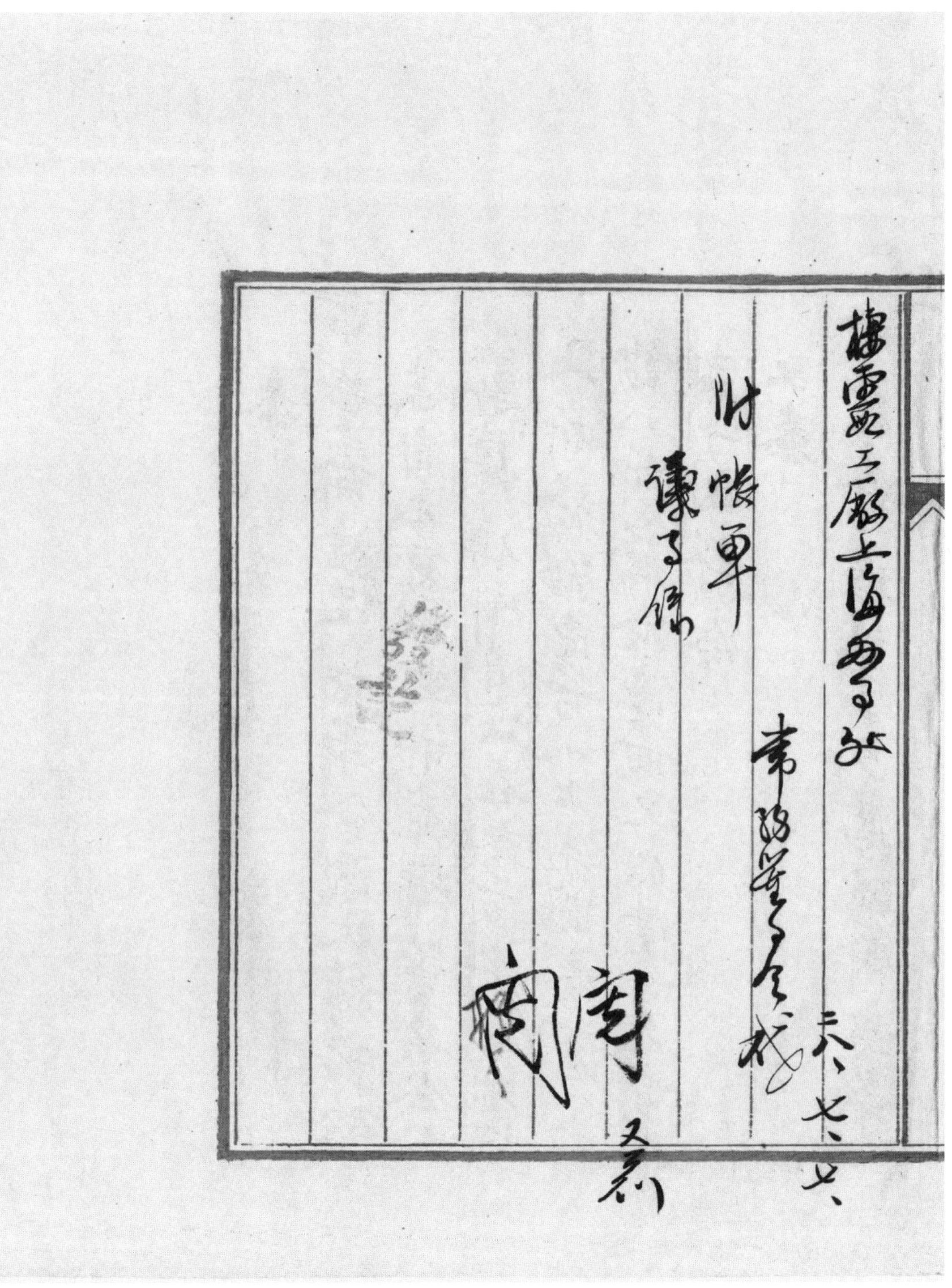

奉

常董諭 兹經 董事會議決撙節開

支自本月份起 所有常董及全人

以薪津併計月支在叁百元以上者按

七折發給壹百元以上未滿叁百元者

按八折發給壹百元及壹百元以下

者十成發給

又奉

常董諭 辦事員 馮敏齋 趙崙

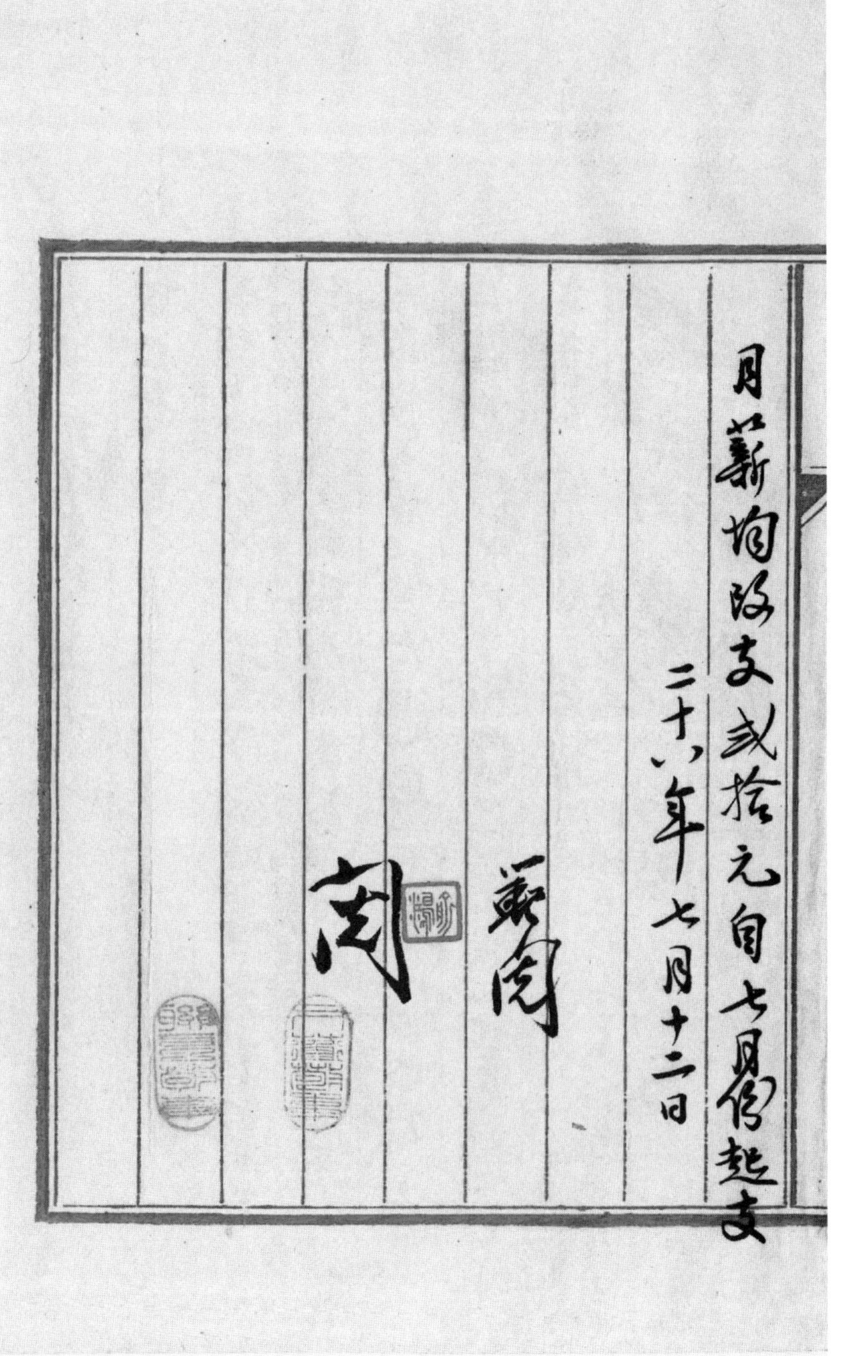

月薪均改支貳拾元自七月份起支

二十六年七月十二日

兼閱

閱

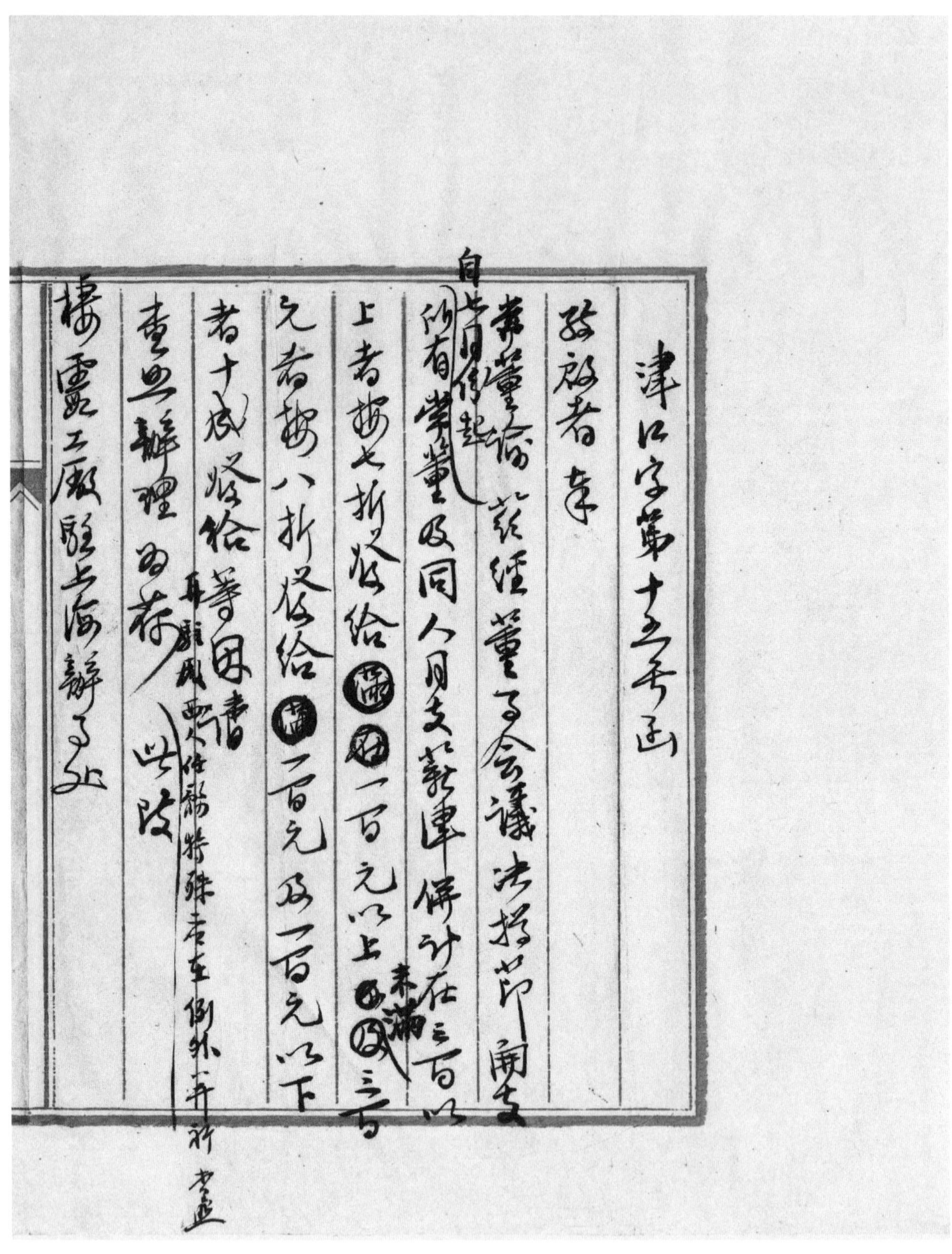

津江字第十三號函

敬啟者　案

奉董諭　茲經董事會議決撙節開支　自七月份起

所有常董及同人月支薪津併計在三百元以

上者按七折發給一百元以上未滿三百

元者按八折發給二百元及一百元以下

者十成發給等因　其職員個人經濟特殊者在例外一并許可

查照辦理為荷　此致

棲霞工廠駐上海辦事處

閱

江南水泥股份有限公司
棲霞工廠上海辦事處

寧江字第四十八號第一頁

敬啟者奉津江字第十三號
大函附鈞道合同抄本敬悉
一、京滬路局借付之款事已照前函所擬大意函復照付地租
壹百肆拾玖元陸角取具收據備查
二、敝廠新唐廠向吾廠借用之試驗水泥壓力及拉力機業
已由棲運唐棧租及運費共國幣弍百捌拾玖元壹
角已由此間代付請查照轉帳該款應否請敝新付
還併祈轉呈核奪

上海辦事處 上海江西路四〇六號三樓三二一號 電話一七九七八 電報掛號二五〇〇（灰）
棲霞山工廠 京滬綫棲霞山車站東攝山鎮

年　月　日

江南水泥股份有限公司
棲霞工廠上海辦事處

寧江字第四十八號第二頁

三、上月廿二日各銀行忽限制提現，每户存款五百元以上者每星期祇能支取五百元，故實為使每月提取之現款足以敷用起見，將前存中南、浙興兩行定活兩便合壹萬元均改為往來，祈 查照。

四、本廠從未出貨，此間商會將本廠各項出品列入戰區工廠調查表內，故業已去函述由。 庚經理前往商談，更正該會總務主任具託將函件底稿以呈，釋再非該會會員委辦事件須繳納辦公費叁拾元等語，應備記

上海辦事處　上海江西路四〇六號三樓三二一號　電話一七九七八　電報掛號二二五〇〇（灰）
棲霞山工廠　京滬綫棲霞山車站東攝山渡

年　月　日

江南水泥股份有限公司
棲霞工廠上海辦事處

寧江字第四十八號第二頁

件已由 康經理分别商索後取齊連同辦公費送

交請 查照照收

常務董事會

棲霞工廠上
[印]
謹啟

上海辦事處 上海江西路四〇六號三樓三二一號 電話一七九七八 電報掛號三五〇〇（灰）
棲霞山工廠 京滬綫棲霞山車站東攝山渡

廿八年七月十三日

江南水泥股份有限公司

棲霞工廠上海辦事處

寧江字第四十九號第一頁

敬啟者連奉津江第十四十五號

大函暨附件敬悉

一、承示股東臨時會開會修改章程並選舉董監察人已查照議事錄業已妥存

二、承示本月三日董監事會同時就職已查照

三、承寄京電廠帳單已備函由顏經理孫副理函交程章度君請其函港該公司迅予撥付

四、承商奉

上海辦事處　上海江西路四〇六號三樓三三二號　電話一七九七八　電報掛號二五〇〇（灰）
棲霞山工廠　京滬綫棲霞山車站東攝山濱

年　月　日

中華民國廿八年八月拾八日收到

江南水泥股份有限公司
棲霞工廠上海辦事處

寧江字第四十九號第二頁

常董諭經董事會議決將節關支自七月份起所有
常董及同人月支薪津併計在三百元以上者按七
折發給一百元以上未滿三百元者按八折發給一百元
及一百元以下者十成發給其因文孔劉兩君應在例
外各節已遵照辦理
五、關於六月廿二日銀行限制提現敝處將中南浙興兩
行定活兩便改為往來一節前經函陳又鑒於金融
市面時有波動該月之底支取現鈔肆千元存入敝處

上海辦事處　上海江西路四〇六號三樓三二一號　電話一七九七八　電報掛號三五〇〇（灰）
棲霞山工廠　京滬綫棲霞山車站東攝山渡

年　月　日

江南水泥股份有限公司

棲霞工廠上海辦事處

寧江字第四十九號第 三 頁

租用之浙興保管庫內機暫不動用祈 查照此致

常務董事會

棲霞工廠上海辦事處謹啓

上海辦事處 上海江西路四〇六號三樓三二一號 電話一七九七八 電報掛號三五〇〇（灰）

棲霞山工廠 京滬綫棲霞山車站東攝山鎮

十九年七月二十日

津江字第十六號

敬啓者接第四十六、四九号

大函均悉

一、關於京滬路局續付欠款乙節承示已照

函後每付地租一百四十九元六角取具收

據備查一節已查照

二、承示啓新唐廠借用之試驗水泥壓力及

拉力機一座運費及機器共國幣二百四

十九元一角已代付了該款業由啓新撥

還收帳簿壹紙

三、承示京電廠帳單已備函面交程韋度君請其函港該公司撥付，函已呈閱

四、承示各處將中南、浙興兩行定活兩便股息往來又於月底支取現鈔的數存入浙興保管庫各節，均呈閱

五、各處寄來上年十二月份暨本年三、四、五月份合計報冊四冊，已呈閱收核

六 簽註用箋 之

前史密芝函索配件欠款七百五十七鎊十一先令九便士一節，因與公司賬簿不符，於六月十日去函詢問，嗣又接該公司七月十九日復函說明歷次付款情形，再查本公司之賬簿，除廿六年二月九日由麥加利銀行撥付之十鎊十四先令五便士無記載外，其餘各項尚相符合。按此項款已收而我未付之十鎊餘，恐係我方漏賬或由上海墊付，請就近查明賜覆是荷（附史密芝原函底）

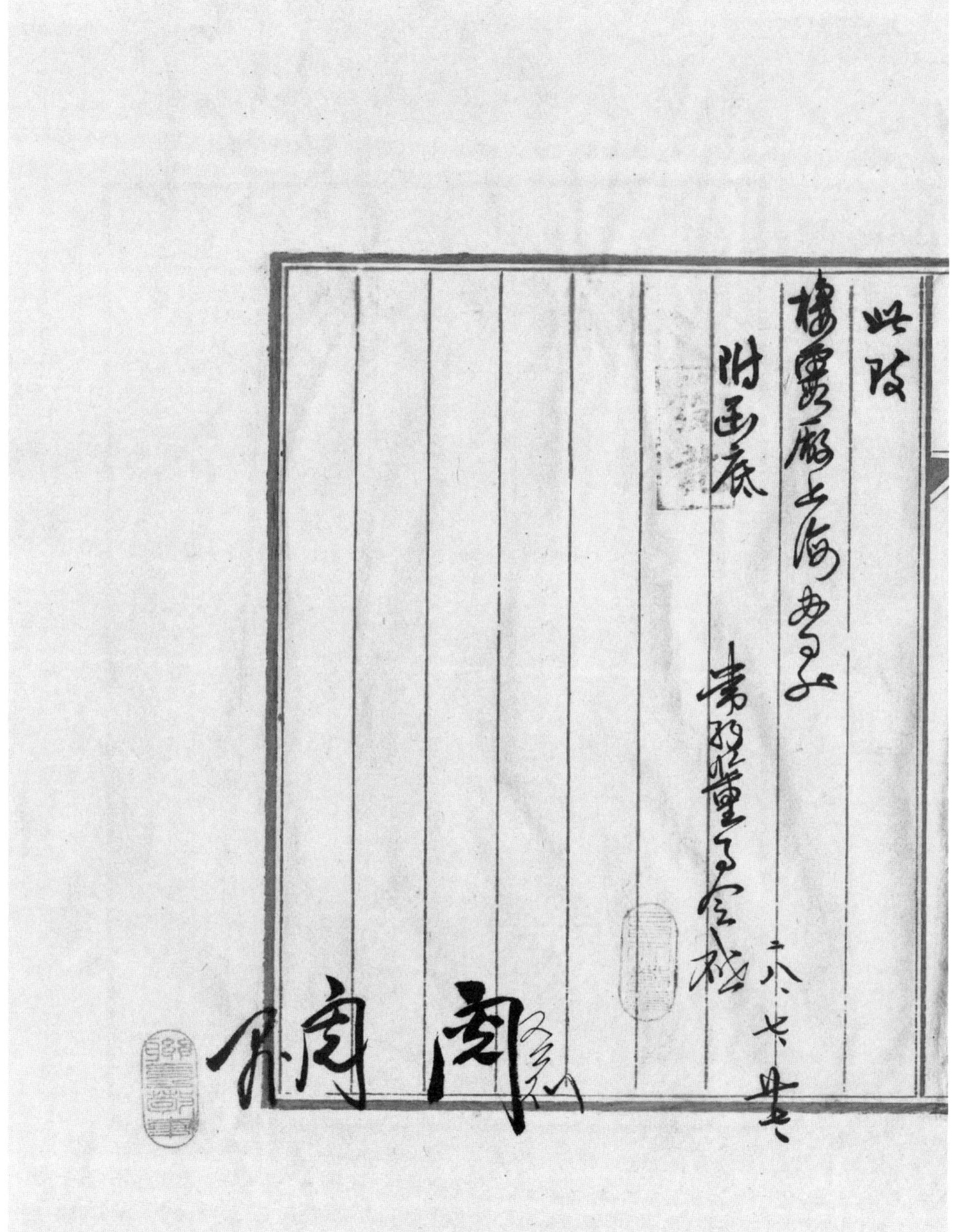

此致

棲霞廠上海辦事處

附函底

常務董事會啟

卅六 七 廿七

江南水泥股份有限公司
棲霞工廠上海辦事處

辛江字第五十號第一頁

敬啓者本年津江第十六號
大函敬悉
一、澳門路掛綫機件棧房與洋釘廠及五金號堆棧同在
一屋內而用木板隔離西鄰係福興捲烟廠為妥慎
計似應保火險該機件原價及運費約九千鎊當時
約合華幣十五萬元火險保險費每千元二元五角至三
元每年保險費約四百五十元左右應否保火險祈
核示遵
呈

上海辦事處 上海江西路四〇六號三樓三二一號 電話一七九七八 電報掛號三五〇〇(灰)
棲霞山工廠 京滬綫棲霞山車站東攝山渡

年 月 日

江南水泥股份有限公司
棲霞工廠上海辦事處

寧江字第五十號第二頁

二、國家銀行常限制提現故為免受限制使一部份經費取用便利計在浙興中南兩行共提出五千元由廠經理送存花旗銀行本擬用公司名義印鑑並蓋圖章但該行章程活期存款祇能用簽字印鑑不用公司名義而印鑑由廠經理簽字並由公司證明經其調查屬實後方可存入並據稱如需在北方調查反感困難不得已接受該行建議用廠經理個人名義及簽字印鑑暫時存入應否取出抑仍存該行請 鈞裁

上海辦事處 上海江西路四〇六號三樓三二一號 電話一七九七八 電報掛號二五〇〇(灰)
棲霞山工廠 京滬綫棲霞山車站東攝山渡

年 月 日

江南水泥股份有限公司
棲霞工廠上海辦事處

寧江字第五十號第三頁

核示

三、敝中因鄰近多匪添用俄警二人又原有俄警兩名其中

一人辭職故在滬共物色三人每人月支工資四十五元半

年後月加工資十元一年後再加十元以後不再增加均

訂立契約覓有保人已於二日與昆君一同去廠

四、敝詢廿六年二月九日史公司收到麥加利銀行撥付之十

鎊十四仙令五便士係何處支付一節查該款係敝新滬

處依照棲廠安裝工程處來函支付連同其他配件貨

上海辦事處　上海江西路四〇六號二樓三二一號　電話一七九七八　電報掛號三五〇〇(灰)
棲霞山工廠　京滬鐵棲霞山車站東攝山鎮

年　月　日

江南水泥股份有限公司
棲霞工廠上海辦事處

寧記字第五十號第四頁

價共為十三鎊十便士柔抄附收據希

察洽

五、庚經理與孫副理赴廠通行證刻已由京寄滬於十

五日同去於

查照此致

常務董事會

附收據抄件一紙

棲霞工廠上（印）

謹啓

廿六年八月九日

上海辦事處　上海江西路四〇六號二樓二二一號　電話一七九七八　電報掛號三五〇〇（灰）
棲霞山工廠　京滬綫棲霞山車站東攝山濱

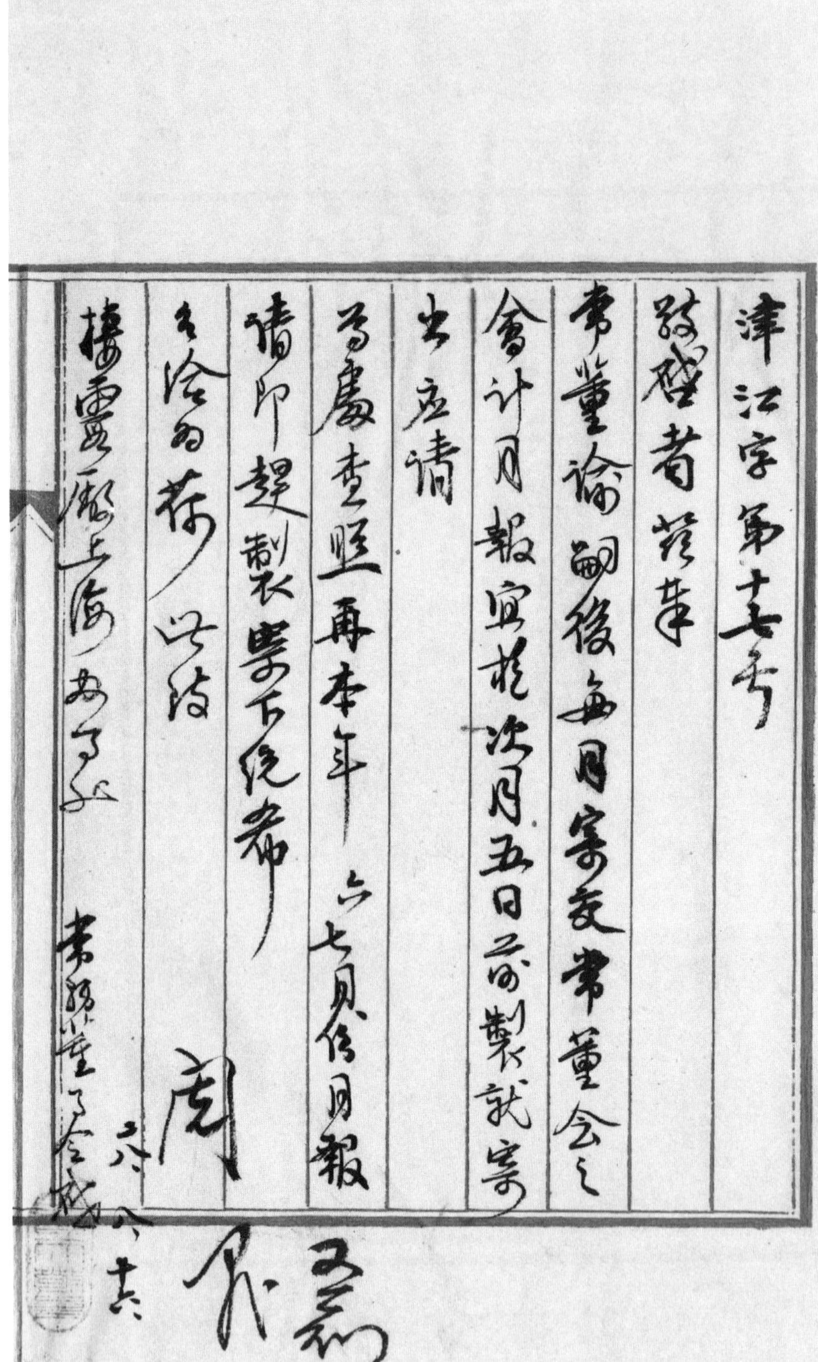
津江字第十七號

敬啟者　茲奉

常董諭　嗣後每月寄交常董會之

會計月報　宜於次月五日前製就寄

出　應請

貴廠查照　再本年六、七月份月報

請即提製　費神趕辦

交給為荷　此致

棲霞山廠　上海辦事處啟

常務董事會戳

周

六、八、十六

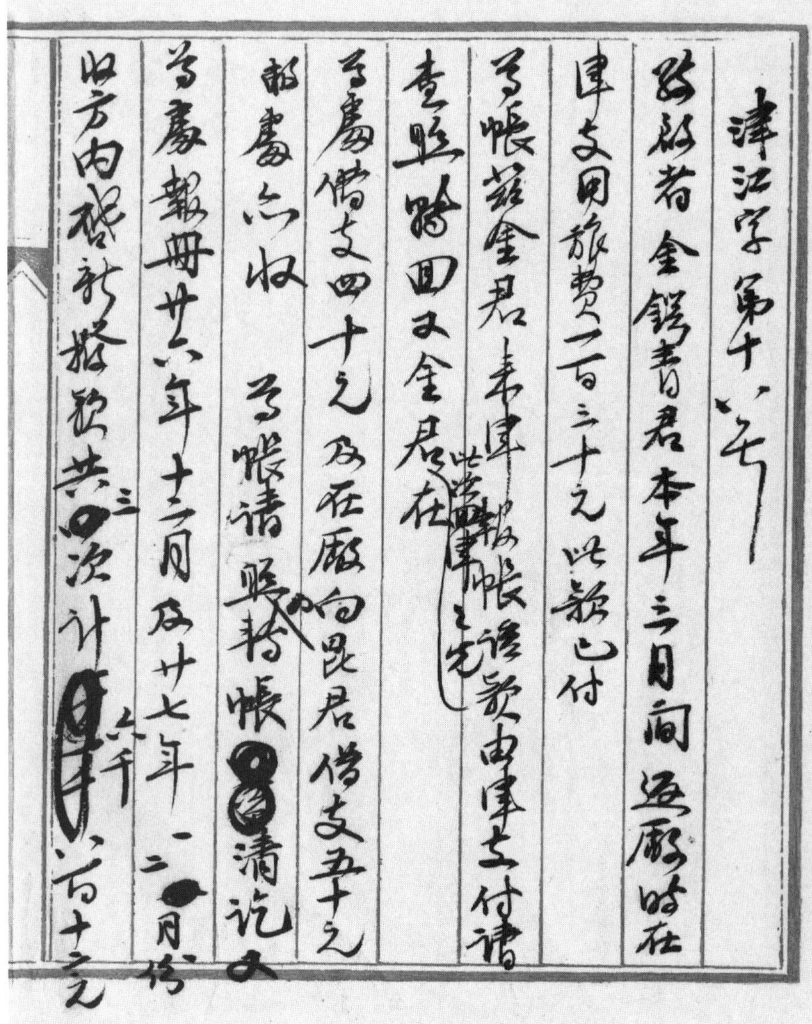

津江字第十八号

敬啟者 金錫青君本年三月間返廠時在

津支用旅費二百三十元 此款已付

另帳 茲金君來津報帳 該款由津支付 請

查照將四五金君在

另處借支四十元及在廠向昆君借支五十元

都處應收 另帳請照加轉帳以清訖又

前處報冊廿六年十二月及廿七年一二月份

由方內撥新撥款共三次 計六千六百十元

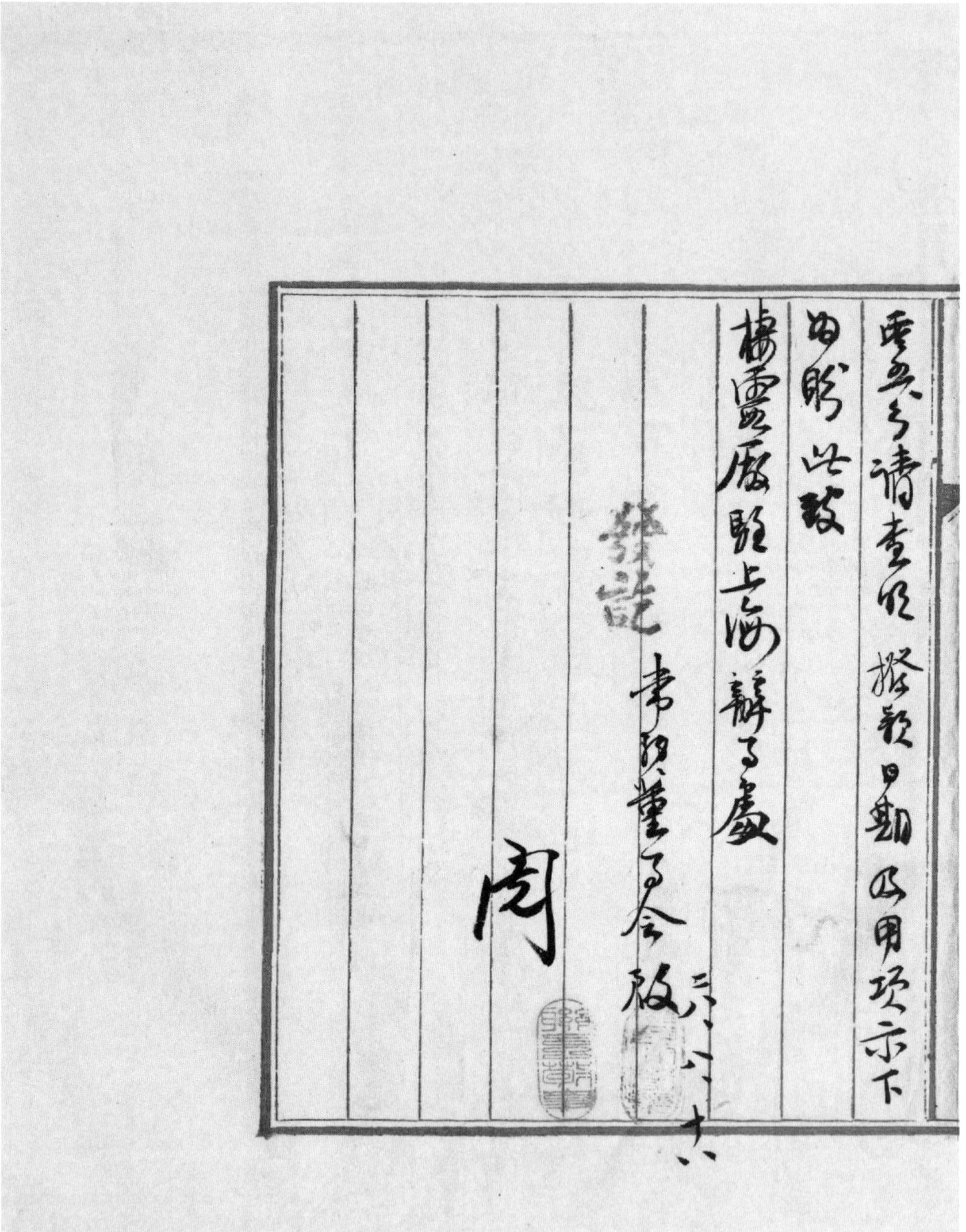

需要之請查照 擬發日期及用項示下
為盼 此致
棲霞廠駐上海辦事處
發訖 事務董事會啟 六、八、十六
周

津江字第十九号

敬啓者　接第五十号
大函敬悉承　示　澳門路掛綫機件
機房宜保火險　每年約費四百五十元
應否保險　可否即予
批保二十萬元　保費照酌量商減等因
又承　示　公司存款由　廠經理存花旗
銀行款五千元　用廠經理個人名義及簽
字印鑑事已呈

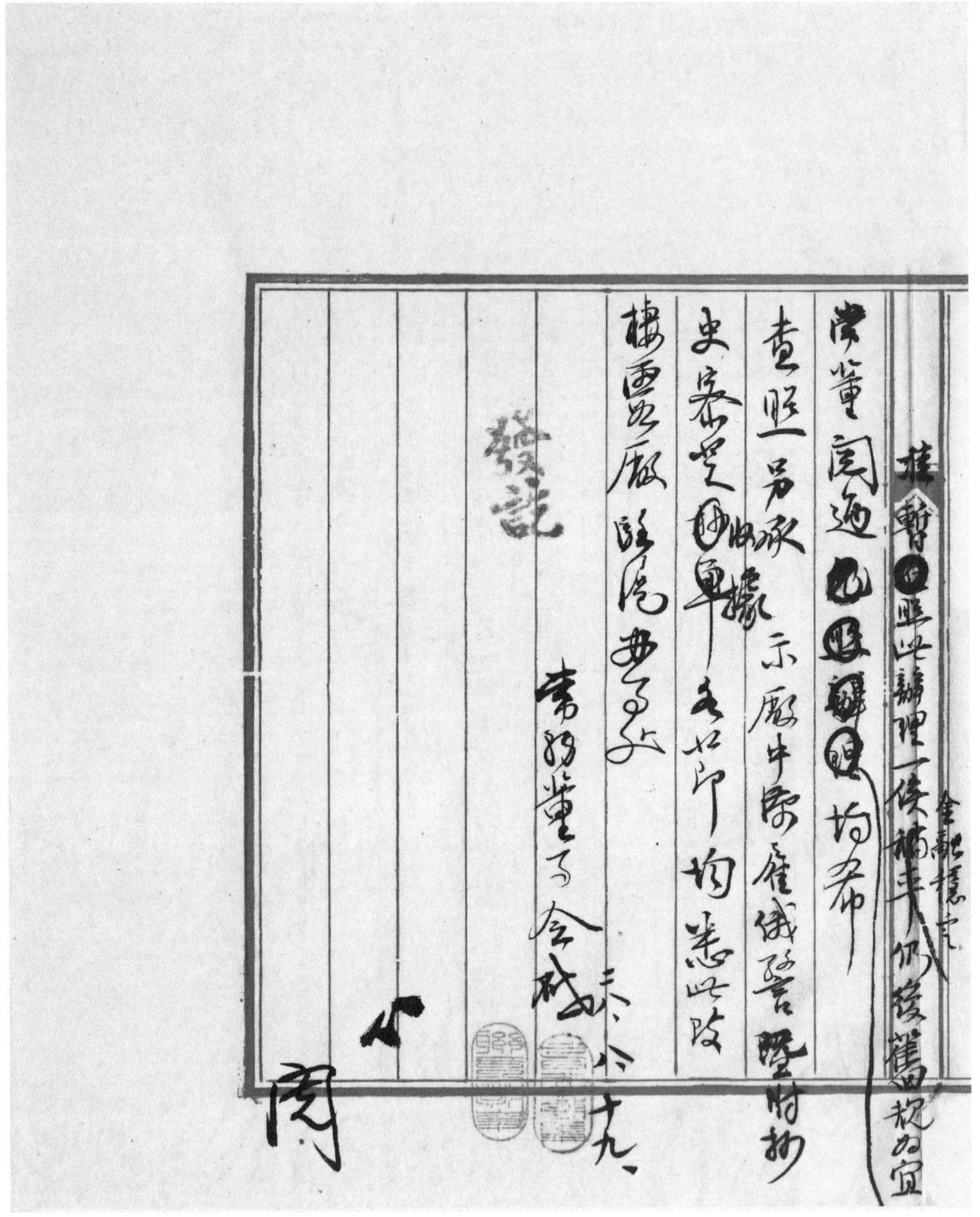

江南水泥股份有限公司
棲霞工廠上海辦事處

寧江字第五十一號第一頁

敬啟者 奉津江第十七號
大函 敬悉
一、庚經理與穎副理十五日赴廠業已返滬 廠中一切如常
入鄉間物價步漲 米價每石以前僅六七元者刻已漲
至廿元左右 工人工資所入不足贍其家室 以麥粉和
米煮粥充飢 昆君有鑒於此 每人酌給米貼以維持其
生活費 與 庚經理等道及 昆君此項臨時補救辦
法甚為適當 在工人雖所得微薄 但當此米珠薪桂

中華民國廿八年九月拾壹日收

年 月 日

上海辦事處 上海江西路四〇六號三樓三二一號 電話一七九七八 電報掛號三五〇〇（灰）
棲霞山工廠 京滬綫棲霞山車站東攝山渡

江南水泥股份有限公司
棲霞工廠上海辦事處

寧江字第五十一號第二頁

之時獲此補助異常感奮洵可謂雪中之施甘於霖雨各工友為公司服務益見忠誠庚經理等均表同情

之2.窑房西面山坡當暴雨後略有鬆土下塌但与墻脚有相當距離不致危及建築物現雇工挖除限一週內挖竣此項泥土用斗車運往廠外工房南面空地該處將來建築工人宿舍即可無庸填土

電綫廠內電綫均已取出置於高五六尺之木架上

上海辦事處　上海江西路四〇六號三樓三二一號　電話一七九七八　電報掛號三五〇〇（灰）
棲霞山工廠　京滬綫棲霞山車站東攝山鎮
年　月　日

江南水泥股份有限公司
棲霞工廠上海辦事處

寧江字第五十一號第三頁

嗣後無虞受潮大窯近已修通全部無恙昆君意以此類事近於瑣屑故未向津滬書面報告

3. 南北兩门更樓各一處均已築成於防匪頗有功效自晚八時起至四時止派警与工人輪值駐守並分班巡查

4. 牛君痔疾前往鼓樓医院割治刻已回廠漸見痊可

5. 農場廿七年田租因歲歉僅收八十餘元是年田賦本擬祇完一部份但區長兼征收主任戴國椿一再催索堅

上海辦事處 上海江西路四〇六號三樓三二一號 電話一七九七八 電報掛號三五〇〇(灰)
棲霞山工廠 京滬綫棲霞山車站東攝山鎮

年　月　日

江南水泥股份有限公司

棲霞工廠上海辦事處

寧江字第五十一號第 四 頁

謂一般業主已大致交齊江南廠何得獨異且與沈濟
華君發生爭執 路副理赴京與陳仲文君向其解
釋商得戴君同意未交部份俟新穀登場繳清除
去歉收減税共約（君交）三百餘元之
6. 三月四日事務枝信太郎等十六日上午十時赴廠參觀昆君赴
京 康經理在廠外工房南面測量土方（即窯房西區出之土）未與
接談由牛君招待巡視全廠一周行至存石並詢石
並聞已出售何以尚存廠內牛君告以並未出售旋結

上海辦事處 上海江西路四〇六號三樓三二一號 電話一七九七八 電報掛號三五〇〇（灰）
棲霞山工廠 京滬綫棲霞山車站東攝山鎮

年 月 日

江南水泥股份有限公司
棲霞工廠上海辦事處

寧江字第五十一號第 五 頁

牛君住宅午餐午後四時離廠賓主均甚歡洽

7.鄉長李福興白晝在攝山渡被架已以四百元贖出保衛團長郭仁奎投河脫逃足部受槍傷住鼓樓醫院療治

二、承 示奉 諭嗣後每月業務費基金之會計月報宜於次月五日前製就寄出昔因查核業務月報需俟工廠月報及昆君收支帳到滬彙編工廠月報需交昆君帶京附郵昆君赴京常

上海辦事處 上海江西路四〇六號三樓三二一號 電話一七九七八 電報掛號二五〇〇(灰)
棲霞山工廠 京滬綫棲霞山車站東攝山渡

年 月 日

江南水泥股份有限公司
棲霞工廠上海辦事處

寧江字第五十一號第六頁

受邇行記日期限制在規定日期外非有特殊理由不
能自由進城是以京滬相距伊遂寄遞貨物甚長
昆君收支帳以往每月均在次月十日前後寄滬預計校
夏月報需次月十五日左右製就寄奉矣 諒之為荷
六月份月報日內即可寄出七月份亦即將編寄併希
台洽為致
常務董事會
棲霞工廠上海辦事處謹啓

附工廠參觀人名單一紙

上海辦事處 上海江西路四〇六號三樓三二一號 電話一七九七八 電報掛號三五〇〇(灰)
棲霞山工廠 京滬綫棲霞山車站東攝山渡

卅六年八月廿三日

江南水泥股份有限公司
棲霞工廠上海辦事處

寧江字第五十二號　第一頁

中華民國廿八年九月拾四日收到

中華民國廿八年九月拾四日收到

敝廠廿八年津江字第十八號

大函敬悉。

一、承示應付四企君在津支用旅費一百三十元，又企君在敝處借支四十元，在廠借支五十元，

均會已照收敝處往來，款已分别轉帳，又敝處報冊

廿六年十二月及廿七年一二月份收方內敝新棧款共三次，

計六千八百十二元零五分，詢據敝新滬處稱該款係由

該處代付（津滬），於廿七年七月十九日以滬字第六十一號函請其

上海辦事處　上海江西路四〇六號三樓三二一號　電話一七九七八　電報掛號三五〇〇(灰)
棲霞山工廠　京滬綫棲霞山車站東攝山渡

年　月　日

江南水泥股份有限公司
棲霞工廠上海辦事處

寧江字第五十二號第二頁

總所錢帳開支用途詳另單開呈寄上請

查照

二、謹錄華揚子電氣公司詳覆函一件祈 察存

三、吾廠從未出貨但戰區工廠調查表將本廠各項出品

列入前經函陳政府已取具證件函請更正矣請

查照

四、孔君廿四日來函稱廠中一切如常此致

常務董事會

棲霞工廠 謹啟

廿八年八月廿日

上海辦事處 上海江西路四〇六號三樓三二一號 電話一七九七八 電報掛號三五〇〇(灰)
棲霞山工廠 京滬綫棲霞山車站東攝山渡

附揚子公司詳覆函抄件一紙 敬祈核發用途單另寄

江南水泥股份有限公司

棲霞工廠上海辦事處

寧江字第五十三號第一頁

敬啟者：本年津江第十九號

大函敬悉。

一、貴公司所欠南關帳款其索款函副本三紙已寄請李

科長轉交，言秘書楊南君稱欠款歷八閱月未付，其總

座頗為失望，希望 貴處迅予撥付，並建議可說詞以前

因帳目猶有未符，近始查明，以致延宕，庶無損於吾公司

之信用，託為轉達，故鄙意此項帳款似以即付為宜，祈

台核。函後復函可寄交敝處收轉。

上海辦事處 上海江西路四〇六號三樓三二一號 電話一七九七八 電報掛號三五〇〇(灰)
棲霞山工廠 京滬綫棲霞山車站東攝山渡

年 月 日

江南水泥股份有限公司

棲霞工廠上海辦事處

寧江字第五十三號第 二 頁

二、昆君來函稱謂南僑已與友邦人士接洽出售每車位售價廿九元應除手續費一成裝費由售方負担如英鎊每鎊漲達八十元以上貨價另議就彼等觀察敝中環境與此間不同所定價格尚差強人意已將滬上行情函告並貢獻意見與經售人不必簽訂合同祈 查照

三、掛綫機件保火險事承 示奉批保二十萬元保費酌量商減其因已與友邦保險公司接洽經該公司派員往查填播後詳澳門路棧房與訂

上海辦事處　上海江西路四〇六號三樓三三一號　電話一七九七八　電報掛號二三五〇〇（灰）
棲霞山工廠　京滬綫棲霞山車站東攝山鎮

年　月　日

江南水泥股份有限公司
棲霞工廠上海辦事處

寧江字第五十三號第三頁

廠從隔薄板一層且從(打廠)有工人西面復与捲烟廠為鄰之
照丙級計算保費每千元三十元按一折五實收三元再減
讓五角（即每千元實收四元）為保廿萬元每年保費應為
八百元等語詢之其他保險行均不比友邦價廉是否即
由該公司承保請
核示遵照
常務董事會

棲霞工廠上海辦事處謹呈

卅六年九月七日

上海辦事處　上海江西路四〇六號三樓三二一號　電話一七九七八　電報掛號三五〇〇（灰）
棲霞山工廠　京滬綫棲霞山車站東攝山渡

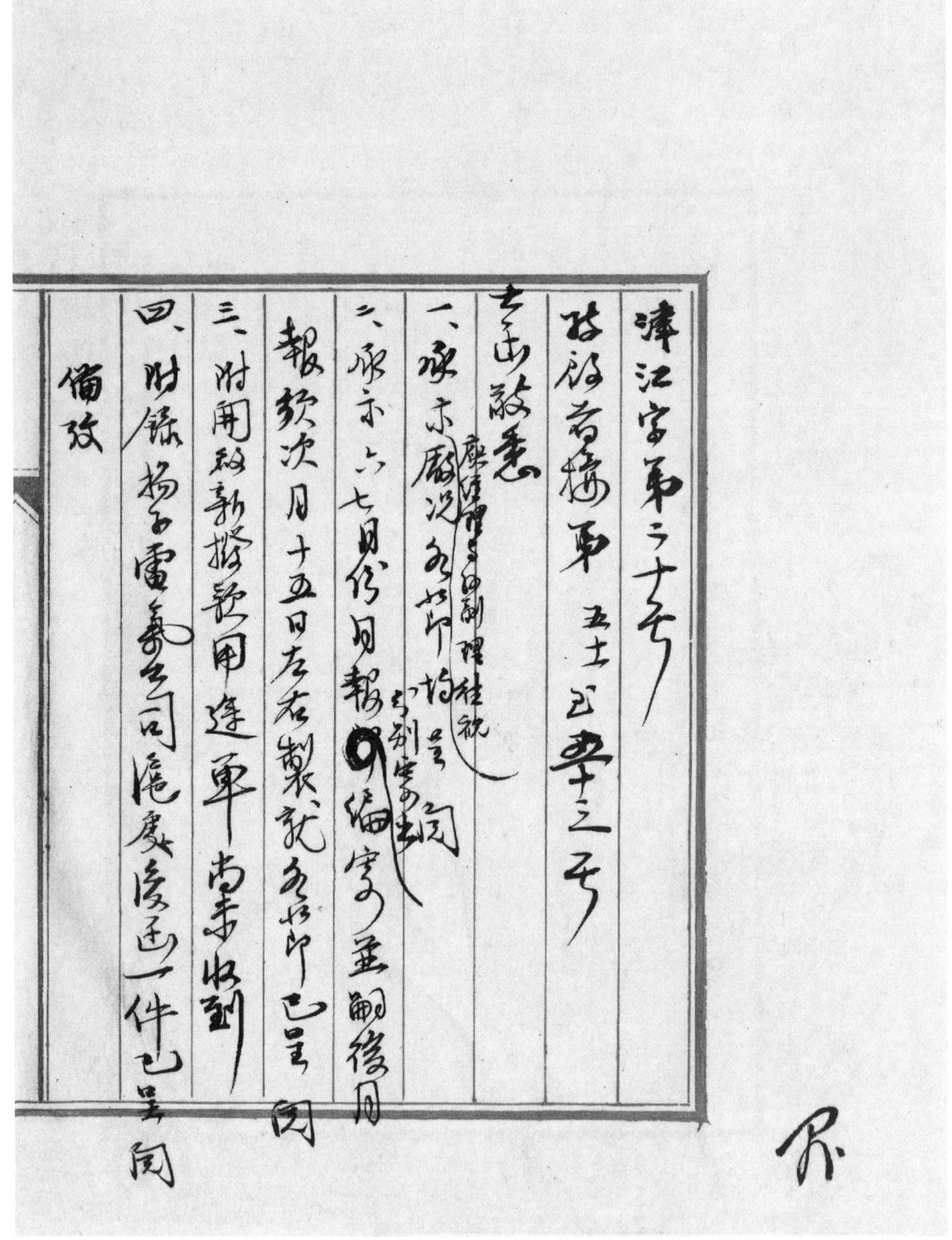
津江字第二十号

路發字第五十五　第十之号

來函敬悉

一、承示廠況（廠經理已由副理往就）各節均悉

二、承示六七月份月報（另附寄南京）希編寄並嗣後月

報於次月十五日左右製表就各節即已呈閱

三、附用段新撥款用途單尚未收到

四、附錄楊子電氣公司滬處逐函一件已呈閱

備考

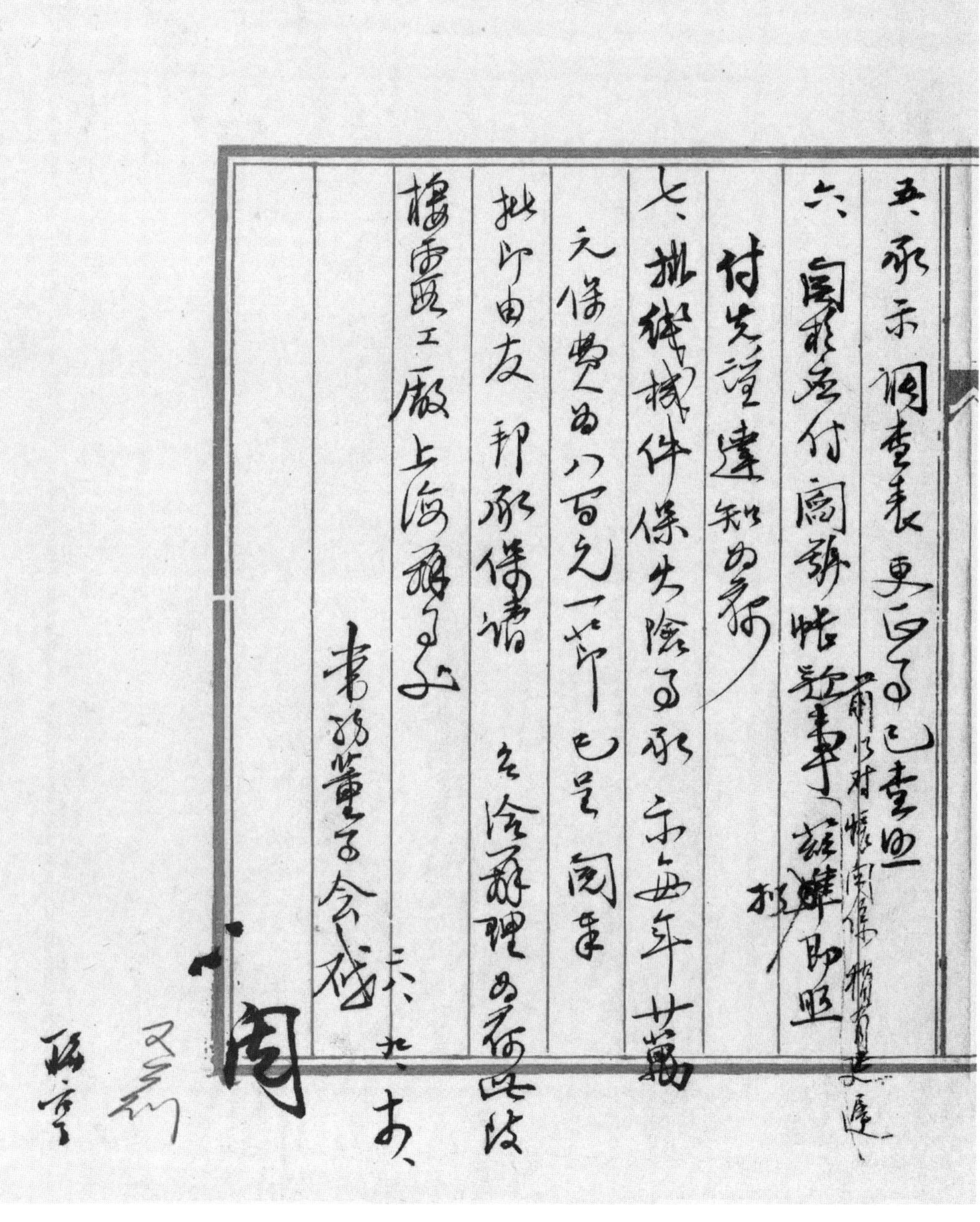

江南水泥股份有限公司
棲霞工廠上海辦事處

寧江字第五十四號第一頁

敬啟者前准函計達
大鑒
一、吾廠曾向怡和機器公司定購起重機及冷帮配件貨價一為美金三百四十五元一為英金五十三鎊此項配件已早運滬存該公司棧房上年即向該處催提經該處婉商請毋暫存俟開工時付款取貨該公司近一再來函並派員洽催據稱此事已拖延年餘上述配件係向廠商訂購貨既運出即需付款該公司需照貨價認付廠商利息

上海辦事處 上海江西路四〇六號三樓三二一號 電話一七九七八 電報掛號三二五〇〇(灰)
棲霞山工廠 京滬綫棲霞山車站東攝山灣

年 月 日

江南水泥股份有限公司

棲霞工廠上海辦事處

寧江字第五十四號第二頁

最好吾方此時付款提貨貨價且可按九折或八折計算

否則息金一為美金三十五元七角三分一為五鎊八仙令

四便士应請吾方照付等語察其語氣英金利息尚可

商量美金利息大有不允讓步之勢究应如何答復之

處祈檢閱裁奪寄請 掌

核示祇遵

二、吾廠前向單部定購之電机配件已付貨款四分之三者

欠四分之一計八鎊二仙令六便士貨物仍存該部貨棧該

上海辦事處 上海江西路四〇六號三樓三二一號 電話一七九七八 電報掛號三三五〇〇(灰)
棲霞山工廠 京滬綫棲霞山車站東攝山渡

年 月 日

江南水泥股份有限公司
棲霞工廠上海辦事處

寧江字第五十の號第 三 頁

鈞以時局多變近表示第一發生意外吾方已付貨價
不免全部損失在該號並無償提之意但為吾公司着
想應以找清貨價取出貨物為宜經 庚經理向商妥
仲先交涉按該貨價日後付清該號未允是否觀望若
干時再說訖 謹呈
核奪示復為荷此致
常務董事會

棲霞工廠[印]謹啟

（附怡和支票一紙借款單一紙）

廿六年九月十八日

上海辦事處 上海江西路四〇六號三樓三二一號 電話一七九七八 電報掛號二三五〇〇（灰）
棲霞山工廠 京滬總棲霞山車站東攝山渡

啟新洋灰公司唐山工廠用箋

第　頁

申夫仁兄大鑒：奉廿五日
手教並附件均敬收悉。禮和機器公司機件價值美
金三百四十五元、英金五十三鎊，及禪臣洋行電機配件
價值八鎊二仙令六便士，愚見似宜付清，茲擬手續
如左：

（一）請宗濬兄點收機件（開箱按件點收）

（二）江南總店賬本既不在上海，為防止付款重複起見，
只得根據禮和禪臣合同付款，在合同上曾註明付

中華民國　年　月　日

啟新洋灰公司唐山工廠用箋

第　　頁

欵手續

(三)此項機件數箱可存上海膠州路汽車間內毋須保

火險

(四)關於息金美金二十五元餘及英金五鎊餘自可不理

蓋此次點收機件積遲原因為戰事此乃意外有人

力所不能預料者

此次天津事變班未能

貴府受損失否為念　闻同仁均獲安全等為

中華民國　　年　　月　　日

啟新洋灰公司唐山工廠用箋

第　頁

欣慰唐廠工作甚忙近數日每日發兩五六千桶

專此敬請

公安

總協理前請安

趙慶杰敬啟

九月廿七日

附呈江南寄字5號至7號三張，[illegible]機器公司發票四張，共七張

中華民國　年　月　日

津江字第廿一號

敬啟者：接第五十四號

大函暨附件均收悉，茲分復如左：

一、應付怡和機器公司起重機及冷氣設

配件貨價一萬美金三百四十五元，擬

由敝處將現存之美金一百二十元交

啟新總事務所而由啟新滬處照撥

貴處，一俟該項美金撥到，再由

貴處撥還敝處準備美金三百餘元，合足

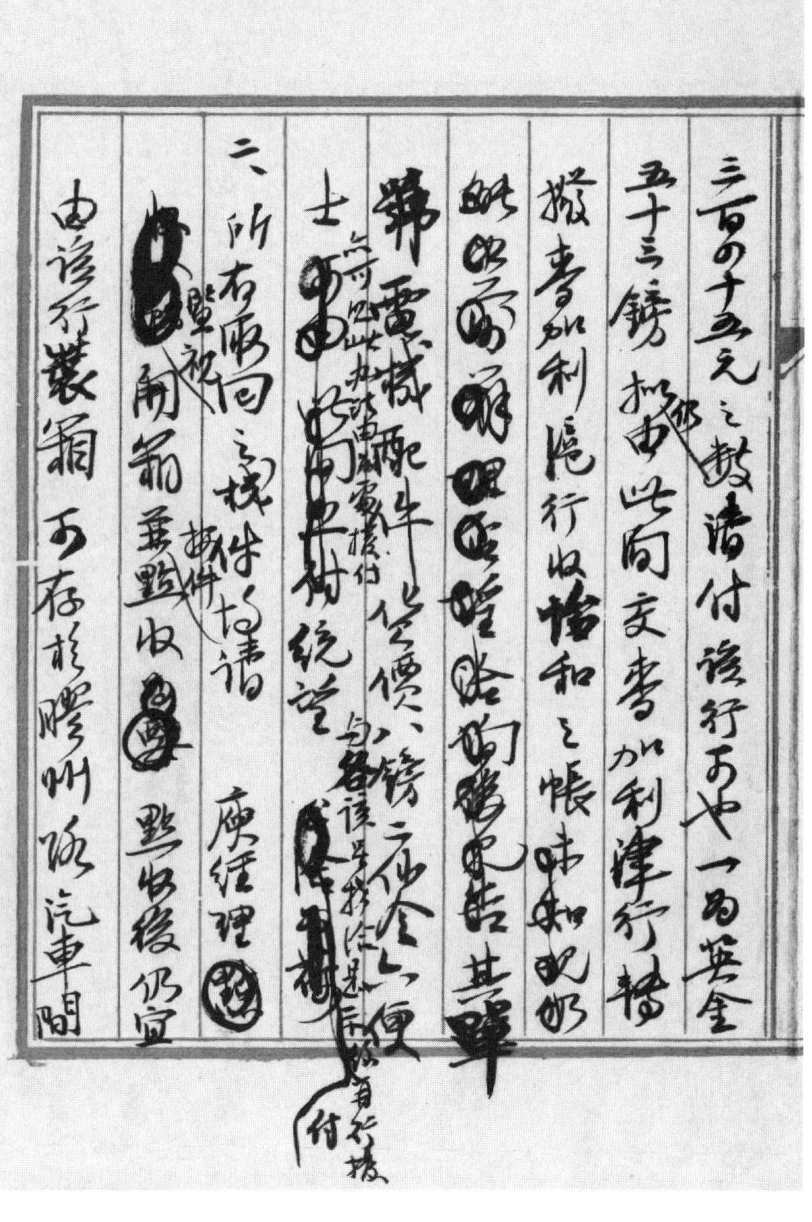

三百〇十五元之數請付該行[illegible]一為英金
五十三鎊，擬由此間交壽加利津行撥
撥壽加利總行收滙和之帳，未知可否
[illegible]其事
[illegible]電機配件，[illegible]價六鎊二仙令六便
士，[illegible]統望[illegible]
二、所存廠內之機件，請[illegible]　庚經理
[illegible]開箱並點收[illegible]點收後仍宜
由該行裝箱，可存於膠州路汽車間

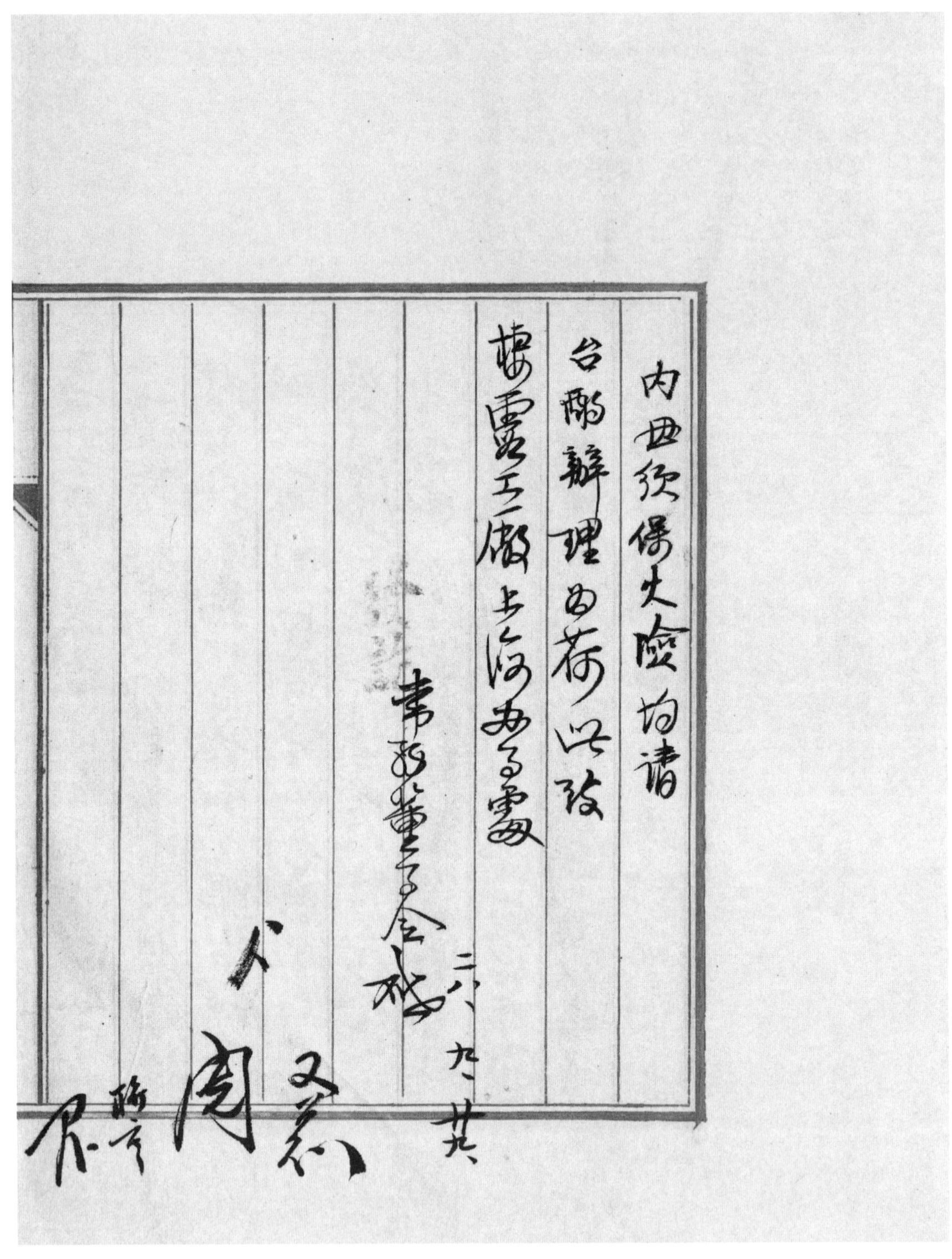
内毋須保火險均請
台端辦理爲荷此致
棲霞工廠上海辦事處
常務董事會仝啟
二八、九、廿六

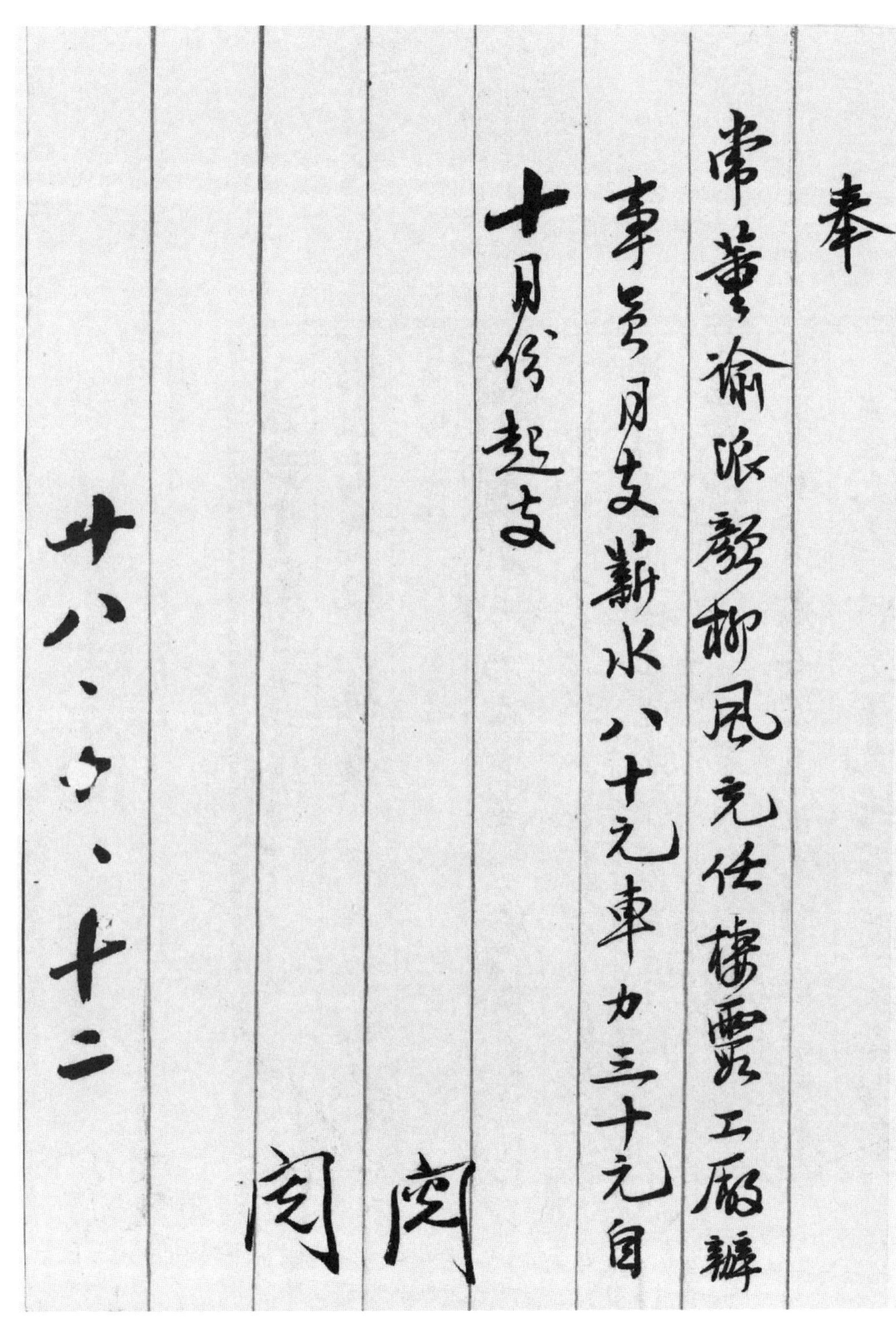

奉

常董諭派黎郁風充任棲霞工廠辦

事員月支薪水八十元車力三十元自

十月份起支

閱

閱

廿八、十、十二

津江字第二十二號

敬啟者前號函諒達

本總奉

諭派嚴柳風先生任棲霞工廠辦事每月支薪水八十元車力三十元自十月份起支等因除通知函達寧號該員外祈

查照爲荷

二、金鏡青君本年九月份起薪水八十元車力十六元膳費十元共一百零六元敝處

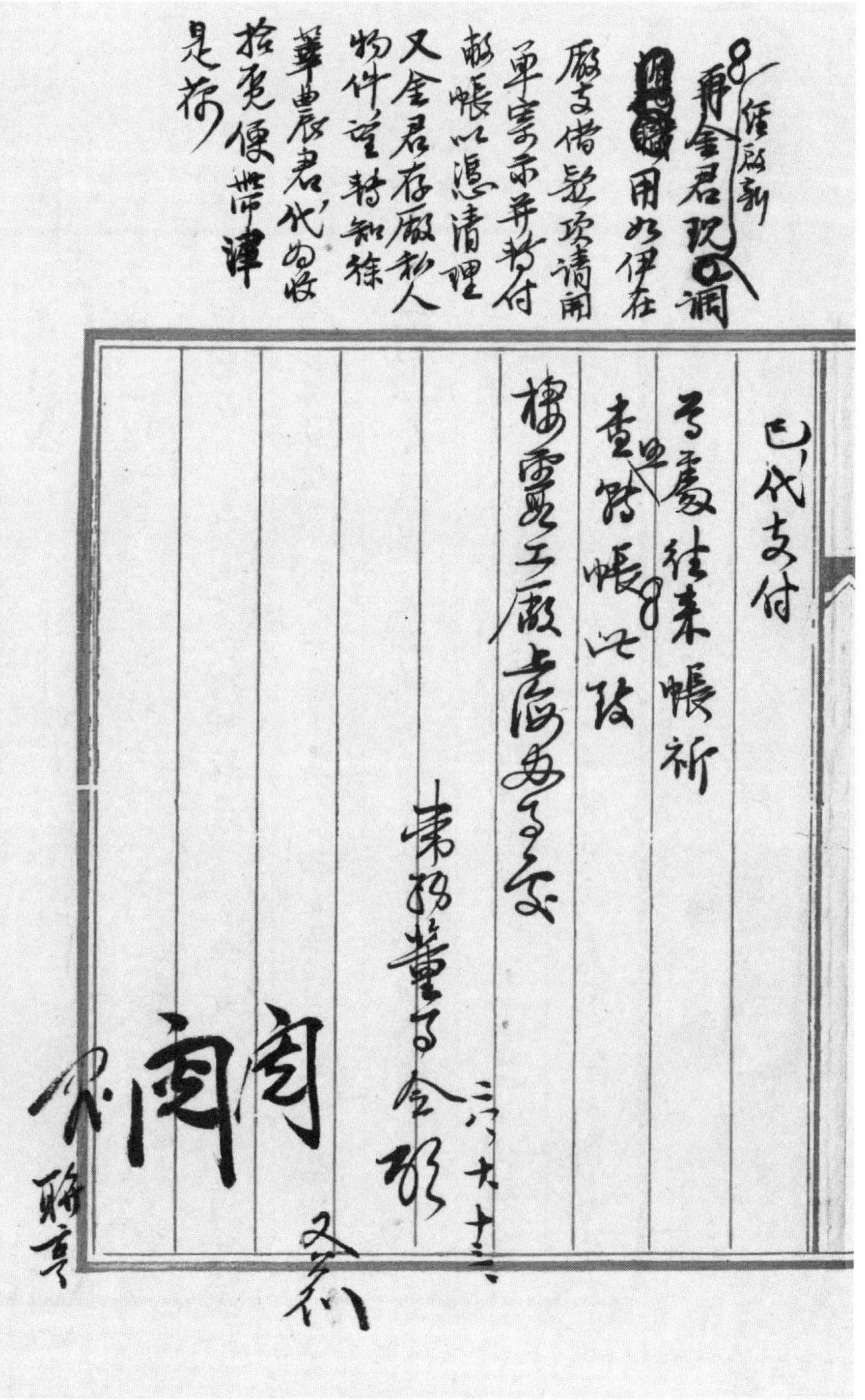

江南水泥股份有限公司
棲霞工廠上海辦事處

寧江字第五十五號第一頁

敬啓者：本年津江第二十、二十一號
大函敬悉。
一、承示怡和配件可付價取貨一節，已與該公司接洽，始而
僅允將美金卅九折計算，磋減至再，美金按八五折計算
計貳百玖拾叁元貳角五分，英金按七五折計算計叁拾玖鎊
拾伍仙令，請照大函所定撥款办法速付為禱。
上述配件經多次減議，前者由港運滬運費、上下力、棧租國幣
九十一元六角六分，又利息及減付貨價美金八十七元四角八分

中華民國廿八年拾月廿叁日收到

上海辦事處 上海江西路四〇六號三樓三二一號 電話一七九七八 電報掛號三三五〇〇（灰）
棲霞山工廠 京滬綫棲霞山車站東攝山鎮

年 月 日

寧江字第五十五號第二頁

江南水泥股份有限公司

棲霞工廠上海辦事處

英金十八鎊十三仙令四便士

此間局勢較前穩定前函所述電機配件暫不取出以省手續

妨未諳 尊處以為然否

二、歐戰發生五金暴漲但近來此間有降落者敝處所存黑

鐵皮擬先出售一部份售價正與各廠商接洽中祈

查照

此間倫敦去價每噸約二千元[illegible]

以備參考

三、澳門路棧房掛錢機件已由友邦承保火保險費計國幣

捌百元保單暫由敝處妥存

上海辦事處 上海江西路四〇六號三樓三二一號 電話一七九七八 電報掛號三五〇〇(灰)
棲霞山工廠 京滬綫棲霞山車站東攝山鎮

年 月 日

江南水泥股份有限公司
棲霞工廠上海辦事處

寧江字第五十五號第三頁

四、昆君來滬診治牙疾，已於今晨回廠，接辦廠中一切如常。

五、茲奉前代啟新寄圖樣與王松波君寄費十四元三角六分已照付，並帳請向啟新收回，特帳為荷。此致

常務董事會

棲霞工廠廠長［印］謹啟

六年十月十六日

周民［簽］

［簽］

上海辦事處　上海江西路四〇六號三樓三二一號　電話一七九七八　電報掛號三五〇〇（灰）
棲霞山工廠　京滬綫棲霞山車站東攝山鎮

津沽字第廿二号

敬啟者 接第五十五号

大函誦悉

一、承 示 怡和配件付價擬請減讓

無甚數目容日內照付

二、承示 前敝所存黑鐵皮擬先售一

部事 查此間價格甚俏每噸達

千餘元至二千元之風 特奉 聞以備參考

三、承示 [illegible] 墊付啟新圖樣等費八十四元

[illegible]一款當照數收回轉帳

四、鄭柳風君請自十月份起將伊

之月支薪水車力百一十元留廿元在棲廠

伊自用餘九十元由本會寄唐付

伊家用已允照辦，茲經付出

該款九十元請轉帳為荷

五、頃據孫新吾稱如其留南職員王

裕九月廿日職員在棲僱房一所因空襲

燬所有棲廠宿舍存物件七箱全付

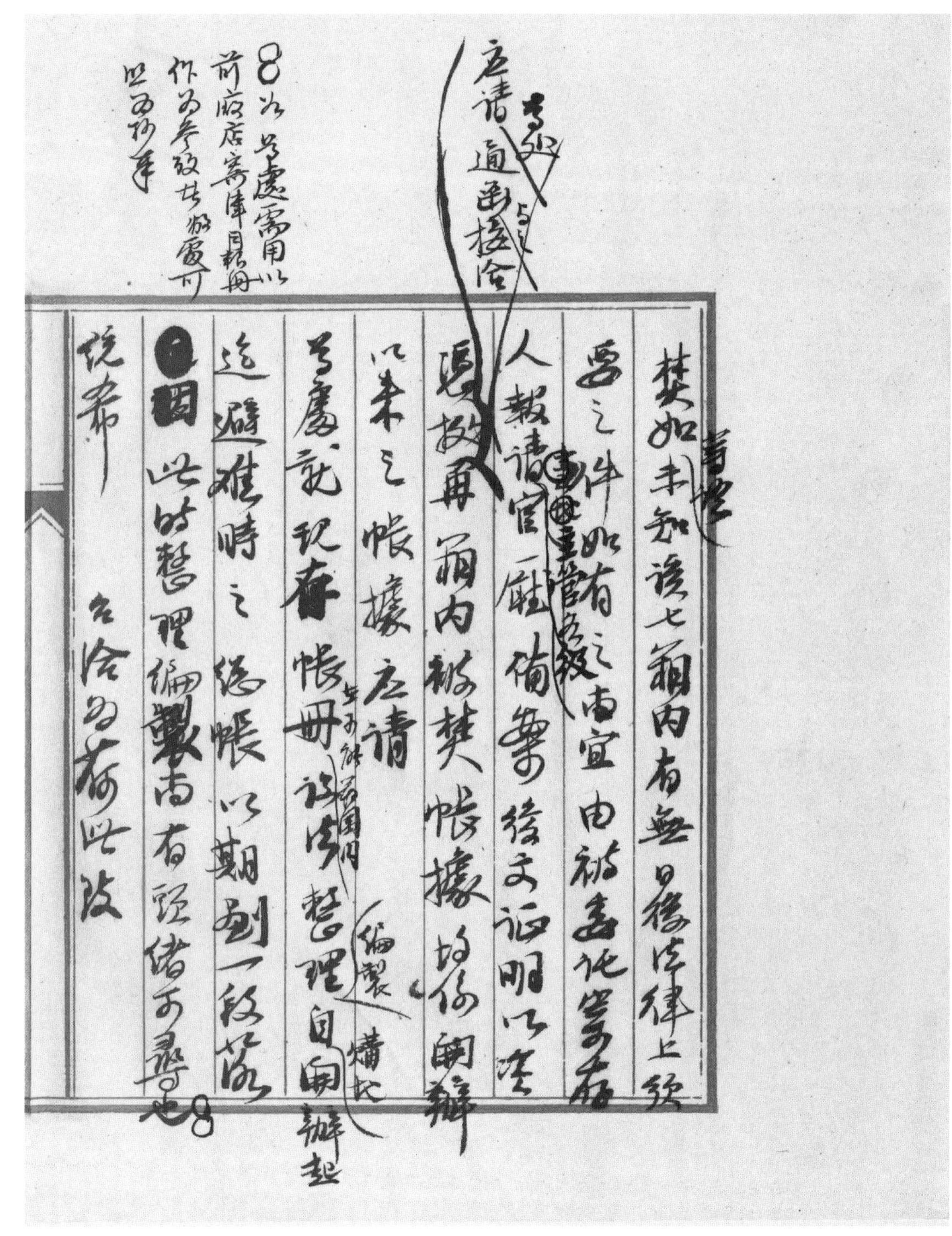
樊如未知該七箱內有無日後法律上發
要之件，如有之，宜由祈喜代管存
人報請官廳備案，發文證明，以資
退故再箱內祈樊帳據均係興辦
以來之帳據，應請
另處現存帳冊詳為整理，自興辦起
迄避難時之總帳，以期到一段落
因此時整理編製，尚有頭緒可尋也
說希　台洽為荷此致

津江字第廿四號

茲為著務分類歸檔便利檢卷起見

將通函事項改訂如左

(一)關於帳務及撥款事項編入江字號信

(二)關於材料機器事項編入料字號信〔機字〕

(三)關於人事及其他不屬於(一)(二)兩項之事

編入總字號信

(四)特要之事編入特字號信

除同時連數之事無妨併述外

以上編字各函均以一函一事為原則

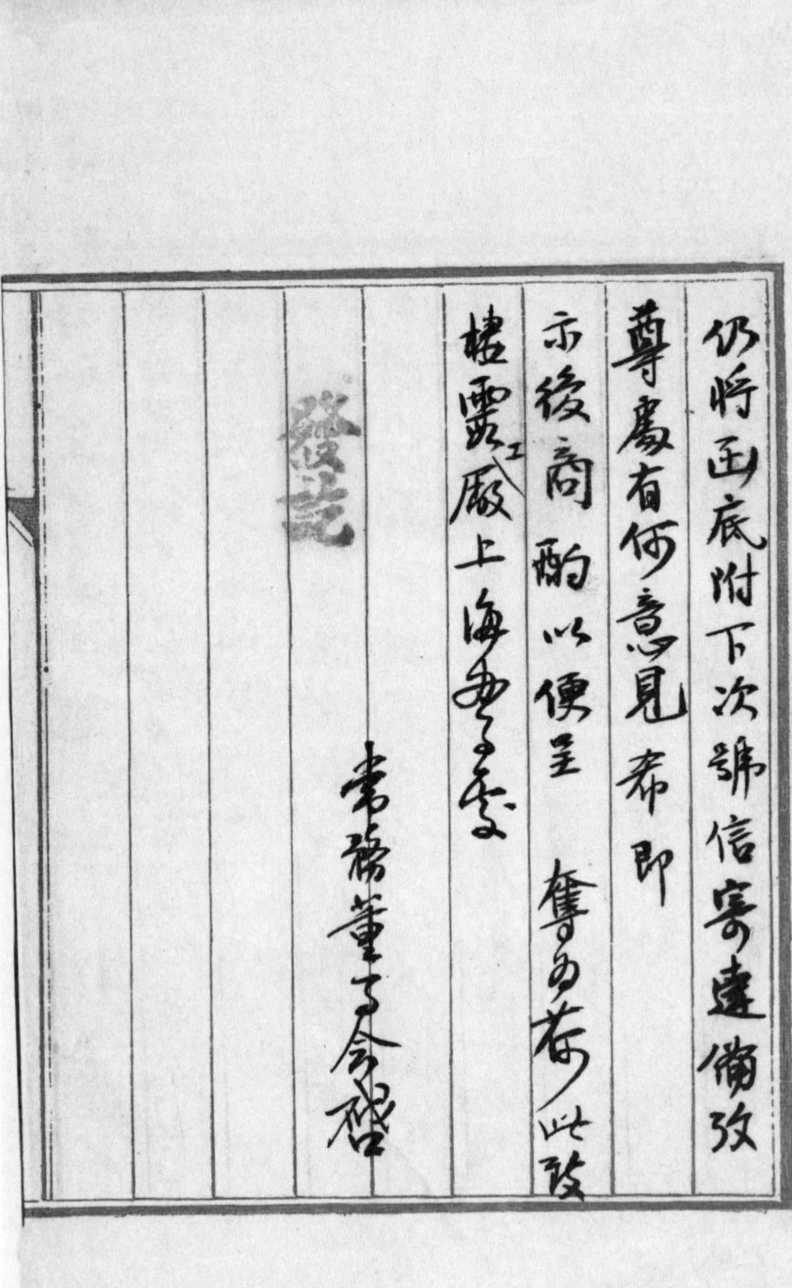
仍將函底附下次郵信寄達備攷

尊處有何意見希即

示復商酌以便呈　奪爲荷此致

樓靈江厰上海爲要

常務董事會啓

發訖

江南水泥股份有限公司
棲霞工廠上海辦事處

寧江字第五十六號第一頁

敬啟者奉津江第廿二、廿三、卅四號

大函敬悉

一、承 示奉 諭派顏柳風君充任棲霞工廠雜事員月支薪水八十元車力三十元自十月份起支等因已查照

二、承 示代付金鍔青君本年九月份薪水八十元車力十六元膳費十元已查照轉帳金君在廠私人物件已函知徐善袁君收拾寬便帶津

三、承 示為分類歸檔便利起見函編字擬改定

上海辦事處 上海江西路四〇六號三樓三二一號 電話一七九七八 電報掛號二三五〇〇(灰)
棲霞山工廠 京滬綫棲霞山車站 東攝山渡

年 月 日

江南水泥股份有限公司
棲霞工廠上海辦事處

寧江字第五十六號第 二 頁

江字料字机字総字特字各節 所見甚是不妨試办

删改為遇有不便之處隨时函商改訂為何之處祈 呈

奪示遵

四、怡和配件價應添購一部美金 敝處曾於上月十四日

以吾公司抬頭向浙江興業預購美金壹百柒拾元

（當時行市國幣百元合美金七元半美金一百七十元合國

幣二千二百六十六元六角七分取有該行碼单存查）暫存

該行國外匯兌部係 鈞會來函囑付印當湊足怡

上海辦事處 上海江西路四〇六號三樓三二一號 電話一七九七八 電報掛號三五〇〇（灰）
棲霞山工廠 京滬綫棲霞山車站東攝山渡

年 月 日

江南水泥股份有限公司
棲霞工廠上海辦事處

寧江字第五十六號第 三 頁

和近復派員催索此款請早日 撥付

五、存滬黑鐵皮因尺碼不適於搭置一般之用質地亦較遜迭詢五金號問價每噸僅值七百餘元 故竊意以歐戰延長或有上漲可能目前貨價津滬相差甚鉅擬暫緩出售處 弟竊亦以為然

六、承 示付顧柳風君十月份玖拾元已查照轉帳自十月份起每月由敝付顧君二十元已去函知照

七、存廠物件七箱全付焚如其中或不乏法律上須要之

上海辦事處 上海江西路四〇六號三樓三二一號 電話一七九七八 電報掛號三五〇〇(灰)
棲霞山工廠 京滬綫棲霞山車站東攝山旗 年 月 日

江南水泥股份有限公司

棲霞工廠上海辦事處

寧江字第五十六號第 四 頁

件擬日內函請被委託人於該地方當局備案後交託

明以資憑據此事對外請 守秘密為有人詢及

擬謂一部重要帳冊匯存成都 承

囑就現存帳冊在可能範圍內設法整理編製自南

地開辦起迄遷離時之總帳以期劃一云蒙自當遵

辦以前廠店寄津月報冊請 予抄寄

再華中公司所繪吾廠建築圖之底已由 庚經理向該

公司取來存於敝新滬處擬印二份與圖底分存三

上海辦事處 上海江西路四〇六號三樓三二一號 電話一七九七八 電報掛號三五〇〇(灰)
棲霞山工廠 京滬綫棲霞山車站東攝山濱 年 月 日

江南水泥股份有限公司
棲霞工廠上海辦事處

寧滬字第五十六號第五頁

處祈　查照

八、庚經理於上月三十一日赴廠，本月六日回滬，廠中一切如常。顧柳風君業已抵廠，出售誰盾事由昆君主持，措置甚為周妥。截至上月底已運一千零二十八噸，因車輛缺乏，自本月一日起須停運一星期。昆君曾以貨款二萬一千八百三十一元（其中有現鈔、有支票）交庚經理與高亮君攜滬交其表兄存入中華銀行。昆牛兩君最近略有隔閡，經庚經理勸解，業已冰釋。曹識之君自本廠逃難後，不

上海辦事處　上海江西路四〇六號三樓三二一號　電話一七九七八　電報掛號三五〇〇（灰）
棲霞山工廠　京滬綫棲霞山車站東攝山旗

年　月　日

江南水泥股份有限公司
棲霞工廠上海辦事處

寧江字第五十六號第 六 頁

獨興當地友好參商最近對公司亦有不忠媒轉與以
前迴若兩人忽於上月間病故身後蕭條子女均幼食
指綦繁渠當悽涼曹君截至上月底尚欠公司三百
二十四元五角郭仁昭蔣文華兩君對公司事尚稱忠誠
近有僱警一名因患神經病辭退已由 康經理在征覓
僱人接替備用
查照為荷此致
常務董事會

棲霞工廠謹啓

廿八年十二月十七日

來

上海辦事處 上海江西路四〇六號二樓二二一號 電話一七九七八 電報掛號二五〇〇(灰)
棲霞山工廠 京滬綫棲霞山車站東攝山鎮

江南水泥股份有限公司
棲霞工廠上海辦事處

寧江字第五十)號 第 一 頁

敬啓者 前録函計達 大覽

一、關於出售淮盾運輸及收款情形前經函陳 近接昆君函称截至十二月廿七日止已共運三千零九十五噸 貨款除前由 庾經理暨高君共携滬弍萬壹千捌百叁拾壹元交昆君表兄外 昨續由其同鄉帶滬伍萬壹千壹百四拾元 連前共計柒萬弍千玖百柒拾壹元 均已先後交其表兄存入銀行矣 昆君表兄最近北上 已將送金簿支票及已簽之空白支票二紙交 庾經理收存 廠

上海辦事處 上海江西路四〇六號三樓三二一號 電話一七九七八 電報掛號三三五〇〇(灰)
棲霞山工廠 京滬綫棲霞山車站東攝山濱

年 月 日

江南水泥股份有限公司

棲霞工廠上海辦事處

寧江字第五十七號第二頁

中現仍繼續裝運收貨收據圖章應與合同印鑑相

符及應維持現款交易之原則爲要　庚經理已函請

昆君注意

二、怡和認件價請早日撥付一節前經函陳請行近屢

派員前來催取應如何湊付祈速　函示爲荷

三、昆君等於攝山渡米價每石已漲達廿元以上其他油

鹽菜蔬燃料布疋日用必需品其價值無一不繼漲增

高廠中員工照原有薪工頗難維持生活爲使彼等

上海辦事處　上海江西路四〇六號三樓三三二號　電話一七九七八　電報掛號二五〇〇(灰)

棲霞山工廠　京滬綫棲霞山車站東攝山濱

年　月　日

不超過此數
由本年一月
起再以此加

江南水泥股份有

棲霞工廠上海辦事處

寧江字第五十號第三頁

安心工作起見特函請鈞處向
鈞會請示可否無論職工原薪工在十五元以下者加生
活補助費百分之三十在十五元以上者加百分之二十並轉
來職工請求原函各一件查近數月來京滬綫各地物價
飛漲確屬實情例如滬上衣食住行無不步昂有漲
逾百分之一百二十以上者按昆君建議廠中每月共增
加支出貳百拾壹元六角可否之處祈　特呈
常董核奪示復為荷　昆君暨員工原函另函寄上此致

上海辦事處　上海江西路四〇六號三樓三二一號　電話一七九七八　電報掛號三五〇〇(灰)
棲霞山工廠　京滬綫棲霞山車站東攝山渡　　年　月　日

江南水泥股份有限公司
棲霞工廠上海辦事處

寧江字第五十號第四頁

常務董事會

棲霞工廠上海辦事處謹呈

上海辦事處　上海江西路四〇六號三樓三二一號　電話一七九七八　電報掛號三三五〇〇(灰)
棲霞山工廠　京滬綫棲霞山車站東攝山涜

廿八年十一月三十日

津江字第廿五號函敬悉。啓新若何撥付給怡和配件價款事，承（擬五千七百元來函）示本處已於上月十四日購妥美金一萬七千元之匯記賬（不足之數）新由其上海辦事處撥交（暫交怡和之處）本處美金一萬二千三元六角五分應如何開給支票，請先與其接洽。至應付之英金三十九鎊十五先零，請由本處在滬購付德希之滬營業處照辦。

轉致工廠上海辦事處

常務董事會啓

三六、十二、九

江南水泥股份有限公司
棲霞工廠上海辦事處

寧江字第五十八號第一頁

敬啓者前歸函計達
大覽關於怡和起重機及全部配件價經敝處交涉打
折扣後計美金二百九十三元二角五分英金英金三十九鎊
十五仙令諒照
貴第廿一號函中提款辦法湊付一節
業於敝第五十五號函詳陳該公司一再派員催取近
後來函稱爲免除匯兌起見請在津撥付由其津公
司向
貴處領取經敝處覆函後可否在津付款希請示

上海辦事處　上海江西路四〇六號三樓三二一號　電話一七九七八　電報掛號三五〇〇(灰)
棲霞山工廠　京滬綫棲霞山車站東攝山渡

年　月　日

江南水泥股份有限公司
棲霞工廠上海辦事處

寧江字第五十八號第二頁

鈞會核定並將來往函底寄請
鑒存究在何處支付祈　呈
奪示遵此致
常務董事會

棲霞工廠上海辦事處謹啓

附英文函底二紙

上海辦事處　上海江西路四〇六號三樓三二一號　電話一七九七八　電報掛號二三五〇〇(灰)
棲霞山工廠　京滬綫棲霞山車站東攝山鎮

廿八年十二月十二日

江南水泥股份有限公司
棲霞工廠上海辦事處

寧江字第五十九號 第一頁

敬啓者：本年陳江第廿五號大函敬悉。
一、昆君先後解沪貨款七萬二千九百七十一元，均已存入銀行一節，前經函陳。故查曾於本月二日支取五萬交啟新滬處，昆君十四日又託高亮君携沪二萬四千一百十七元交庚經理存入銀行。故查於本日續取四萬交啟新沪處昆君，共解沪玖萬柒千零捌拾捌元，撥五萬留貳萬貳千元存寧備用。
二、故查截至今日結存二萬四千餘元，除中南定期一萬外，往

上海辦事處 上海江西路四〇六號三樓三二一號 電話一七九七八 電報掛號三三五〇〇(灰)
棲霞山工廠 京滬綫棲霞山車站東攝山渡
年 月 日

不要時可以動用

江南水泥股份有限公司
棲[illegible]廠上海辦事處

寧江字第五十九號 第二頁

来存款及現金僅一萬數千元為預防限制提現起見分存各銀行以能不提清為妥前項貸款日内向廠新沪處取到後可否動用祈 呈 核示遵

三、昆君來函稱該廣經售人在約訂數量外商加五百噸渠已允兑旋接 庚經理函通知止售因有成議在先未便变更故共售四千五百一十噸另給經售人八十噸作津貼匪輸損失云祈 查照

四、接昆君函稱南京木料缺乏厰存洋松及廣木為搭船時家

上海辦事處 上海江西路四〇六號三樓三二一號 電話一七九七八 電報掛號二五〇〇(灰)
棲霞山工廠 京滬綫棲霞山車站東攝山演

年 月 日

暫不可售

江南水泥股份有限公司
棲霞工廠上海辦事處

寧江字第五十九號第二頁

實殊為合算煩請示陳方決定其語麻袋久存恐易腐
損如廠新需要請及早設法運唐否則似可脫售譯松廣
木麻袋是否出賣請 並 尊示覆為荷
五、庚經理弦副理定十八日赴廠
六、昨 示湊付怡和配件價款可向啟新滬處取美金壹百貳
拾叁元貳角五分英金由校處自購先節其損今晨向
花旗銀行購英金卅九鎊十五仙令每元合四便士又三十二
分之十七計法幣貳千壹百零五元三角六分因本日係星期

上海辦事處 上海江西路四〇六號三樓三二一號 電話一七九七八 電報掛號二三五〇〇(灰)
棲霞山工廠 京滬綫棲霞山車站東攝山濱

年 月 日

江南水泥股份有限公司
棲霞工廠上海辦事處

寧江字第五十九號 第四頁

六日與怡和約定應付貨價准於廿三四日 庚經理返滬
照付祈 查照為盼
常務董事會
棲霞工廠 謹啓

上海辦事處 上海江西路四〇六號三樓三二一號 電話一七九七八 電報掛號三五〇〇(灰)
棲霞山工廠 京滬綫棲霞山車站東攝山濱

廿八年十二月十六日

津沽字第廿六號函

敬啓者 閱部電廠欠付到期息金事 前承
貴處抄示揚子電氣公司董事會及該公司上海辦事後函（四月十七日）
處後函（八月九日）口氣不同 該滬處謂均感無法償付 已議
董事會則謂 正通盤計劃 整個解決辦法 已並非
完全不理 茲寄去該廠帳單二件並一紙 請
並為接洽 如該代理處有償付此項債款之可 自可援例向
之要求 如概在緩償之例 並請其於接到帳單後表
示緩付本息或表示無法償付 又誰為擔負 應遲還墊款
大安 元了 二前承

第 頁

前蒙抄示二月廿七日許依人君來函所云已俟
仲容先生返後方可照辦，但候設法籌撥，已承諾
貴處於年終開送帳單，向之洽收若干，
統祈
查洽辦理[illegible]。又向於
貴處已售出之煤及鐵皮其數目及年報
價款均請於十二月份報冊內轉清為荷。
此致
棲霞工廠上海辦事處

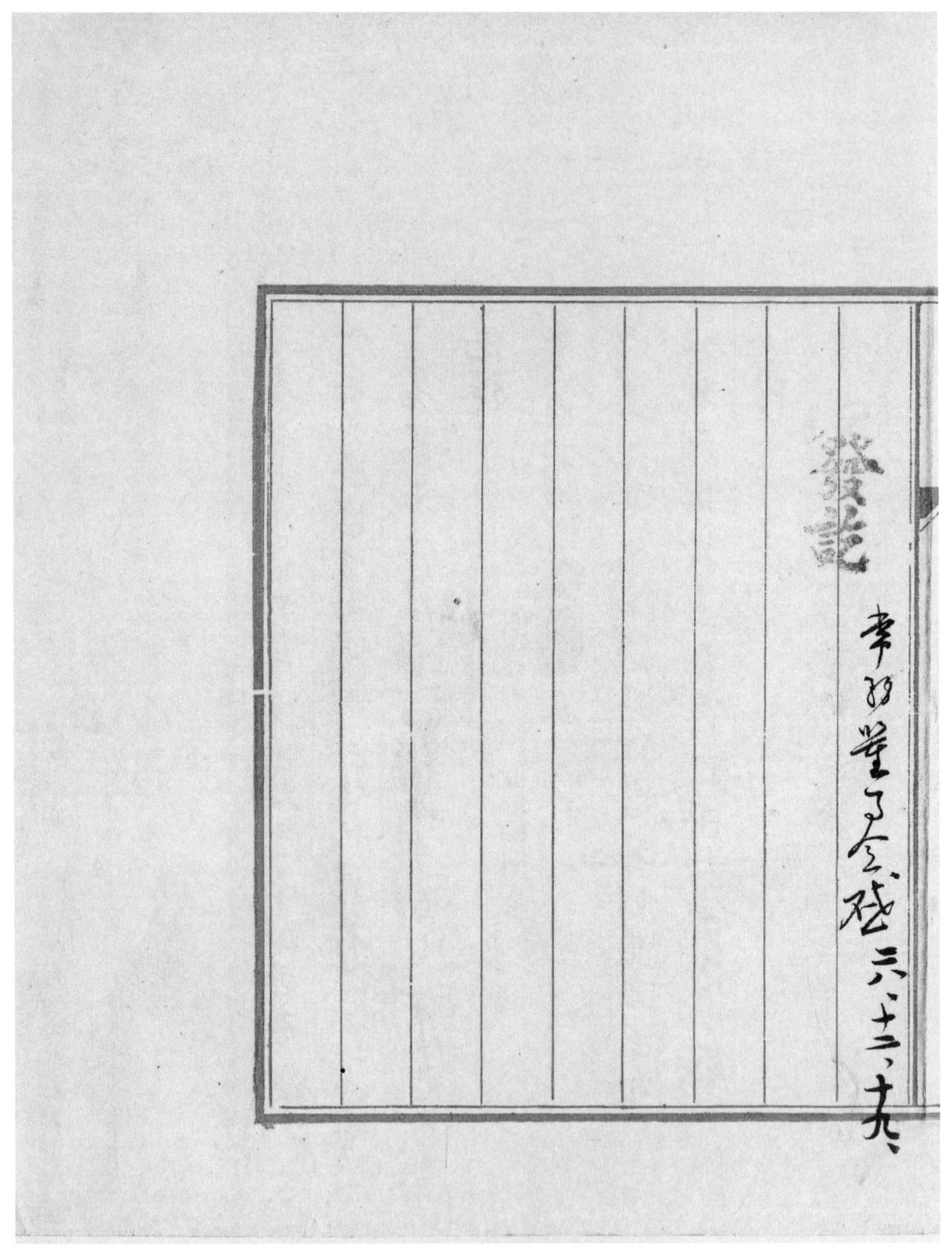

發訖

李劉華呈今發 二六、十二、十九

津江字第廿七号

敬啓者：接寧江字第五十九号

大函敬悉

一、付給怡和所件價款已[illegible]荷

乞恰辦理準廿三四日照付，即已查照

二、承示日比君等解滬玖萬柒千零捌拾捌元[illegible]

南留二萬貳千元備用，了已查照

三、承示第處截至十六日結存二萬〇千餘元，並詢留

頃發款項內向礎新滬處取到後可否動用等節

均足閣所有國庫收貸款擬於短期間內以同

銀行撥給，趁升水合算之際，調津四五萬

元，其餘仍由

某處管存，遇有應行撥支之款，可以動用，先爲

支給。

四、承示日比君共售灘盾四千五百十桶，華方給

經售人八十桶，係爲津站丈運輸損失之情，

均查照。

五、承詢廠存洋松、廣木、麻袋是否出賣一節，

除麻袋已售與啓新外，其洋松、廣木不擬

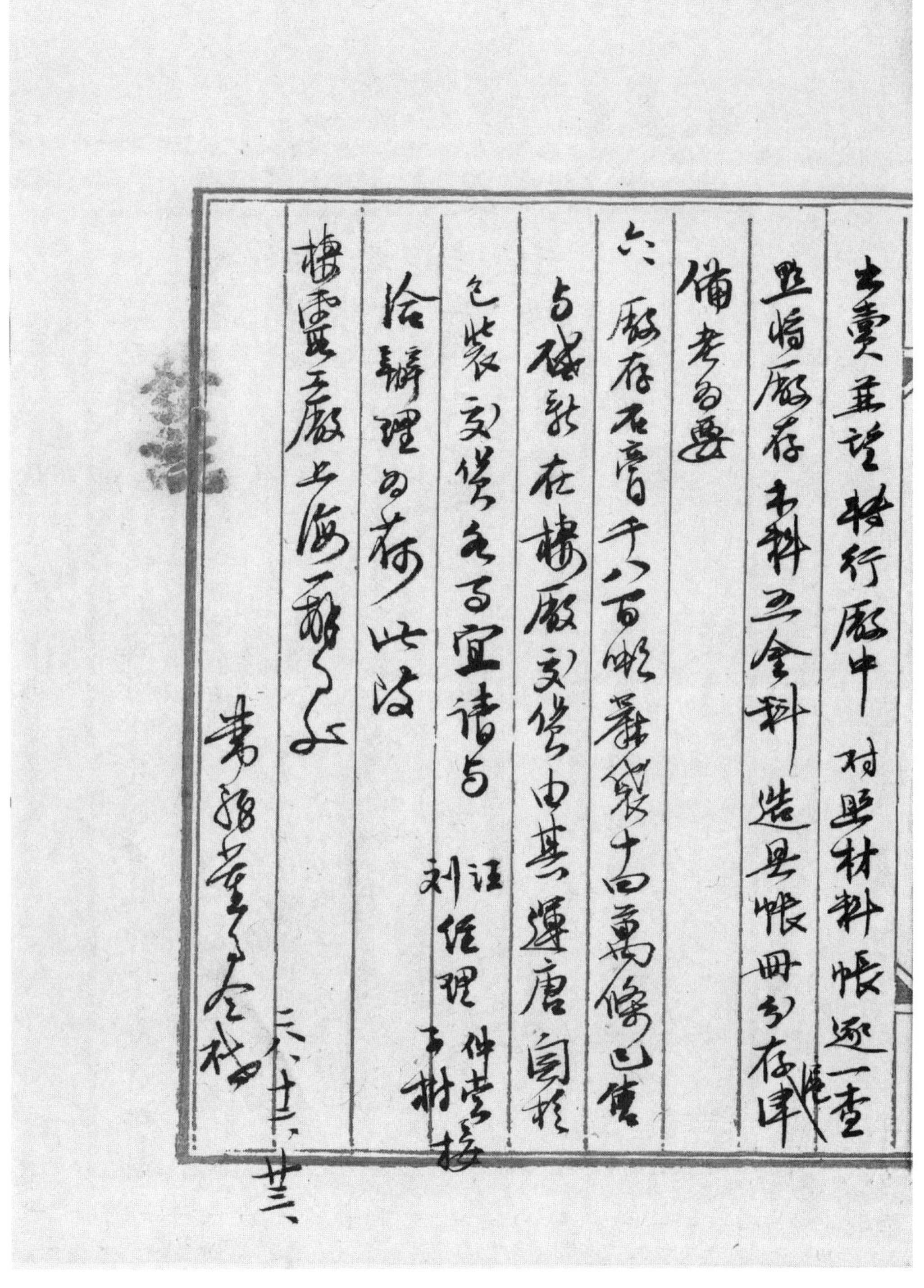

出賣並望　轉行廠中　對照材料帳逐一查
照將廠存材料五金料　造具帳冊分存京滬
備考為要
六、廠存石膏千八百噸業經十四萬億已售
與啟新在棲廠交貨由其運唐自於
包裝交貨為宜請與　汪仲芸接
劉經理下榻
洽辦理為荷此致
棲霞山廠上海辦事處
弟錦華手啟
三六、廿三
廿三

江南水泥股份有限公司
棲霞工廠上海辦事處

滬江字第一號第全頁

敬啟者：關於應付怡和配件價款，已向啟新總處取到美金壹百貳拾叁元貳角伍分，連同收貳筆賬要之美金壹百叁拾元，並購英金三十九鎊十五仙令（每元合四便士又三十二分之十九，計國幣貳千壹百零伍元叁角陸分），於二十三日送交該公司取具收據入帳訖。

查照為荷。此致

常務董事會

棲霞工廠上海辦事處 謹啟

廿六年十二月廿六日

上海辦事處 上海江西路四〇六號三樓三二一號 電話一七九七八 電報掛號三五〇〇（灰）
棲霞山工廠 京滬綫棲霞山車站東攝山渡

申夫吾兄大鑒：惠函暨談話紀錄均敬收悉。十三日尊處來函編列字總第一號，故敝函自今日起查照十一月十日尊處江第廿四號函規定另行編號，如有不妥之處，尚祈指示為荷。匆復，即頌

公綏

弟 [illegible] 敬禮

[illegible]、十二、廿六。

江南水泥廠籌備處財務暫記賬單（一九三九年十月三十一日）

檔號：1041-1-18

廠籌備處暫記帳

	摘要	付款	收款
26.10.15	借调昆新職員刘駿昌君十月份薪水	3600	
19	礼和[illegible]垫付[illegible]机器费[illegible]五分之二手续费£10 3/2 @1/2 [illegible]	17109	
11.1	代廠印金輪商標[illegible]張	55000	
15	借调昆新職員刘駿昌君十一月份薪水	3600	
	共計	79309 √	
	紙袋暫記		
	紙袋卅五万只原購价31,076.98及已付費用（85,857.74元）	3696472	
	〃 〃 售与昆新		5700000
	差額	2003528 √	
	合计	5700000	5700000
	鐵皮暫記		
26.8.6	鐵皮60,368張鉚釘七袋共价日金54,144.—	5353530	
	又利息日金71.20又中國銀行手續費日金135.36		
	共日金54,350.56@985		
9	電報費	1386	
28.2.28	沪办事處代付費用	46070	
5.31	〃 〃 翻棧費	2750	
10.31	沪办事處结至十月底代收售鐵皮价		4733571
	差款		670165 √
		5403736	5403736
	材料		
	史密芝鋼球279顆 鋼[illegible]244顆共价	5949370	
	£4524 ⅔ @1/6¼		
	兴華公司化學材料US$411.67@29[illegible]	137798	
		6087168	

		付款	收款
	總店往來		
總店報冊	26.10.31. 結付	295279882	
滬慶報冊	12.31 總店轉付滬慶往來		26617821
	〃 〃(工廠存款)		107810
滬慶報冊	27.7.31.〃 〃(〃 〃)		54835
津錸	12.31 購紙袋價撥回付紙袋暫記		3107698
〃〃	〃 〃 購鐵皮〃 〃 〃鐵皮暫記		5354916
滬報冊	28.4.30 滬報冊更正錯帳	100000	
		295379882	35243080
	差額		260136802
		295379882	295379882

MEMO.

THE KIANG NAN CEMENT CO., LTD.

Tientsin, ... 193 .

購史密芝鋼球279噸 鋼瓦244噸 共£4,524/-/- @1/6 1/4

合$59,493.70

購興華化學材料價US$411.67 @29 7/8 合$1,377.98

以上二項共$60,871.68 該款係在津付訖 未付廠帳

MEMO.

THE KIANG NAN CEMENT CO., LTD.

Tientsin, ... 193 .

科目	廿六年七月份南支 应缚间办费	由廿六年八月至本年十一月止 常董会经费	共计
夫馬費	160.00	15,120.—	
酬應		865.21	
伙食	132.64	1,259.83	
薪水	308.00	46,841.00	
車力	118.00	2,393.00	
文具	19.87	1,079.96	
郵電	38.06	634.99	
房租	20.00	520.00	
車力		6.25	
川資	344.52	683.46	
電话	1.00	26.00	
雜費	23.87	1,115.45	
滙費	40.00	32.00	
廣告费		2.55	
酬劳	23,000.—		
貼水		163.09	
共计	24,205.96	70,742.79	94,948.75

MEMO.

THE KIANG NAN CEMENT CO., LTD.

Tientsin, 193 .

科目	廿六年七月 应轉開辦費	廿六年八月至本年十一月止	共計
捐助	910.00	469.00	1.379.00
廠籌備處经費	2.208.48	(總店八、九、十三個月) 4,257.80	6.466.28
發股票費用	200.00	355.14	555.14
? 印股票費用	54.00		
? 發債票費用	22.00		
? 發債票佣金	270.00		

轉帳傳票

Dr.		Cr.	
開辦費	24,205.96	常董会经费(各項子目)	24,205.96
〃 〃	910.00	捐助	910.00
〃 〃	2.208.48	廠籌備處经费	2,208.48
〃 〃	200.00	發股票费用	200.00
〃 〃	54.00	印股票费用	54.00
〃 〃	22.00	發債票费用	22.00
〃 〃	270.00	發債票佣金	270.00
	27.870.44		27.870.44

江南水泥廠上海辦事處財務暫記賬單（一九三九年十一月三十日）

檔號： 1041-1-18

上海辦事處暫記帳

	摘要	付款
26.11.29	通江製袋廠沖新袋X萬條已付[illegible]再付尾數一部	170000
12.31	安利運送機用鋼軌及電線進口稅火車費	40203
15	借調啓新職員劉錫庭君十二月份薪水	3600
20	史密芝派來安裝師自七月至十月份薪水£307/- 又燒窰師自八月十七至十月底薪水£114/- @1/2[illegible]	712238
27.1.14	史密芝派來安裝師十一月薪水£75/-又燒窰師£45/-	202772
15	借調啓新職員劉錫庭君一月份薪水	3600
2.11	〃 〃 自廿五年五月至廿七年一月止[illegible]	7679
4.28	禪臣洋行在廠安裝機器款	60000
29	通啓新滬處墊付禮和機器領事簽證單保証金	13602
9.21	史密芝安裝師燒窰師旅費 8124.43	12443
〃	又 £4942-2 @1/2[illegible]	816388
7.29	禮和掛線碎機件等存[illegible]商局貨棧自本年八月一日至明年八月一日止保險費£152-20- @1/2[illegible]	252842
	共計	2295367

資　　產（損）	細　數	總　數
结存银行現款	8599198	
敌新往来	424745	
厰籌備處往来 7,452,798.83	260176802	
上海辦事處往来 351,450.80	6162840	
機器產業	285067832	
材料	6087168	
首都電厰	21600000	
裝場暫記	11650000 ✓	
鉄皮暫記	670165 ✓	
雜項暫記	194080	
傢俱装修	250230	
債票折扣	18000000 ✓	
貼補持債票人損失	90000000 ✓	
厰籌備處暫記	79709 ✓	
上海辦事處暫記	2295367 ✓	
以上資產共計		711217936
開辦費	10885346	
常董會經費	11294875	
總店經費	646628	
上海辦事處經費	3201269	
工厰經費	10211998	
工厰避難同人生活費	743280	
護厰費用	139225	
債票利息	28788000	
付出利息	8495743	
所得税	152796	
遣散費	660900	
訴訟費	5000	
捐助	137900	
印股票費用	55514	
過股票費用	5400	
印債票費用	2200	
發債票佣金	27000	
以上支出共計		75453074
合計	786671010	786671010

结至38年11月底

負債（益）	細數	總數
股本	450000000	
增股	270000000	
未付機價	22536489	
啟新借款	3562276	
啟新借款（新幣户）	3312822	
啟新暫記	732543	
紙袋暫記	2003528	
所得稅暫記	224456	
以上負債共計		752372114
收入利息	20308390	
雜損益	13937570	
換票費	39200	
升水	13736	
以上收入共計		34298896
合計	786671010	786671010

江南水泥廠機器價值清單（一九三九年十一月三十日）

檔號：1041-1-18

機器價值

28年11月底

行名	機器名稱	原幣	行市	合國幣	總計
史密芝	製造洋灰機器	增佔£56,500%- £122,500%-		117415000 202057451	
〃	原料摻合機	£2,766%-		3750947	
〃	原料運送機	£382%-		635013	
〃	灌桶機	£900%-	@½佔	1496104	
〃	灌包机真空抽氣机	£750%-	〃	1246754	
〃	機器配件	£3,809-16-0	〃	6346801	215529070
禪臣洋行	柴油引擎	增佔£400%- £2,200%-		831000 3489830	
〃	馬達	增佔£7,260%- £18,887 10/10		15987000 33208088	
〃	電線	£2,522 15/11	@½佔	4194399	
〃	電门分離開關保險等	£667 18/6	〃	1110225	
〃	機座鉄軌分離開關	£121 10/-	〃	202833	
〃	配電板接電箱	£57 16/-	〃	96289	
〃	窰身旋轉計數器	£39 10/-	〃	65725	
〃	電表	£13 0/8	〃	21666	42389075
礼和洋行	修理機件	£2,343 4/-		3598860	
〃	化學房儀器	£445 10/-	〃	742504	
〃	掛線路機器	£7,475%-	@½佔	12511083	
〃	掛線路配件	£652%-	〃	1098526	
〃	掛線路提運斗	£365%-	@½佔	606753	18557726
安利洋行	提運機	£2,400%-	〃	3999504	
〃	鋼軌電線	£149 19/11	@½佔	250427	4249931
怡和洋行	採石機	US.$11,000.-	@3329	3710152	3710152
興華公司	化驗儀器	Rm 4,644.60	@73½	631918	631918
	未付史廠$14,146-65				
合計		£169,448 16/10 US.$11,000.- Rm 4,644.60			285067832

江南水泥廠檔案

SUMMARY:

		Appr .Grs. Wt. Tons	Price £	
I.	Crushing Plant for Limestone.	58.9	2376.	3.35%
II.	Wash Mill for Clay.	21.9	800.	1.13%
III.	Raw Mill Section.	178.0	6500.	9.17%
IV.	Storage & Mixing Plant for Slurry.	8.3	725.	1.02%
V.	Kiln Department.	1323.9	32300.	45.60%
VI.	Gypsum Plant.	8.4	725.	~~1.24~~ 1.02%
VII.	Cement Mill Section.	191.0	7470.	10.58%
VIII.	Cement Transporting Plant.	19.2	1800.	2.54%
IX.	Packing Plant.	62.7	4200.	5.92%
X.	Coal Mill Section.	77.1	4190.	5.9%
XI.	SYMETRO Gears.	124.4	4400.	6.20%
XII.	Sundries and Accessories.	160.1	~~5624.~~ 5348	~~7.90~~ 7.62%
		2233.9	70834.	100%

70834
65486
5348

江南水泥廠財務試算表（一九三九年十二月三十一日）

檔號：1041-1-18

二十八年十二月底试算表

資產（損）	金額		負債（益）	金額	
結存現款	234.825	14	股本	4.500.000	00
棧店往来	2.601.368	02	增股	2.700.000	00
上海辦事處往来	55.975	42	未還借本	98.000	00
上海辦事處暫記	22.953	67	未付機價（史密芝）	225.364	89
啟新往来	4.318	71	啟新往来借款	35.622	76
機器產業	2.851.091	21	〃 〃（新幣户）	43.873	44
首都電廠	216.000	00	啟新暫記	7.325	43
裝場暫記	116.500	00	紙袋暫記	20.035	28
棧店暫記	793	09	所得稅暫記	2.332	56
鉄皮暫記	6.701	65			
雜項暫記	1.940	80			
債票折扣	180.000	00			
貼補持債票人損失	851.000	00			
傢俱裝修	2.502	30			
材料	60.871	68			
閒停費	136.399	90			
以上資產共計	7.343.241	59	以上負債共計	7.632.514	36
常董會经費	96.958	25	收入利息	204.615	20
棧店经費	4.257	80	雜損益	139.391	70
上海辦事處经費	32.818	87	换票費	392	00
工廠经費	107.072	78	升水	137	36
工廠避難同人生活費	7.432	80			
遣散費	6.609	00			
護廠費	1.392	25			
付出利息	86.589	92			
債票利息	287.880	00			
所得稅	1.589	22			
訴訟費	50	00			
發債票佣金	270	00			
印股票費用	54	00			
換股票費用	365	14			
捐助	469	00			
以上開支共計	633.809	03	以上收入共計	344.536	26
合計	7.977.050	62	合計	7.977.050	62

江南水泥股份有限公司常務董事會與棲霞工廠（江南水泥廠）上海辦事處爲京電廠支付到期息金、綫杆及購煤等往來信函（一九四〇年一月十七日至十一月十三日）

檔　號：1041-1-13

江南水泥股份有限公司
棲霞工廠上海辦事處

敬啟者：準江第廿六、廿七號

大函敬悉。關於京電廠欠付到期息金一節，業已將帳

單備函送交揚子電氣公司滬處，同時函託許作人君設法籌

撥，並須先說該公司有付慎昌貸款之說。庚經理等訪該廠陸總

工程師接洽，要求付款，據稱前向慎昌購料係請銀行担保

公司已以材料抵押，償付一部份。庚經理當告以吾公司業停

頓收入，毫無欠人之款，各廠非來人催索，吾儕窮於應

付，請該公司一視同仁，將應付息金先撥若干，俾吾方對欠人之

上海辦事處　上海江西路四〇六號三樓三二一號　電話一七九七八　電報掛號三五〇〇（灰）
棲霞山工廠　京滬綫棲霞山車站東攝山渡

年　月　日

江南水泥股份有限公司
棲霞工廠上海辦事處

款得以擇要應付陸君允為轉陳港董事會 核奪 批復惠年底再與接洽淮礦局應迅預繳煤價亦已去函催付並由 庚經理曾向程書度君交涉程君堅謂百元以上之款須經董事会核付本人無權過問來函與面談各節可以轉達但該公司目前經濟支絀定無付還希望大有多此一舉之意 庚經理曾因將來購煤或有接洽機會未與作強烈之爭辯祈查照又承陸君面告京搵杆綫為何恢復材料共需若干向何處採購正計劃中俾將來戰事平息可以迅速進行併希

上海辦事處 上海江西路四〇六號三樓三二一號 電話一七九七八 電報掛號三三五〇〇(灰)
棲霞山工廠 京滬綫棲霞山車站東攝山渡

年 月 日

江南水泥股份有限公司

棲霞工廠上海辦事處

台洽此致

常務董事會

棲霞工廠上海辦事處謹啓

上海辦事處　上海江西路四〇六號三樓三二一號　電話一七九七八　電報掛號三五〇〇(灰)

棲霞山工廠　京滬綫棲霞山車站東攝山渡

廿九年一月十七日

江南水泥股份有限公司

棲霞工廠上海辦事處

字第　　號第一頁

逕啟者

貴局迭函預繳煤款前承函示為叁萬餘元是否相符尚待核對處

備註函並派員催索迄未蒙

惠付亦未見示復敝公司事業停頓收入毫無欠人之款多

敝號及包工相率來收各款窘迫窮於應付兩載以來於無

可設法中零星籌撥為數不貲從未以非常時期一毛不拔而

拒人於千里之外上項煤款不能以時值非常拒不歸還合同

載有明文且

上海辦事處　上海江西路四〇六號三樓三二一號　電話一七九七八　電報掛號三五〇〇(灰)

棲霞山工廠　京滬綫棲霞山車站東攝山濱

年　月　日

江南水泥股份有限公司
棲霞工廠上海辦事處

字第　號第一頁

當爰對外欠款並非一概不付應還煤款縱不能一次交還
先付若干定非財力所不逮為特函達即希
查照依先籌還敝公司對欠人之款均以擇要應付不勝
盼禱此致
淮南煤礦局

江南水泥廠（印）啟

卅九年一月十七日

上海辦事處　上海江西路四〇六號三樓三二一號　電話一七九七八　電報掛號三五〇〇（灰）
棲霞山工廠　京滬鐵路棲霞山車站　京攝山濱

江南水泥股份有限公司
棲霞工廠上海辦事處

敬啓者，前號函計達
大覽。售准盾款送存敝新記處共玖萬元，前經函陳敬處，
於本月廿四日向該處支取五萬元，分存鹽業、浙興、花旗、新
華、中孚等行，祈
查照為荷。此致
常務董事會

棲霞工廠〔印〕謹啓

上海辦事處 上海江西路四〇六號三樓三二一號 電話一七九七八 電報掛號二五〇〇（灰）
棲霞山工廠 京滬綫棲霞山車站東攝山濟

廿九年一月廿六日

江南水泥股份有限公司常務董事會用箋

津江字第廿八號 第全頁

敬啟者兹將啟新滬處代存款項共計國幣七千八百六十九元三角九分分開支票四紙函請其加蓋印鑑後送交

尊處收取附寄該函印底一份備

誉洽並附寄轉帳通知單壹紙嗣後凡有轉帳之款均用是項通知單亦希

尊處同樣辦理爲荷再近由休君撥交啟新滬處款玖萬元除已交

尊處伍萬元外昨託啟新將下餘之款肆萬元湊便一併調津所有代存期間利息若干請向啟新滬處接洽

收清爲要此致

棲霞工廠上海辦事處

常務董事會啟

附函底一份及轉帳通知單（付字第一號）又附肆萬元撥津款轉帳通知單（收字第壹號）及本

會付顔柳風二月分薪金之一部計九十元轉帳通知單（付字第二號）各一紙

以上共轉帳單三紙

又附津總字二三号函底及一件

中華民國二十九年二月二日

照抄淮南礦路公司上海辦事處復函

前承 貴公司迭次來函併洽撥運預繳煤款柒萬伍千元並派員前來本處面商不論多寡酌量先付若干各節業經轉奉香港公司董事會函開該項預繳煤款事歸淮通營運處處理現各方結欠該處煤款為數甚鉅均以戰事關係屢經催索迄仍無法收取該處對于預收煤款及保証全責暫時亦無力籌運深望諒 貴公司顧念已往交誼格外體諒其困特此備函奉復至希 鑒原為荷此致

江南水泥公司

淮南礦路公司上海辦事處啓 九.二.十

江南水泥股份有限公司
棲霞工廠上海辦事處

敬啟者奉津江第廿八號 大函暨附件敬悉

一、承 寄交啟新滬處加盖印鑑之支票四紙計共國幣柒千捌百陸拾玖元叁角玖分業已收到存入各該行 敝處往來查上海銀行係按月計息者存國幣叁元叁角伍分茲寄上空白支票一紙祈 填妥盖章寄下 敝處可送請啟新滬處加章以便持向該行支取再撥啟新滬處孫休君交來之款下餘之四萬元已查照 茲函為款調津所有代存期間利息俟六月底結息時核付祈 查照

上海辦事處 上海江西路四〇六號二樓三二一號 電話一七九七八 電報掛號三五〇〇（灰）
棲霞山工廠 京滬線棲霞山車站東攝山渡

年 月 日

江南水泥股份有限公司
棲霞工廠上海辦事處

二、承寄特帳通知單一紙並囑嗣後凡有特帳之款均用是項通知單已查照

三、關於借收浙礦局欠款京電廠息金前經函陳兹查歷歲底又向該局廠交涉均謂暫時無力籌還兹將與浙礦局往還函底寄請察存　京電廠復函略謂此項借款原係專為架設通棲綫路之用並規定以將來江南公司應付電費扣還借款本息現經濟困難兼公司應付息金惟有戰後再行籌還等語兹于今日去員與陸總工程師暗

上海辦事處　上海江西路四〇六號三樓三二一號　電話一七九七八　電報掛號三五〇〇(灰)
棲霞山工廠　京滬綫棲霞山車站東攝山渡
年　月　日

江南水泥股份有限公司

棲霞工廠上海辦事處

洽承世出示合同副本確如來函所云作保証金利息不在需費撥還之列換函載明應於年底付與啓新當經

決再由敝處備函催付祈

查照為荷此致

常務董事會

棲霞工廠上 謹啓

閱

上海辦事處 上海江西路四〇六號三樓三二一號 電話一七九七八 電報掛號三五〇〇(灰)
棲霞山工廠 京滬綫棲霞山車站 京攝山渡

卅年二月十日

江南水泥股份有限公司
棲霞工廠上海辦事處

滬江字第 六 號第 一 頁

敝啟者，敝處各銀行存款除中南渝行之定存一萬元外，其他各行截至最近總計不足三萬元。工廠與敝處開支及孔君等薪金每月約需八千餘元，上述存款預計兩三個月後即將用罄。本擬出售黑鐵皮以資接濟，但此時價格與原來所希冀者頗有出入，未便擅專。敝處曾向各五金號探詢，僉稱五金材料一致趨跌，滬上鐵皮以黃鶯牌銷路最廣，每噸價現跌至一千三四百元，吾廠鐵皮價與黃鶯牌打六折，恐尚難於脫手，因不獨尺碼厚薄、搪瓷玩具各廠

上海辦事處 上海江西路四〇六號三樓三二一號 電話一七九七八 電報掛號三五〇〇（灰）
棲霞山工廠 京滬綫棲霞山車站東攝山渡 年 月 日

六百元讓價可以出

江南水泥股份有限公司
棲霞工廠上海辦事處

滬江字第 六 號第 二 頁

多不適用至於質料次而性脆表面欠平未經塗顏色尤非一般廠商所歡迎照現在行情出售每噸減為六百元左右或可以為攬銷廿語查吾廠鐵皮前存虹口棧房年餘受有潮濕邊緣多數生銹後經三井洋行運贛一部份且現存之澳門路堆棧係上年築成煤屑地面頗欠堅實潮氣殊重久存似非所宜此項鐵皮北方尚有銷途運津出售最佳否則每噸出售作價六百元上下可在滬托五金號代覓銷主如何之處祈 呈

上海辦事處 上海江西路四〇六號三樓三二一號 電話一七九七八 電報掛號三五〇〇(灰)
棲霞山工廠 京滬綫棲霞山車站東攝山麓

年 月 日

江南水泥股份有限公司
棲霞工廠上海辦事處

沪江字第六號第三頁

核示遵照為致

常務董事會

棲霞工廠

[印章]

謹啟

上海辦事處 上海江西路四〇六號三樓三二一號 電話一七九七八 電報掛號三三五〇〇(灰)
棲霞山工廠 京滬綫棲霞山車站東攝山鎮

卅九年七月十二日

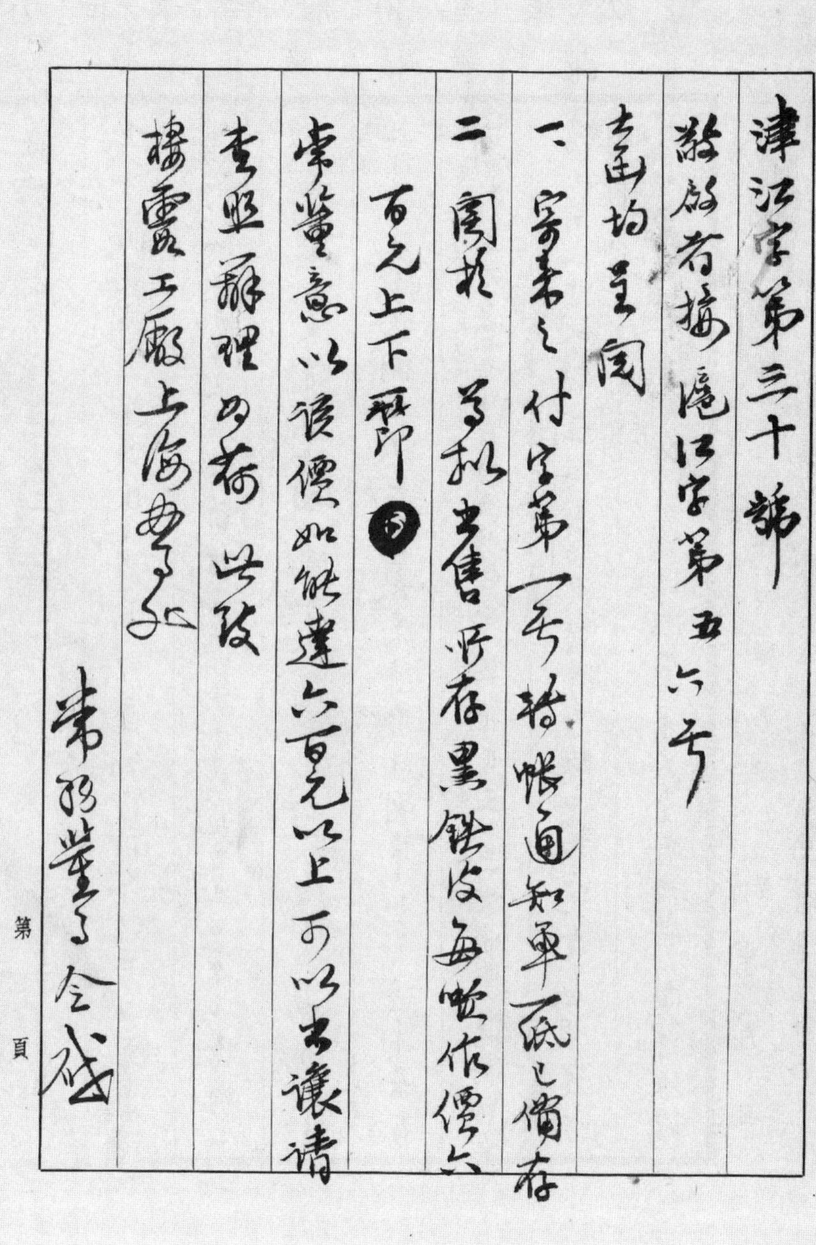

津沽字第二十號

敬啟者接滬江字第五六號

函均呈閱

一、寄來之付字第一號撥帳通知單一紙已備存

二、關於 前函出售所存黑鐵皮每噸作價六

百元上下兩節

東翁意以該價如能達六百元以上可以出讓請

查照辦理為荷 此致

接洽工廠上海辦事處

弟孫叢業 仝啟

第　頁

江南水泥股份有限公司
棲霞工廠上海辦事處

滬江字第 七 號第 一 頁

敬啟者：前奉滬江第三十號
大函敬悉。關於黑鐵皮託啟新滬處劉經理介紹與華豐搪
瓷廠每噸九百元另分節前經函陳。華豐廠九月五日運去拾捌公
噸五九六，又來貨款計國幣壹萬陸千柒百叁拾陸元四角；九月
二十日運去拾捌公噸六〇三，又來貨款計國幣壹萬陸千柒百
肆拾貳元柒角；十一月五日運去拾柒公噸五〇五，其中生鏽者約占
百分之三十（該廠堅主揀出退還），另有又鏽爛者貳百叁陸公斤，據云業完全無用，雙方
發生爭執。旋由劉經理約該廠董事長李直士與 庚經理協

上海辦事處 上海江西路四〇六號三樓三二一號 電話一七九七八 電報掛號三五〇〇(灰)
棲霞山工廠 京滬綫棲霞山車站東・攝山鎮
年 月 日

江南水泥股份有限公司
棲霞工廠上海辦事處

滬江字第七號第二(1)頁

副理瞻洽結果擬將鑄鋼共弍百叁陸公斤讓與七日由
該廠交來國幣壹萬伍仟柒百伍拾肆元伍角先後共收鐵皮
鐵計國幣肆萬玖仟弍百叁拾叁元陸角隨時分存附呈並案
新華久安兩行印希
查照爲荷此致
常務董事會

棲霞工廠 謹啟

卅九年十一月十三日

上海辦事處 上海江西路四〇六號二樓三二一號 電話一七九七八 電報掛號二五〇〇(灰)
棲霞山工廠 京滬綫棲霞山車站東攝山旋

江南水泥廠解除軍（事）管理并移交終結證書（一九四〇年二月二十八日）

檔號：1041-1-65

第　頁　　年　月　日

江南水泥股份有限公司解除軍管理並移交終結證書

中華民國三十年二月二十八日由日本方面受託管理者三井株式會社上海支店將上開工廠悉不附條件移交與正當權利者江南水泥股份有限公司中日雙方圓滿解決移交清楚

計開

該廠發還後當與日本同業者取同一步驟

在全面和平實現為止因軍事上之必要應服從

日本方面各種統制

江南水泥股份有限公司

廠經理　庾宗溎　庾章

三井株式會社上海支店長

代理小林喜三郎

本證書中文及日一樣四份文意如有疑問

以日文為準

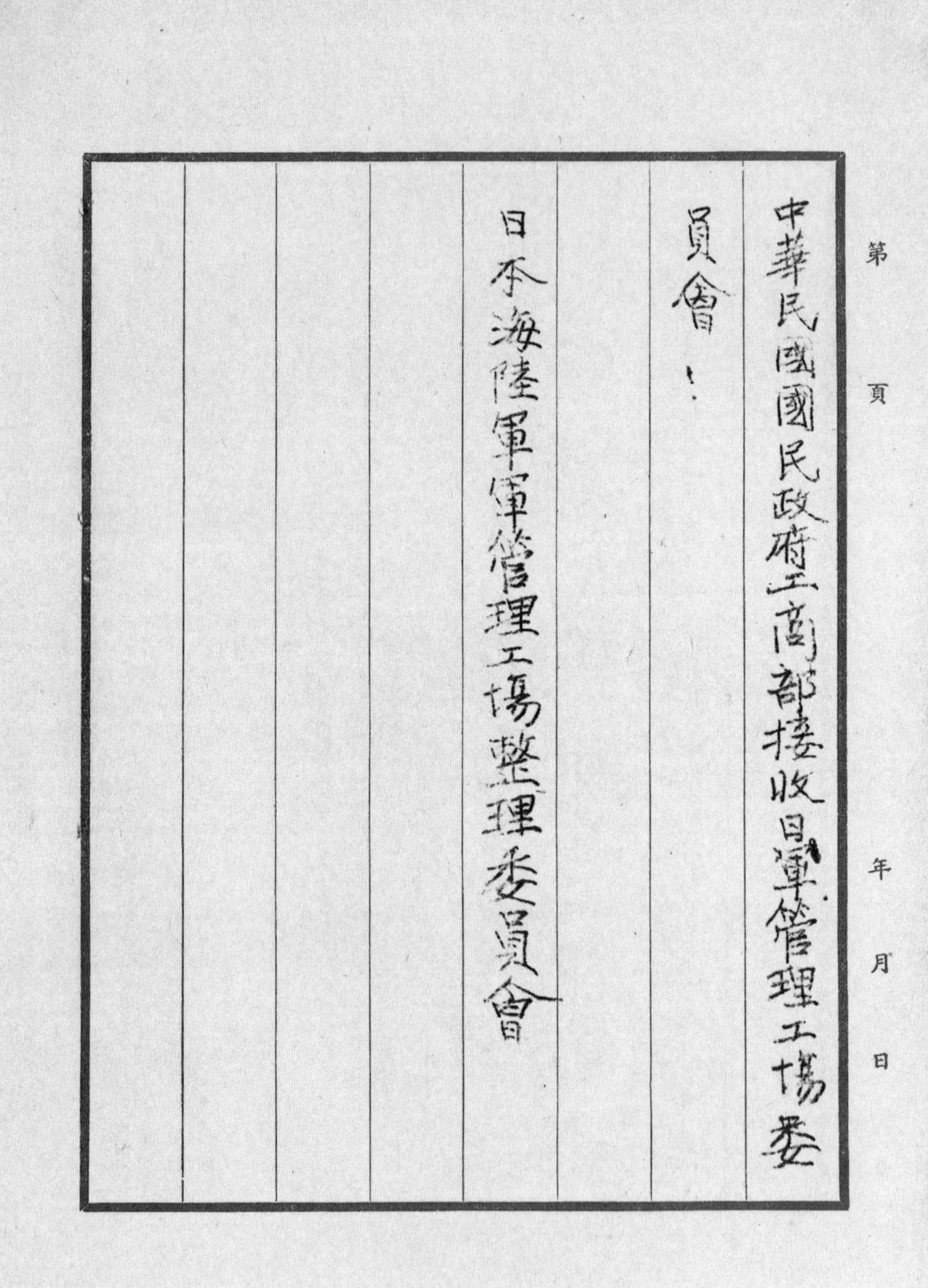
第　頁　年　月　日

中華民國國民政府工商部接收日軍管理工場委員會！

日本海陸軍軍管理工場整理委員會

江南水泥廠職工工資、薪津表（一九四〇年十月）

檔號：1041-1-61

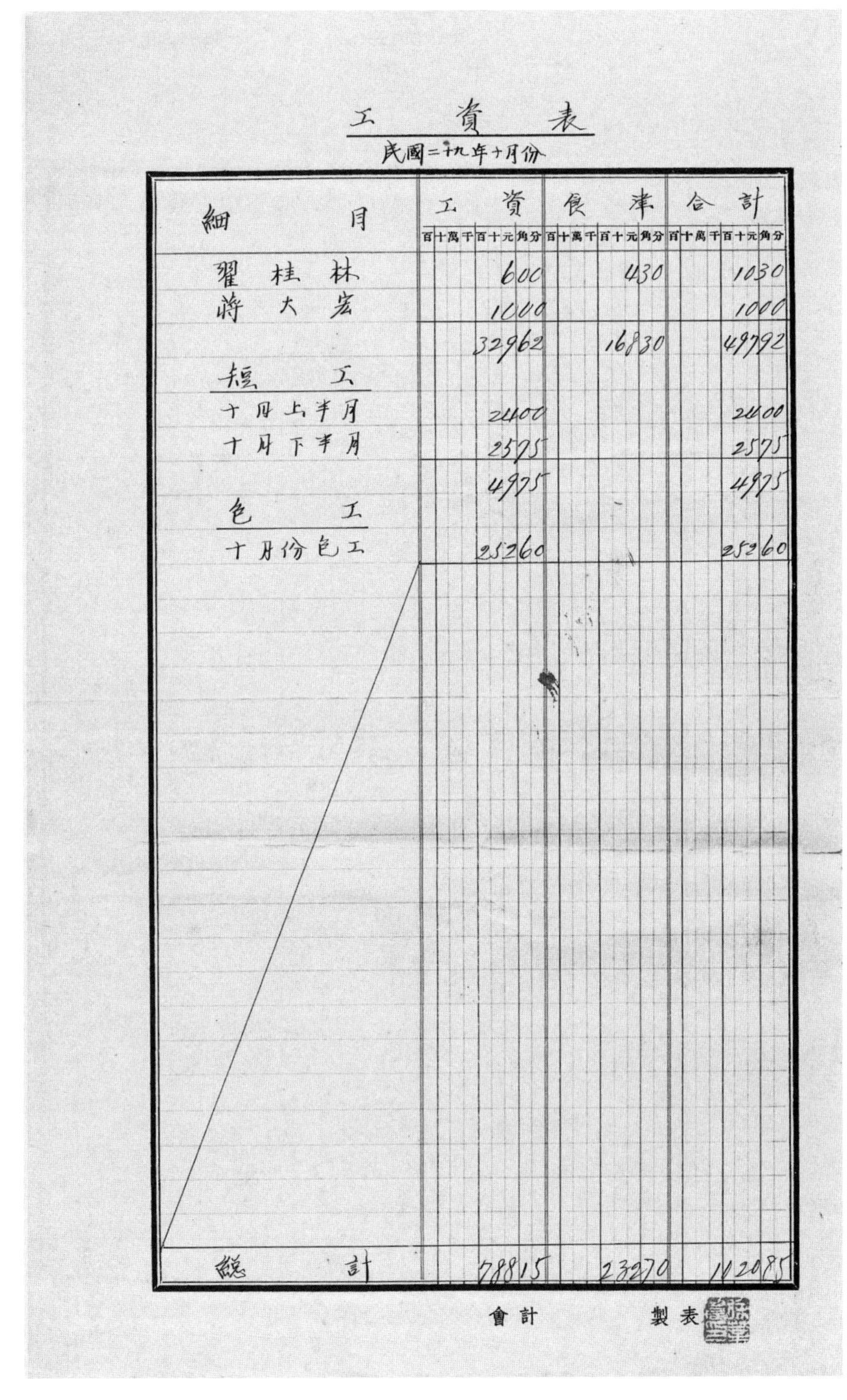

工資表

民國二十九年十月份

細目	工資	食津	合計
	百十萬千百十元角分	百十萬千百十元角分	百十萬千百十元角分
翟桂林	600	430	1030
蔣大宏	1000		1000
	32962	16830	49792
短工			
十月上半月	2400		2400
十月下半月	2575		2575
	4975		4975
包工			
十月份包工	25260		25260
總計	78815	23270	102085

會計　　製表

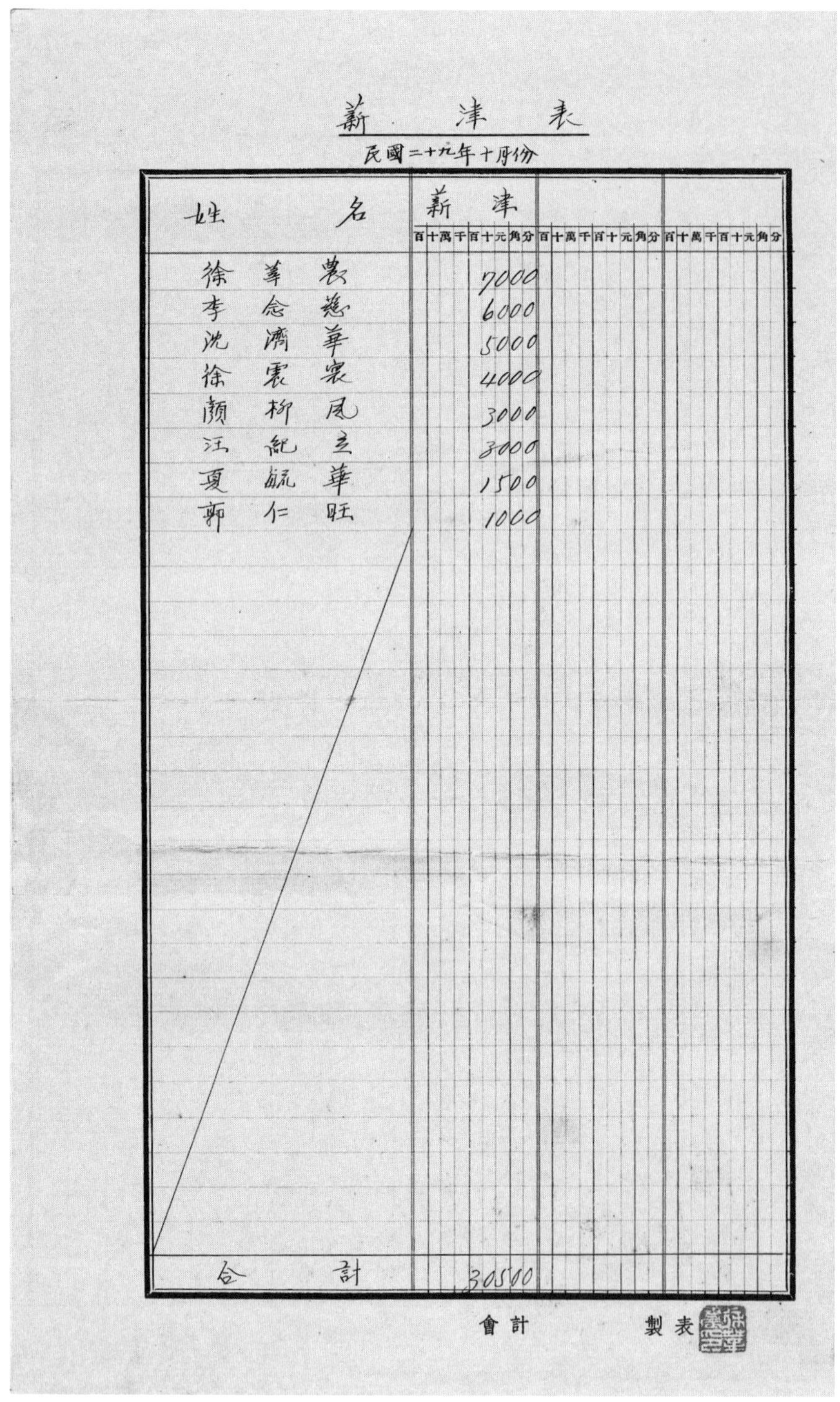

薪津表

民國二十九年十月份

姓名	薪津		
徐華農	7000		
李念慈	6000		
沈濟華	5000		
徐震宸	4000		
顔柳風	3000		
汪紀立	3000		
夏航華	1500		
郭仁旺	1000		
合計	30500		

會計　　製表

工資表

民國二十九年十月份

細目	工資	食津	合計
機工			
賈瑞林	7000	2000	9000
賈秉舟	3100	1200	4300
張恩本	2768	1140	3908
呂秀斌	1550	1050	2600
陳琅東	1200	1050	2250
	15618	6440	22058
長工			
朱學富	1550	950	2500
周仿盛	1550	950	2500
孫禮慶	1550	950	2500
鄭耀山	1275	950	2225
董祖培	1550	950	2500
李長海	1550	950	2500
李作林	1550	950	2500
張子常	1525	950	2475
周殿成	1550	950	2500
張栖生	1525	950	2475
程舟	1450	950	2400
沈髙秀	3500	1300	4800
賈有永	1550	950	2500
賈長發	500		500
梅大寬	1575	950	2525
沈小五	1426	500	1926
王開泰	1426	500	1926
經幼林	1426	500	1926
孫太昌	1000	800	1800
沈氏	1100		1100
賈氏	550		550
馬世源	684	450	1134

會計　　製表

江南水泥廠負債目録、收支表（一九四〇年十月三十一日）

檔號：1041-1-55

負債目録

民國二十九年十月三十一日

第 1 頁

摘要	總科目	分科目	細科目	完工程度%	備考
應付賬款	[illegible]				
1. 未付工料款		[illegible]			
A. 啓新洋灰公司			97786.—		購水泥款
B. 淮南煤礦公司			40237.70		購煤款
C. 東方鋼窗公司			8581.14		[illegible]
D. 京滬路局			[illegible]		[illegible]
E. [illegible]生記			[illegible]		[illegible]工資
F. [illegible]子公司			[illegible]		設計費（[illegible]）
G. [illegible]			[illegible]		運[illegible]費等
H. [illegible]洋行			[illegible]		[illegible]
I. [illegible]阿王			[illegible]		未完工程[illegible]工資
J. [illegible]			[illegible]		未完工程[illegible]工資
K. [illegible]記			[illegible]		未完[illegible]工程款
L. 安泰鐵工廠			[illegible]		已完[illegible]工資
M. [illegible]生記			11000.—		未完工程[illegible]工資
N. [illegible]全林			10000.—		未完工程[illegible]工資
O. [illegible]水電行			988.11		已完工[illegible]工資
P. 王[illegible]			[illegible]116		工資
Q. [illegible]洋行			[illegible]00.—		[illegible]款
R. [illegible]記			[illegible]		工資
S. [illegible]和洋行			[illegible]		[illegible]款
T. [illegible]			[illegible]		工資
U. [illegible]油行			[illegible]		[illegible]款
V. [illegible]記			[illegible]		工資
W. 工廠欠各戶工資			[illegible]		[illegible]
X. 總店欠各戶料款			[illegible]		[illegible]
2. 暫收款項		[illegible]			
A. [illegible]			[illegible]		
B. [illegible]			[illegible]		
過次頁	[illegible]	[illegible]	[illegible]		

經副理  會計

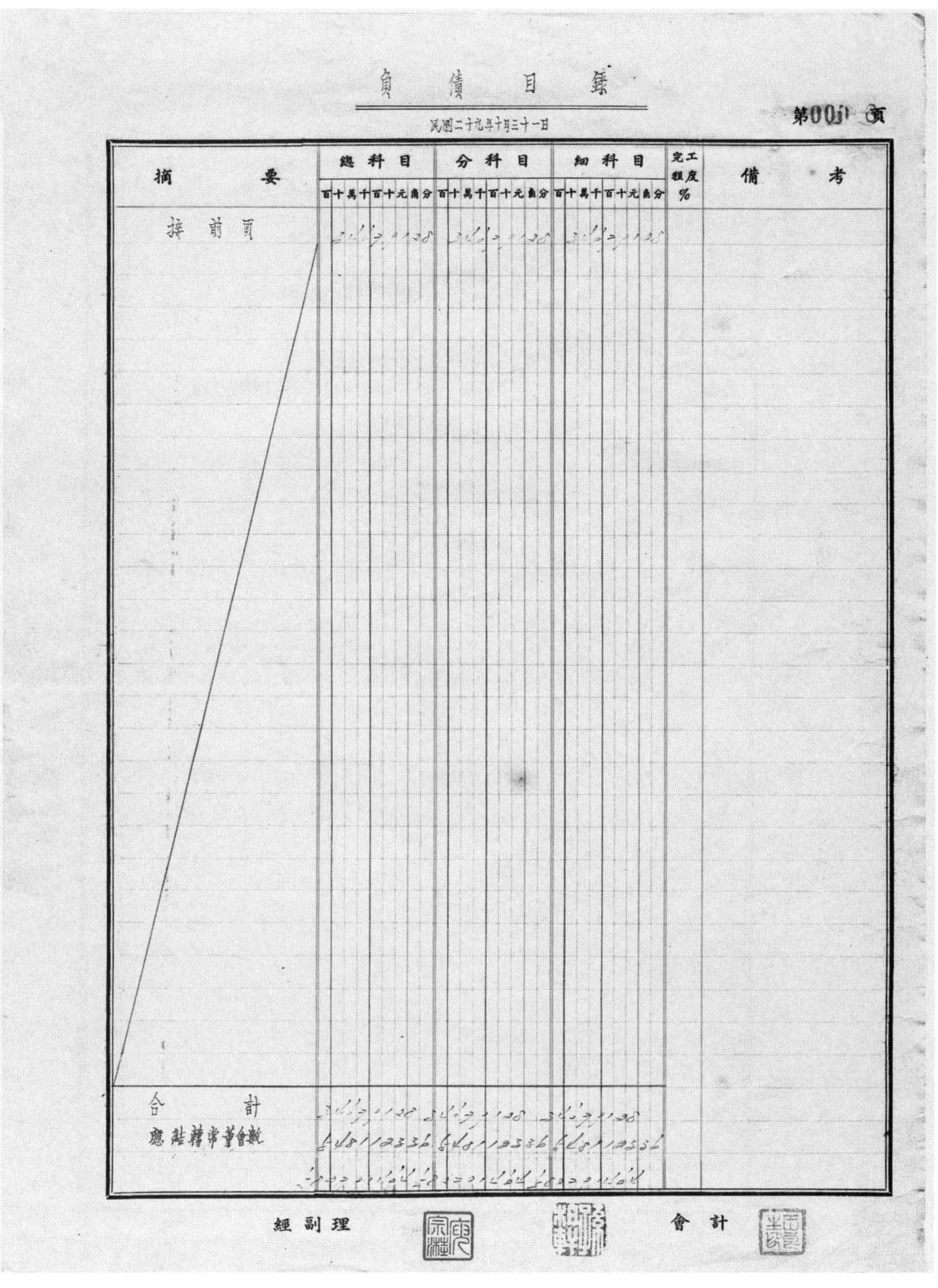

負債目錄

第[illegible]頁

民國二十九年十月三十一日

摘要	總科目	分科目	細科目	完工程度 %	備考
	百十萬千百十元角分	百十萬千百十元角分	百十萬千百十元角分		
接前頁	[illegible]	[illegible]	[illegible]		
合計	[illegible]	[illegible]	[illegible]		
應結轉常董會數	[illegible]	[illegible]	[illegible]		
	[illegible]	[illegible]	[illegible]		

經副理

會計

收支表

民國二十九年十月三十一日

細目		收入	支出	備考
收入之部				
結餘		[illegible]		
會籌總機器材料價款		[illegible]		
會籌總實撥資本		[illegible]		
會籌總各項付款		[illegible]		
銀行利息		[illegible]		計安泰行工廠户存息
支出之部				
會籌總售貨支款			[illegible]	
會籌總售酒煤款			[illegible]	
會籌總售紙袋款			[illegible]	
總處	薪津		[illegible]	廿九年十一月份
	膳費		[illegible]	〃
	辛工		[illegible]	〃
	文具		[illegible]	〃
	郵電		[illegible]	〃
	印刷		[illegible]	〃
	旅費		[illegible]	〃
	房租		[illegible]	〃
	雜支		[illegible]	〃
	車夫		[illegible]	〃
	電話費		[illegible]	〃
	汽車費		[illegible]	〃
工廠	薪津		[illegible]	廿九年九月份
	印刷費		[illegible]	〃
	膳費		[illegible]	〃
	辛工		[illegible]	〃
	警衛		[illegible]	〃
	文具		[illegible]	〃
過次頁		[illegible]	[illegible]	

會計

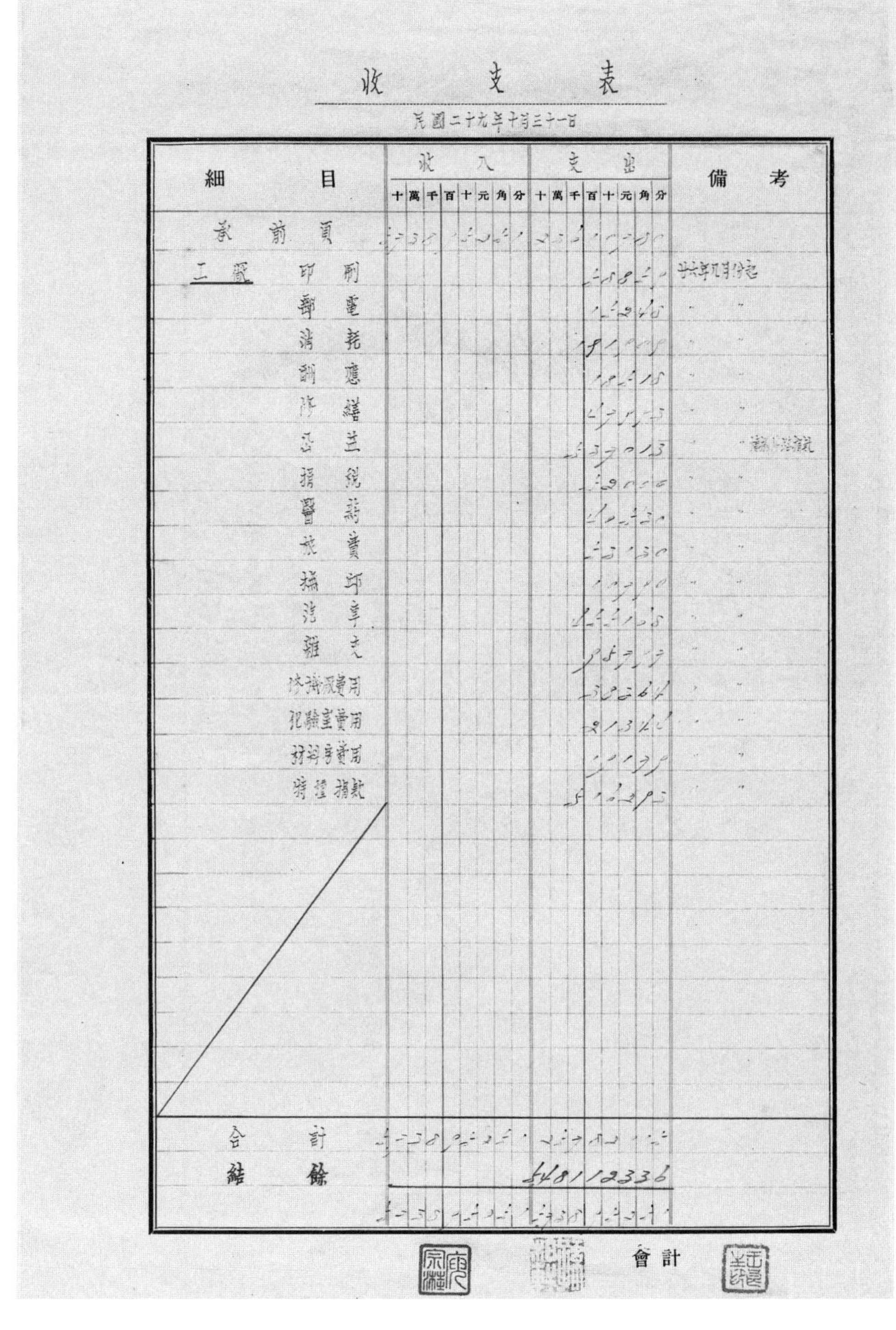

收支表

民國二十九年十月三十一日

細目		收入	支出	備考
承前頁		[illegible]	[illegible]	
工廠	印刷		[illegible]	廿九年九月份起
	郵電		[illegible]	〃
	消耗		[illegible]	〃
	酬應		[illegible]	〃
	修繕		[illegible]	〃
	公益		[illegible]	[illegible]
	捐稅		[illegible]	〃
	醫藥		[illegible]	〃
	旅費		[illegible]	〃
	撫卹		[illegible]	〃
	汽車		[illegible]	〃
	雜支		[illegible]	〃
	修機廠費用		[illegible]	〃
	化驗室費用		[illegible]	〃
	材料室費用		[illegible]	〃
	特種捐款		[illegible]	〃
合計		[illegible]	[illegible]	
結餘			548112336	
		[illegible]	[illegible]	

會計

一九四一年江南水泥股份有限公司常務董事會與棲霞工廠（江南水泥廠）上海辦事處往來信函（一九四一年四月十六日至十二月三十日）

江南水泥股份有限公司發文　第　號

（復收文第　號）

事由：為請付禪臣電氣配件價款之撥款，新匯爲匯款并率協調劃付辦法，廠方未得據以照付由

收件者：棲霞廠上海辦事處

附件：

主任常務董事

常務董事

常務董事

常務董事

文書股主任

股主任

股主任

股主任

主稿員

中華民國卅年

四月十六日送稿

月日核稿

月日判行

月日繕發

月日歸卷

備考

如何投遞：電報　單掛　保險　專送　平信　快信　雙掛　包裹　面遞　明片

受者通信地點

檔號：第　號

津江字第一号

啟者上年津江字函至卅号為止 德江字函至六号為止 茲更從一号編發

一、本會於三月廿五日付還楊廠定購禪臣電氣配件尾款計結付國幣三千七百零五元六角二分 該款業經付訖 請查照為荷

二、庾經理孫副理本年四月至十二月薪水四（共計四）千五百元 照每萬元耗四千三百七十元之行市電匯上海由啟新兌收 轉交處 劉頭國幣七千八百五十三元四角 祈

第 頁

洽收備逐月發給薪之用又奉

諭因滬上生活程度甚高故有此項調劑

辦法廠方不得援以爲例等因希

查照此致

棲霞廠上海辦事處

常務董事會啟

第　頁

津江　二　全

啓者接滬江字第一號

大函已呈　閱今將　庚經

孫副理本年六月份至十二月份酬勞金壹千柒百伍拾

元交久安津店付啓新滬處劃頭升爲滬幣叁千貳百柒拾壹元零叁分（按四

六五升水）該款係即日託啓新電滬請同啓新上海辦事處接洽收取按月留

支爲要此致

棲霞工廠上海辦事處

常務董事會啓

三　五　廿三

江南水泥股份有限公司

津江　三　全

啓者查淮礦欠我預付煤款久未償還又京電廠積欠息金亦宜函洽茲將要商之點分列於左

一、淮礦欠我預付煤款自二十八年三月二十七日許作人君函復庚經採副理後迄未向之開送帳單數函中有設法籌撥之希自歸還時償理茲開去帳單一份（截至二十九年底）請貴處備函洽催為何

二、京電廠積欠息金二十九年終曾開送帳單寄請貴處轉遞請　再加函洽詢能否撥還少數分次攤付均希裁酌洽辦為荷此致

棲霞廠上海辦事處

常務董事會啓

附致淮礦帳單一份

三　六　六

江南水泥股份有限公司

江南水泥股份有限公司
棲霞工廠上海辦事處

滬江字第二號第一頁

啟者查奉滬江第二號

大函示將庚經理孫副理本年六月至十二月份酬勞金一千七百五十元匯滬外另滬幣叁千貳百柒拾叁元零叁分囑向照新滬處洽取按月留支各節敬悉該款已於五月廿八日如數收到存入放交滬江興業往來此間生活高貴蒙

常董體念一再惠賜調濟庚經理孫副理同深感謝故交在於各多謝

匯款接濟孫副理因對外交涉常赴京廠稍逢當將會計

上海辦事處 上海江西路四〇六號三樓三二一號 電話一七九七八 電報掛號三五〇〇(灰)
棲霞山工廠 京滬綫棲霞山車站東攝山渡

年　月　日

江南水泥股份有限公司

棲霞工廠上海辦事處

滬江字第 二 號第 二 頁

月杪編寄前述廠舊袋已否收到便祈
示及為荷此致
常務董事會

棲霞工廠 [illegible] 謹啓

上海辦事處 上海江西路四〇六號三樓三二一號 電話一七九七八 電報掛號三五〇〇（灰）
棲霞山工廠 京滬綫棲霞山車站東攝山鎮

卅年六月七日

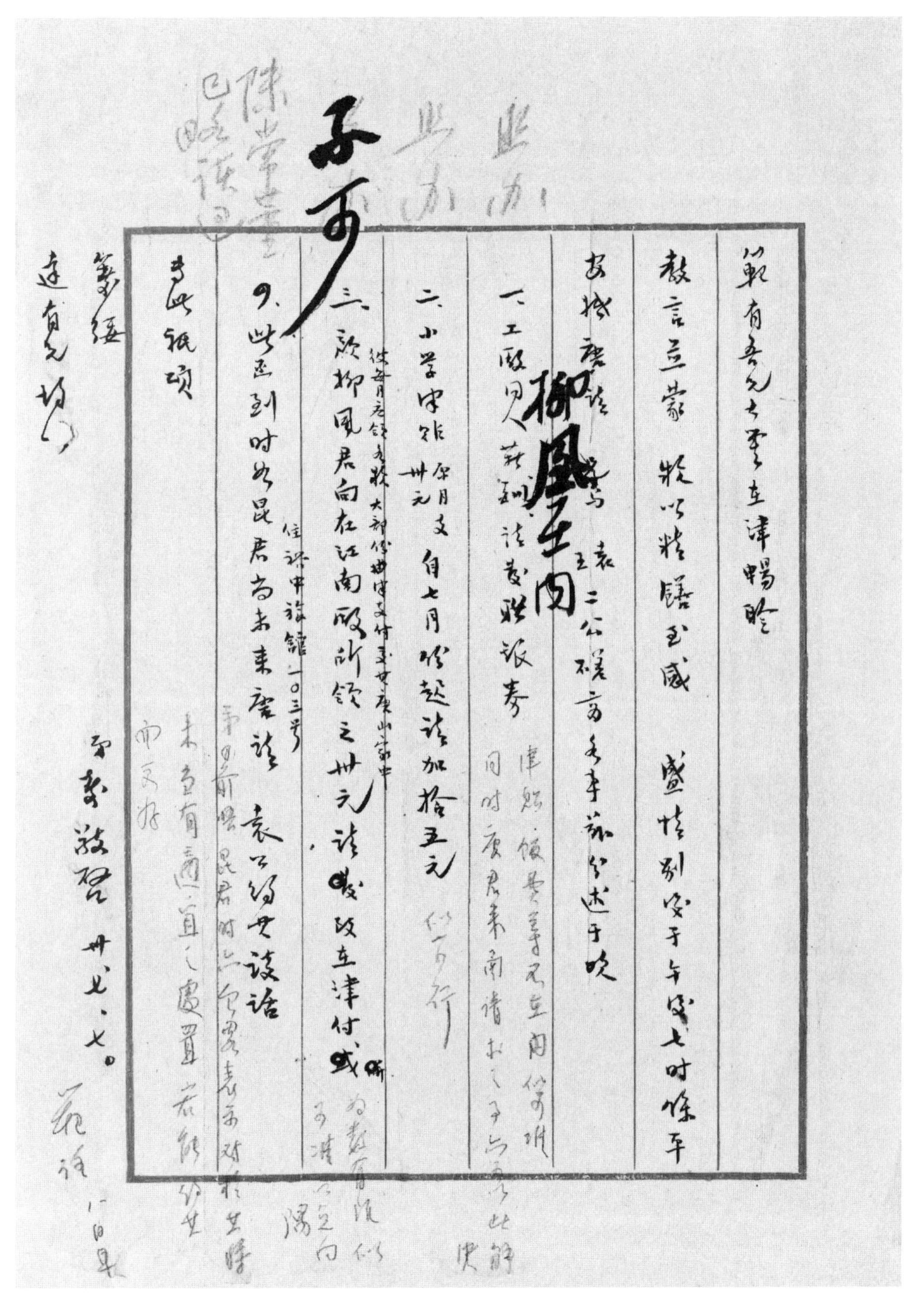
範有吾兄大鑒：在津暢聆
教言，並蒙 款以精饌，至感
盛情。別後于午後七时許平
安抵唐，諒袁王二公處當有函奉達，茲將要事述于次：
一、工廠用人薪酬請查照核奪。
二、小学字帖原月支卅元，自七月份起請加拾五元。
三、該柳風君向在江南廠所領之卅元，請改在津付給。
四、此函到时如昆君尚未来唐，請袁公轉告該語。
專此，祇頌
近安
弟 敬啟 卅七、七。

江南水泥股份有限公司
棲霞工廠上海辦事處

江字第三號第全頁

敬啟者：先後奉滬江字三、四、五號（十月六日、十一月十一日、十二月二日）

大函，承示各節，敬悉。

鈞會迭次撥款，均已照收，即希

查照為荷。此致

常務董事會

棲霞工廠上海辦事處謹啟

上海辦事處　上海江西路四〇六號三樓三二一號　電話一七九七八　電報掛號三五〇〇（灰）

棲霞山工廠　京滬綫棲霞山車站東攝山陵

卅一年十二月卅日

一九四二年江南水泥股份有限公司常務董事會與棲霞工廠（江南水泥廠）上海辦事處爲棲霞滬處維持費、啓新銀行匯款等往來信函（一九四二年一月十三日至四月十七日）

滬江 一 全

啓者前詢

滬處請撥經費一事茲以滬寧通滙須呈請許可本會正在籌辦之中特向啓新

情商允許

滬處向啓新滬處通挪款項每月由

滬處開具臨時借據向啓新滬處支用款項（除每月經常費外倘有特別用項

隨時請 常董核支）累計以拾萬元爲限由本會彙總在寧撥還即希

查照爲荷此致

棲霞廠上海辦事處

常務董事會啓

三一 一 十三

江南水泥股份有限公司

江南水泥股份有限公司
棲霞工廠上海辦事處

滬江字第 一 號第 全 頁

敬啓者 本年津江第一號

大函 示關于收受應需經費一事 以津申通匯須呈請許

可 鈞會正在籌辦之中 暫由啟新情商允許收受由啟新滬

處通挪款項以拾萬元為限由 鈞全案總在案彙接述

各節 敬悉收受已十七日由啟新滬處借到劃頭國幣叁

萬元 二十日借到[illegible]萬元 即希

查照為荷 此致

常務董事會

棲霞工廠上海辦事處 謹啓

上海辦事處 上海江西路四〇六號三樓三二一號 電話一七九七八 電報掛號二五〇〇(灰)
棲霞山工廠 京滬綫棲霞山車站東攝山渡 卅一年 一月 廿の日

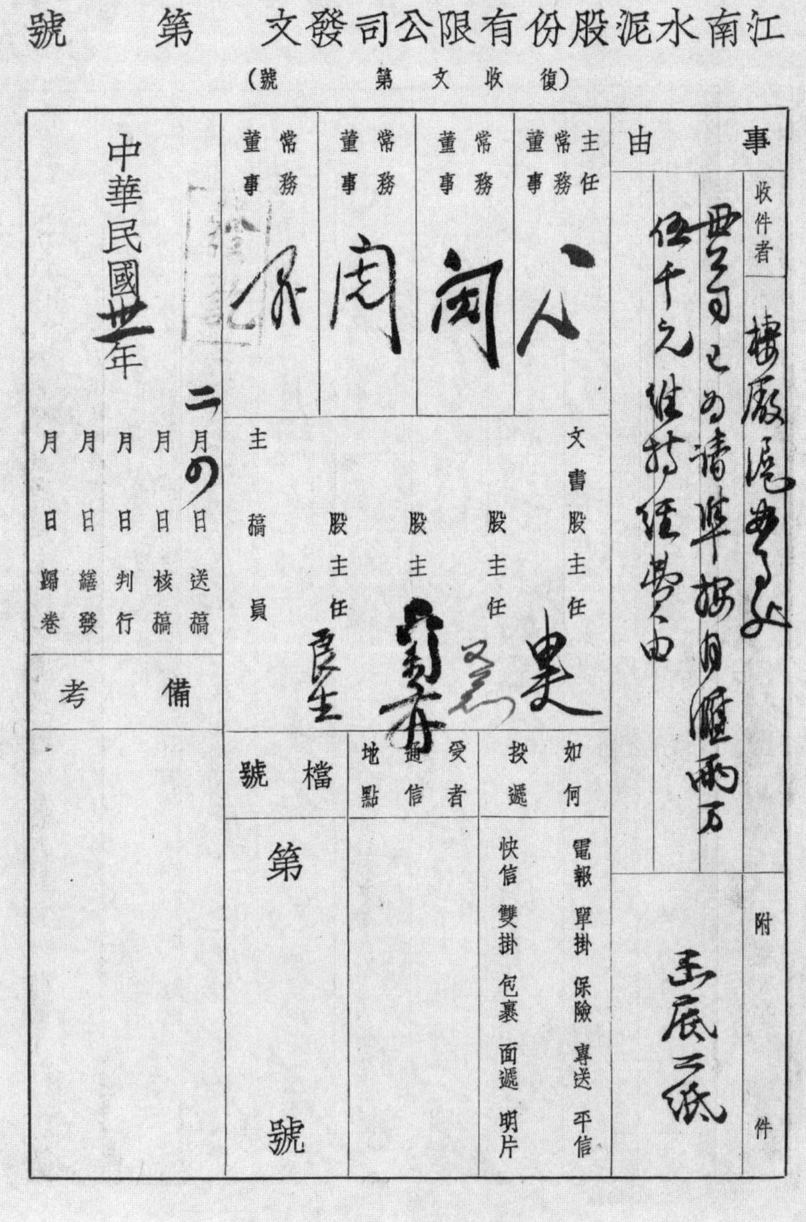

江南水泥股份有限公司發文　第　號
（復收文　第　號）

事由：西門已函請準撥自應兩萬伍千元維持經費由
收件者：樓廠總務處
附件：壬辰一紙

主任常務董事　常務董事　常務董事　常務董事

文書股主任　股主任　股主任　股主任　主稿員

中華民國卅年二月四日送稿
月日核稿
月日判行
月日繕發
月日歸卷

備考

如何投遞：電報　單掛　保險　專送　平信　快信　雙掛　包裹　面遞　明片
受信者
地點
檔號：第　號

該款由應
經理宗濂或
孫副理柏軒
簽收

津江字第二号

啟者 接滬江字第一号

大函已呈閱 閱悉我公司接廠滬處每月維

持經費月須滬幣兩萬伍千元 另已經每

公司啟新洋灰公司 因 運 請 嗣後亦擬月匯 擬本月份

奉准 自 即 由 上海銀行 照匯 蘇 撥

案啟新設駐津運 一 份 先希

詧洽 爲荷 此致

接滬廠上海辦事處

附抄送函一紙

弟 [illegible] 啟

第　頁

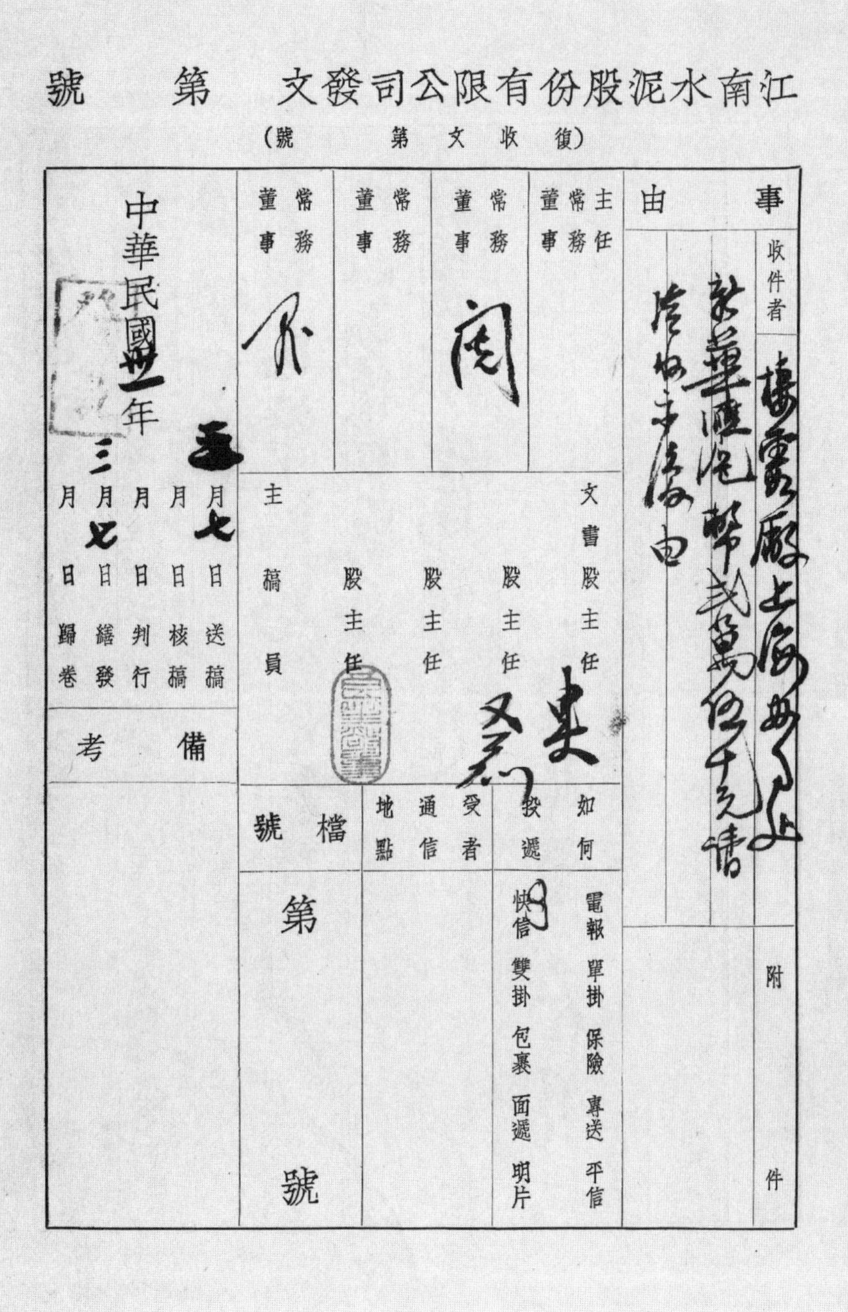

江南水泥股份有限公司發文第　　號

（復收文第　　號）

事由	
收件者	棲霞廠上海辦事處
事由	新華匯兌幫我貳萬伍千元請[illegible]手續由
附件	

主任常務董事	常務董事	常務董事	常務董事
	閱		示

文書股主任	股主任	股主任	股主任	主稿員
建	又[illegible]			

如何投遞	受者	通信地點	檔號
電報 單掛 保險 專送 平信 快信 雙掛 包裹 面遞 明片			第　　號

中華民國卅一年

五月七日送稿	月日核稿	月日判行	三月七日繕發	月日歸卷

備考

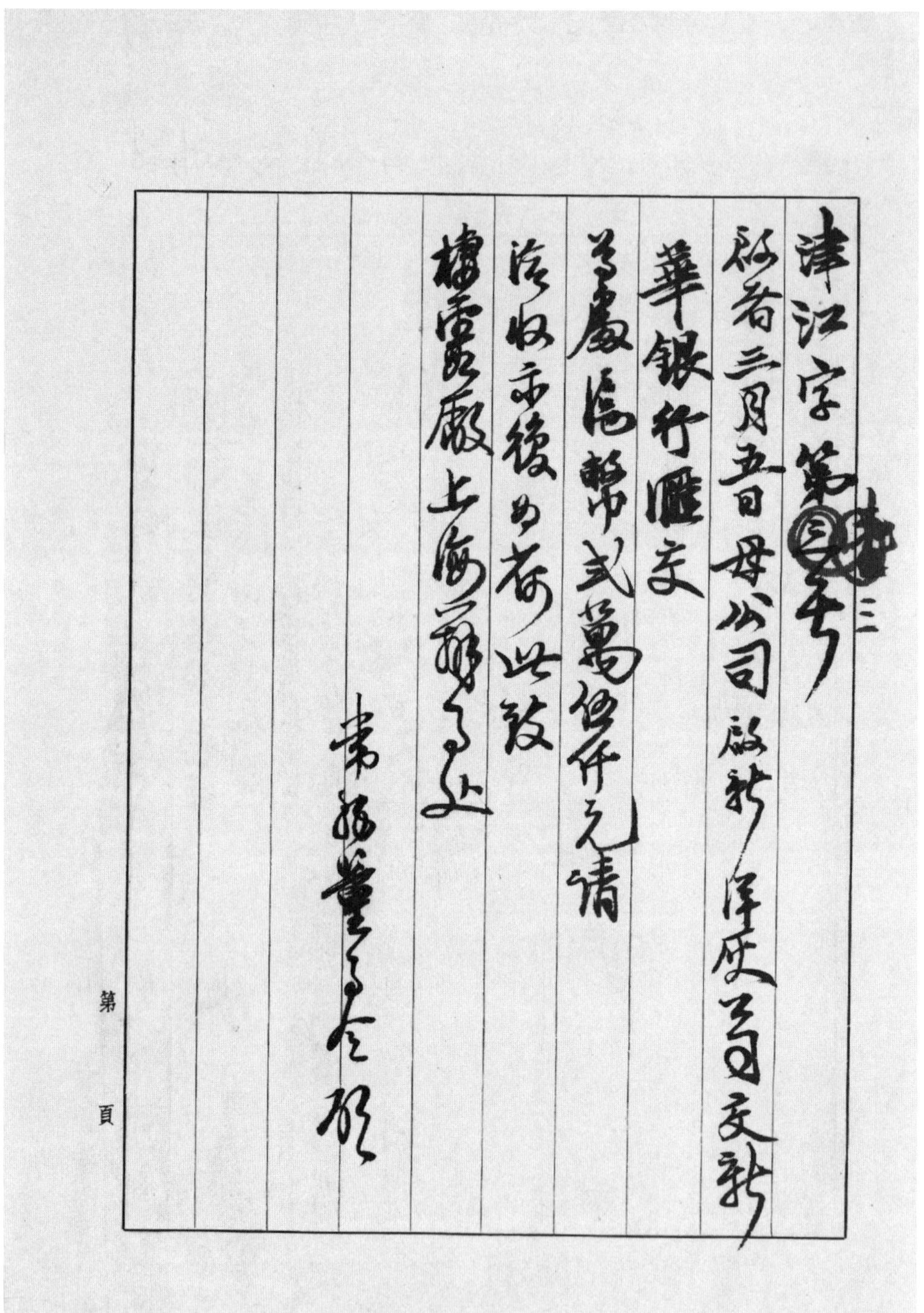

津江字第三三三號　三

敬啟者三月五日母公司啟新洋灰公司交新

華銀行匯來

貴廠滬幣貳萬伍仟元請

洽收示覆為荷此致

棲霞廠上海辦事處上

常務董事會啟

第　頁

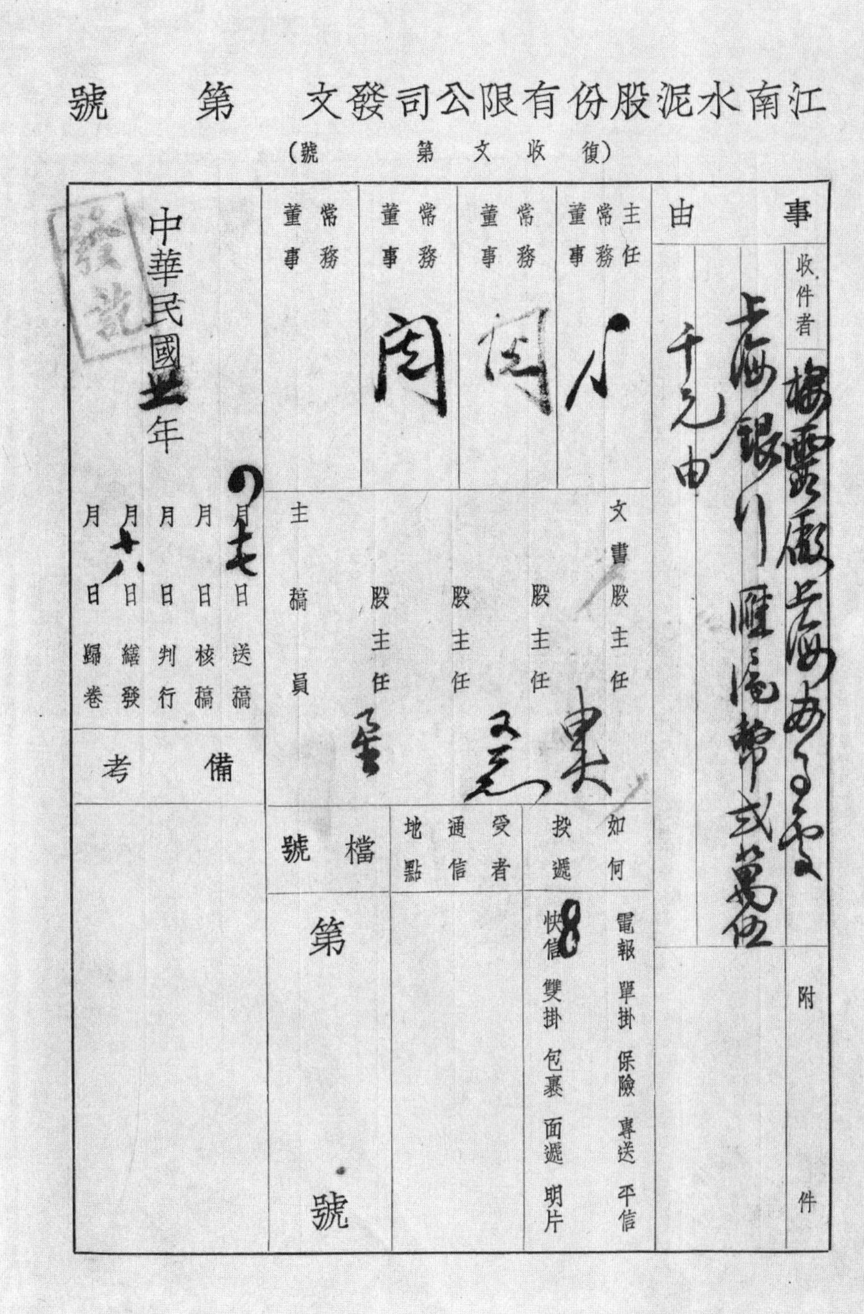

江南水泥股份有限公司發文第　　號
（復收文第　　號）

事由：收件者 橋廠 上海西？（？）上海銀行 匯滬幣式萬元 手之由

主任常務董事　常務董事　常務董事　常務董事

中華民國廿六年 八月十六日 送稿　月日 核稿　月日 判行　月日 繕發　月日 歸卷

文書股主任　股主任　股主任　股主任　主稿員

備考

如何投遞：電報 單掛 保險 專送 平信 快信 雙掛 包裹 面遞 明片

受者　通信地點

檔號 第　號

附件

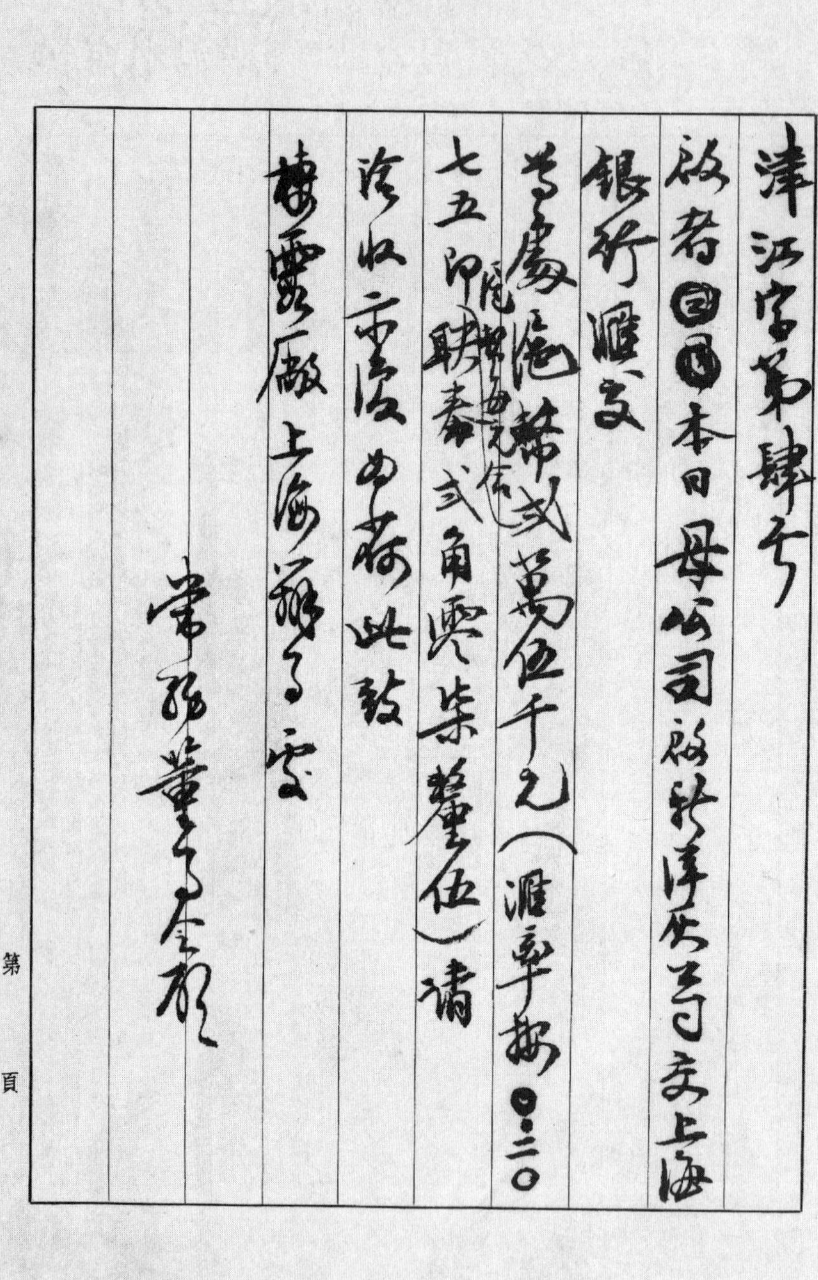

津江字第肆号

啟者本日母公司啟新洋灰公司交上海銀行匯交

貴處滬幣弍萬伍千元（匯字第〇〇二〇七五即滬幣每元合聯券弍角零柒毫伍）請

查收示復為荷此致

棲霞廠上海辦事處

常務董事會啟

第　頁

江南水泥股份有限公司常務董事會爲請準本公司向江南水泥廠上海辦事處匯交經費致中國聯合準備銀行天津分行的箋函

（一九四二年二月二日）

檔號：1041-1-13

江南水泥股份有限公司常務董事會用箋

字第　號第全頁

敬啓者查江南水泥公司爲敝公司之子公司其工廠所在地爲江蘇省江寧縣棲霞山並設辦事處於上海該工廠機器甫告裝成適逢事變遂致停頓迄未開工營業敝公司爲該公司之母公司維持之責實無旁貸其每月經費開支須滙幣兩萬伍千元向由敝公司借撥自去年十二月八日大東亞戰爭發生以來華北華中滙兑概受統制該公司員司借貸無門勢將枵腹不得已懇請

貴行轉呈

興亞院華北連絡部准許敝公司自本年一月份起按月滙交該公司上海辦事處滙幣兩萬伍千元以資該公司經費開支相應檢同該公司經費預算書同樣二紙送請

貴行惠予核轉辦理見復爲荷此致

中國聯合準備銀行天津分行

附預算書二紙

啓

中華民國三十一年二月二日

江南水泥股份有限公司爲原有財産現由該行管理請查照登記致横濱正金銀行天津分行、朝鮮銀行天津分行的信函

（一九四二年二月十一日）

檔　號：1041-1-13

發訖

致横濱正金銀行天津分行函

敬啟者　今閲報載　花旗銀行天津分行一切財産現由

貴行管理　如與上列該行有債權債務及財産利害關係者　可於二月二十五日以前通知等因　查敝公司在

花旗津分行　存有英金 No. 4991-13-4（係以江南水泥公司（The Kiangnan Cement Co., Ltd.）名義存入者）用特函達　即希

查照登記爲荷　此致

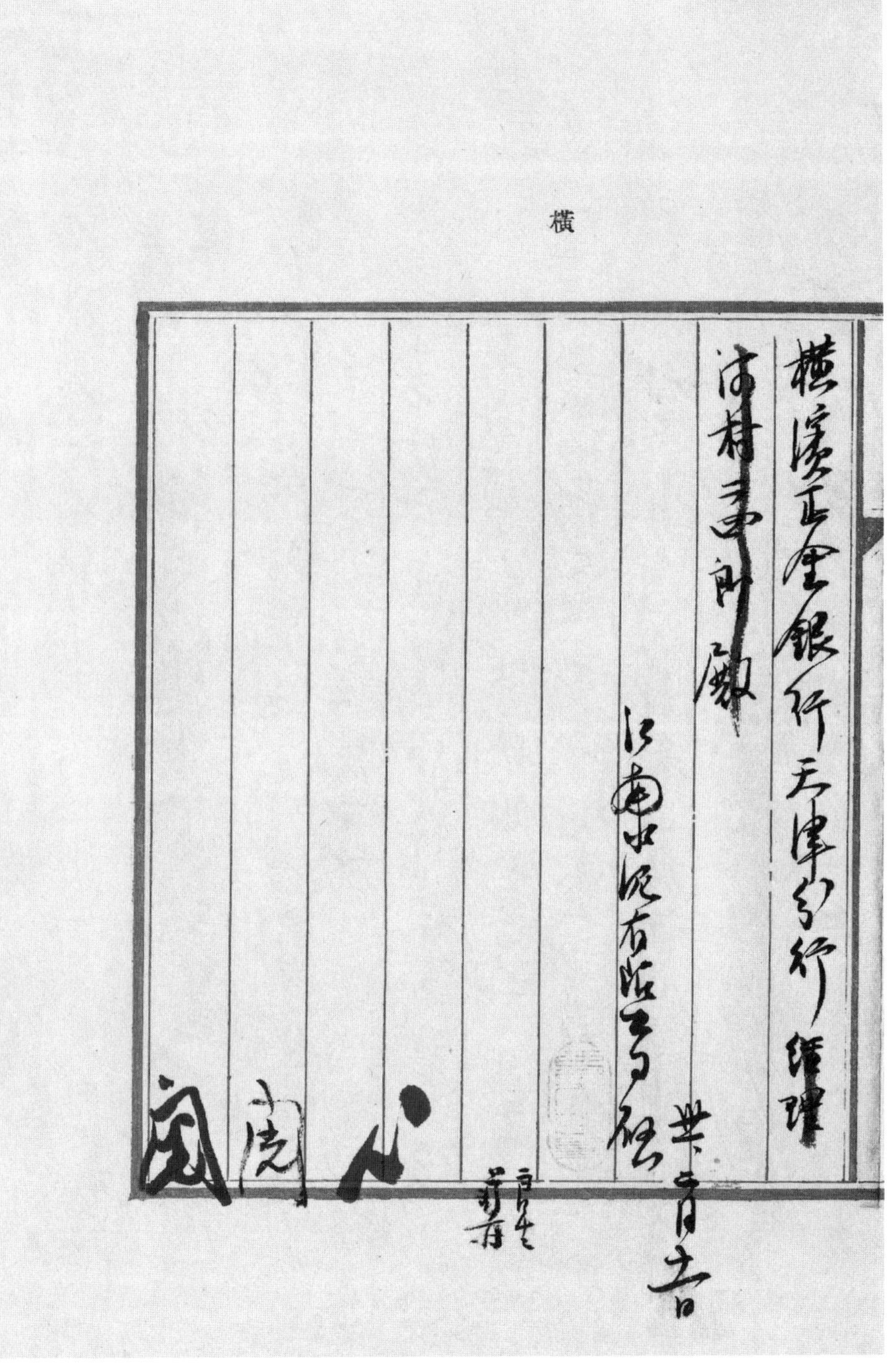

横

横濱正金銀行天津分行經理

河村惠郎殿

江南水泥有限公司緘

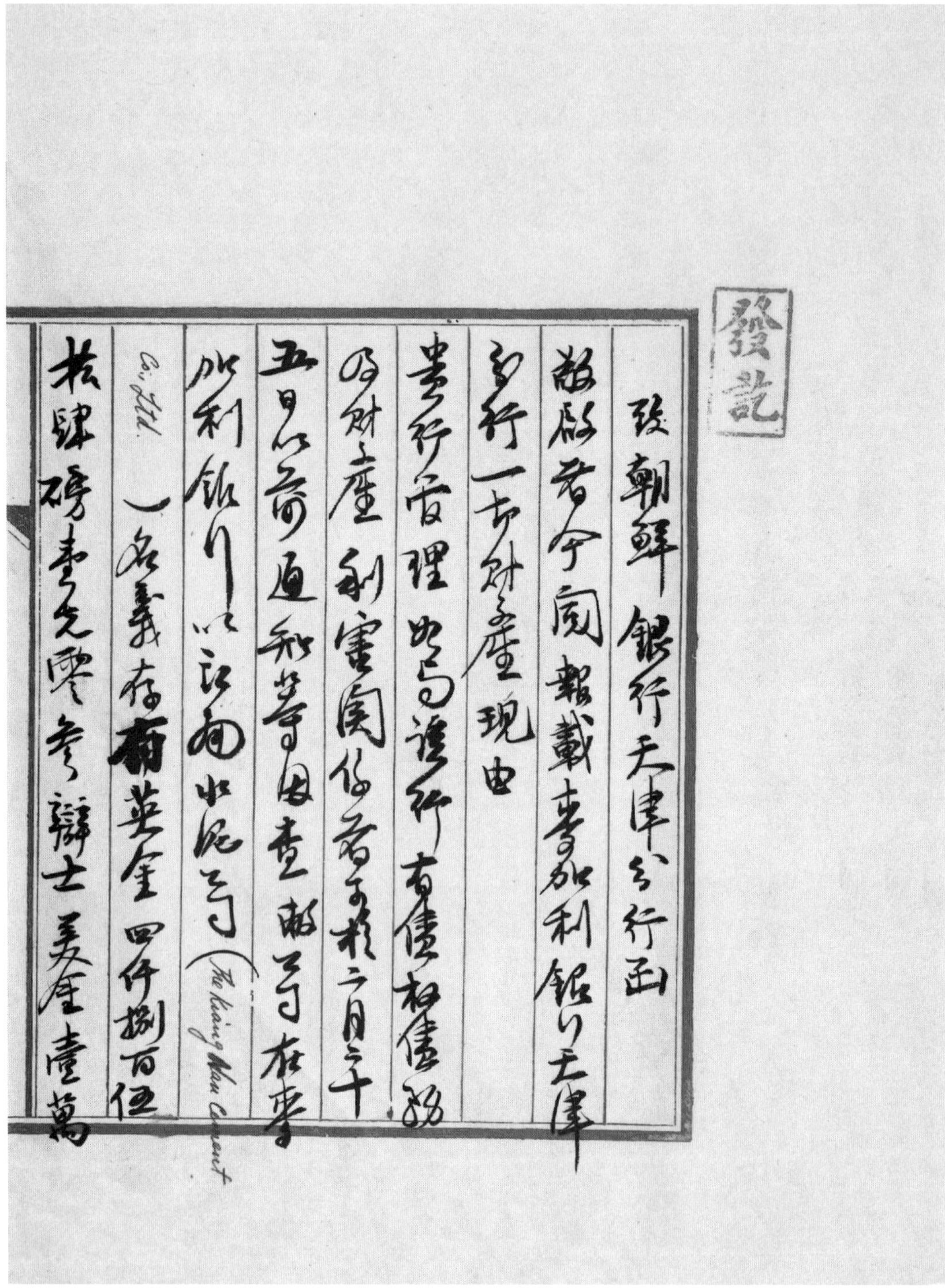

發記

致朝鮮銀行天津分行函

敬啟者：今閱報載，查加利銀行天津分行一切財產現由貴行管理，如與該行有債權債務及財產利害關係者，應于本年六月三十五日以前通知等因，查敝公司在前加利銀行以江南水泥公司（The Kiang Nan Cement Co. Ltd.）名義存有英金四仟捌百伍拾肆磅壹先令零參辨士，美金壹萬

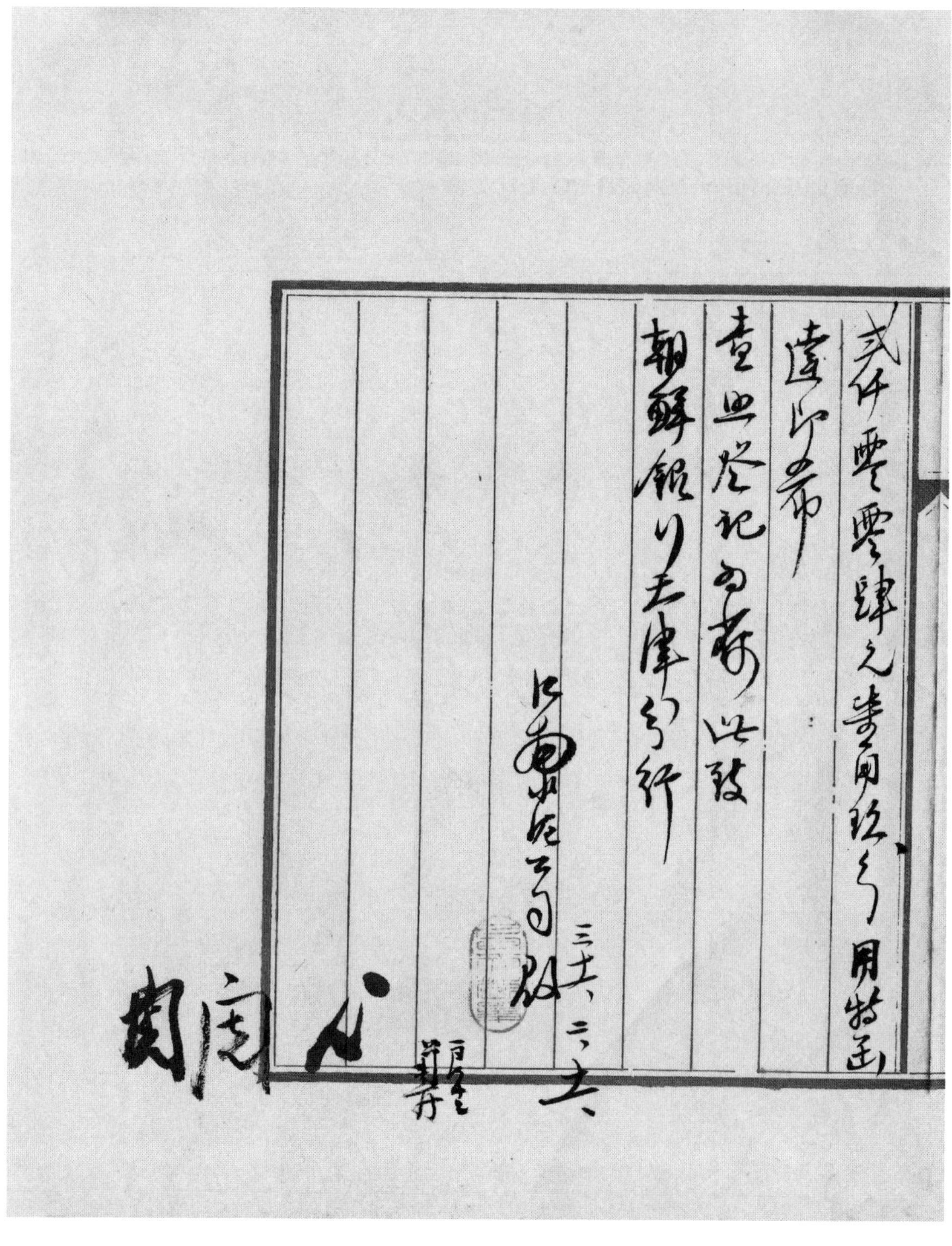
式件要票肆之書面紙行用特函
達即希
查照登記為荷此致
朝鮮銀行天津分行
江南水泥公司啟
三十六、二、六

MEMO.

THE CHEE HSIN CEMENT CO., LTD.

Tientsin, 193 .

江南水泥公司存

朝鲜银行坚地

麦加利银行 英金 £4854-1-3

美金 $12004.79

横滨正金银行坚地

花旗银行 英金 £4991-13-4

史密芝公司爲收取定單末批貨款與江南水泥股份有限公司的往來譯電
（一九四二年十一月九日至十九日）

檔　號：1041–1–6

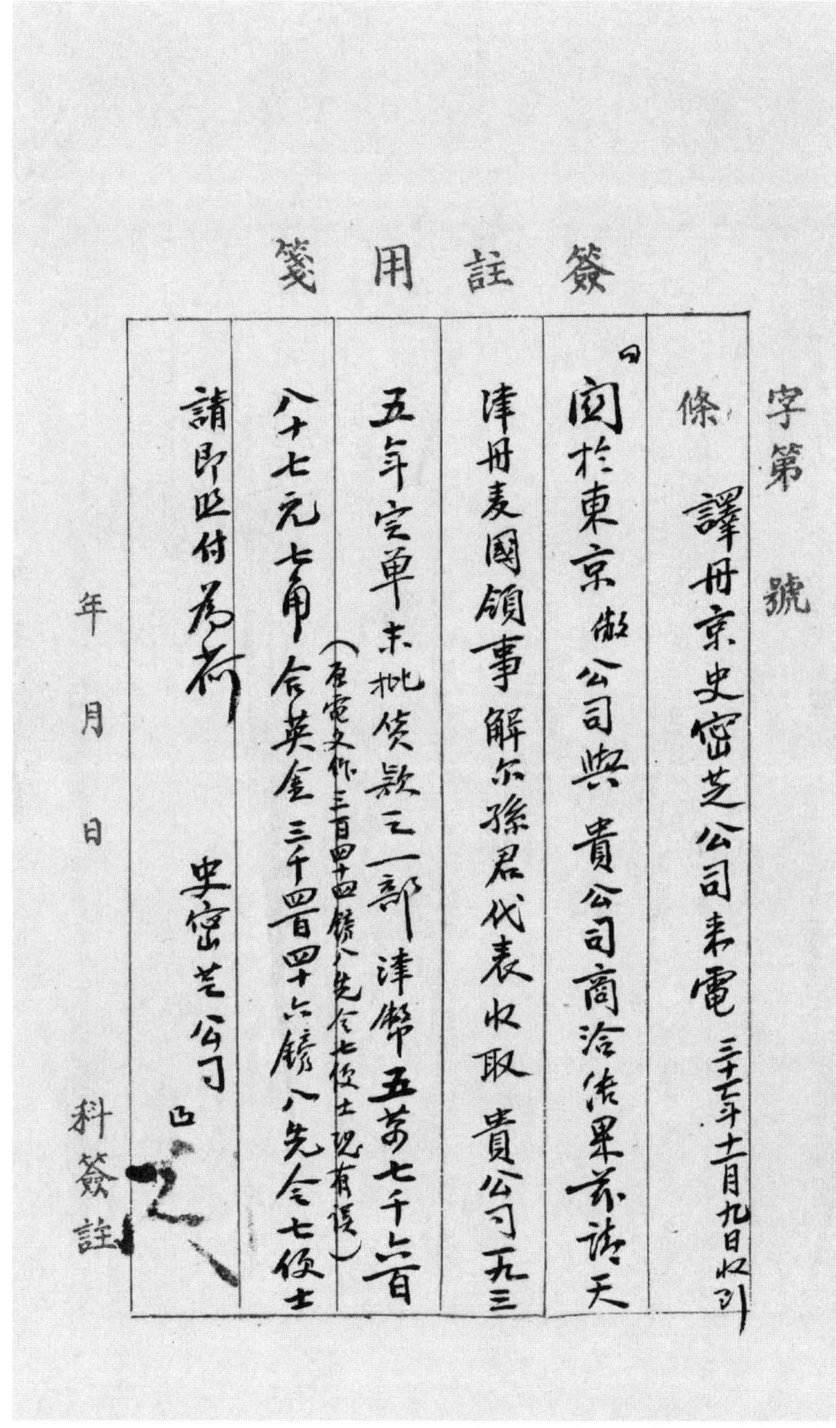

簽註用箋

字第　號

條

譯丹京史密芝公司來電　三十一年十一月九日收到

關於東京敝公司與　貴公司商洽結果茲請天津丹麥國領事解爾孫君代表收取　貴公司五三五年定單末批貨款之一部　津幣五萬七千六百八十七元七角合英金　三千四百四十六鎊八先令七便士（原電文作三百四十四鎊八先令七便士恐有誤）

請即照付爲荷

史密芝公司　印

年　月　日　科簽註

陳送辰巳寒 庚

譯致東京史密芝公司函

啟者自一九四一年五月以來所商關於敝公司於一九三五年訂購水泥機器之應付貴總行未批貨款之一部份事敝處於本年十一月九日接貴總行來電內開關於敝東京分行與貴公司所商指派駐津丹國領事史君代收貴公司於一九三五年訂貨未批貨款之一部天津通用幣五萬七千六百八十七元七角即英金三千四百四十六鎊八先令七便士事請速交史君為荷已敝公司已於十一月十三日照來電所述數目如數交與史代理領事務請來函證實以上各事並希照為通知貴

總行爲荷此致

東京史密芝公司

啟 卅一、十二、十九、